AF522892

Arthur C. Brooks

Der *New York Times*-Bestseller *From Strength to Strength*

DER BESTE RAT FÜR EIN GUTES LEBEN

FINDEN SIE ERFOLG, GLÜCK UND EINEN TIEFEN SINN IN IHRER ZWEITEN LEBENSHÄLFTE

Bibliografische Information der Deutschen Nationalbibliothek:
Die Deutsche Nationalbibliothek verzeichnet diese Publikation in der Deutschen Nationalbibliografie. Detaillierte bibliografische Daten sind im Internet über http://dnb.d-nb.de abrufbar.

Für Fragen und Anregungen:
info@m-vg.de

Wichtiger Hinweis
Ausschließlich zum Zweck der besseren Lesbarkeit wurde auf eine genderspezifische Schreibweise sowie eine Mehrfachbezeichnung verzichtet. Alle personenbezogenen Bezeichnungen sind somit geschlechtsneutral zu verstehen.

2. Auflage 2024

Türkenstraße 89
80799 München
Tel.: 089 651285-0

Die englische Ausgabe erschien 2022 bei Portfolio an imprint of Penguin Random House LLC. unter dem Titel *From Strength to Strength*.

Übersetzung: Max Limper
Redaktion: Matthias Höhne
Korrektorat: Anke Schenker
Umschlaggestaltung: in Anlehnung an das Cover der Originalausgabe Marc-Torben Fischer, München
Umschlagabbildung: christiaan hart/Alamy Stock Photo
Satz: ZeroSoft, Timisoara
Druck: GGP Media GmbH, Pößneck
Printed in Germany

ISBN Print 978-3-95972-701-3
ISBN E-Book (PDF) 978-3-98609-347-1
ISBN E-Book (EPUB, Mobi) 978-3-98609-348-8

Weitere Informationen zum Verlag finden Sie unter

www.finanzbuchverlag.de

Beachten Sie auch unsere weiteren Verlage unter www.m-vg.de.

Für meinen Guru

Wohl denen, deren Zuflucht bei dir ist,
denen, die sich zur Wallfahrt rüsten.
Ziehen sie durch das Bachatal,
machen sie es zum Quellgrund,
und in Segen hüllt es der Frühregen.
Sie schreiten dahin mit wachsender Kraft,
bis sie vor Gott erscheinen auf Zion.
Psalm 84,6–8

Inhalt

Einführung

Der Mann im Flugzeug, der mein Leben veränderte

»Es *stimmt* nicht, dass dich niemand mehr braucht.«

Diese verärgerten Worte kamen von einer älteren Frau, die auf einem Nachtflug von Los Angeles nach Washington, D.C., hinter mir saß. Das Flugzeug war dunkel und still. Die meisten Leute schliefen oder sahen sich einen Film an. Ich arbeitete an meinem Laptop und versuchte fieberhaft, irgendetwas fertigzustellen, woran ich mich heute längst nicht mehr erinnere, das aber damals von entscheidender Bedeutung für mein Leben, mein Glück und meine Zukunft zu sein schien.

Ein Mann, der vermutlich ihr Ehemann war, murmelte fast unhörbar eine Antwort.

Wieder seine Frau: »Ach, sag nicht schon wieder, es wäre besser, du wärst tot.«

Jetzt hatten sie meine volle Aufmerksamkeit. Ich wollte sie nicht belauschen, konnte aber nicht anders. Halb aus menschlichem Mitgefühl, halb aus professioneller soziologischer Faszination hörte ich zu. Vor meinem inneren Auge entstand ein Bild des Mannes. Ich stellte mir jemanden vor, der sein ganzes Leben lang abseits der Öffentlichkeit hart gearbeitet hatte. Jemanden, der wegen seiner unerfüllten Träume enttäuscht war, vielleicht wegen einer Berufung, der er nicht gefolgt war, wegen einer Universität, die er nicht besucht hatte, wegen einer Firma, die er nicht gegründet hatte. Jetzt, stellte ich mir vor, musste er in den Ruhestand, weggeworfen wie die Zeitung von gestern.

Als nach der Landung die Lichter angingen, konnte ich endlich einen Blick auf den verzweifelten Mann werfen. Ich erschrak, denn ich wusste, wer er war. Er war bekannt, ja sogar berühmt. Zu der Zeit war er Mitte achtzig und wurde wegen seines Mutes, seines Patriotismus und seiner viele Jahrzehnte zurückliegenden Leistungen allenthalben als Held verehrt. Ich selbst habe ihn bewundert, seit ich jung war.

Als er hinter mir durch den Mittelgang ging, erkannten ihn die Passagiere und murmelten ehrfürchtig. Auch der Pilot, der an der Tür des Cockpits stand, erkannte ihn und sagte laut, was ich dachte: »Sir, ich habe Sie bewundert, seit ich ein kleiner Junge war.« Der alte Mann, der sich noch wenige Minuten zuvor zu sterben gewünscht hatte, strahlte bei der Erinnerung an seine vergangene Glanzzeit.

Ich fragte mich: Welches war das wahre Gesicht des Mannes? Dieses hier, das gerade von Freude und Stolz erfüllt war, oder das andere, das vor zwanzig Minuten seiner Frau gesagt hatte, er könne genauso gut tot sein?

Ich bekam die kognitive Dissonanz dieser Szene in den folgenden Wochen nicht mehr aus dem Kopf.

Es war im Sommer 2012, kurz nach meinem achtundvierzigsten Geburtstag. Ich war nicht weltberühmt wie der Mann im Flugzeug, aber beruflich lief es ziemlich gut. Ich war Vorsitzender einer bekannten, florierenden Denkfabrik in Washington, D. C., und hatte einige Bestseller geschrieben. Meine Vorträge waren gut besucht. Meine Kolumnen erschienen in der *New York Times*.

Ich hatte gerade eine alte Liste wiedergefunden. Acht Jahre zuvor hatte ich an meinem vierzigsten Geburtstag meine beruflichen Ziele festgehalten – Ziele, die mir sicherlich Befriedigung bringen würden, wenn ich sie erreichte. Nun hatte ich alle erreicht oder übertroffen. Und dennoch … war ich nicht besonders zufrieden oder glücklich. Ich hatte mir alle Wünsche erfüllt, zumindest so, wie ich es mir vorgestellt hatte, aber das erhoffte Glücksgefühl war ausgeblieben.

Und selbst wenn ich Befriedigung gefunden hätte, könnte ich denn wirklich so weitermachen? Wenn ich meine Achtzig-Stunden-Woche beibehalten würde, also weiterhin sieben Tage die Woche rund zwölf Stunden am Tag arbeitete, würden meine Fortschritte irgendwann weniger werden und zum Erliegen kommen. An vielen Tagen hatte ich den Eindruck, dieses Nachlassen hätte bereits begonnen. Und was dann? Würde ich am Ende auf mein Leben zurückblicken und meiner leidgeprüften Frau Ester sagen, dass ich ebenso gut tot sein könnte? Gab es irgendeine Möglichkeit, aus dem Hamsterrad des Erfolgs auszusteigen und den unvermeidlichen beruflichen Abstieg gelassen hinzunehmen? Ihn vielleicht sogar in eine Chance zu verwandeln?

Obwohl mich diese Fragen ganz persönlich betrafen, beschloss ich, sie als Soziologe anzugehen und sie als Forschungsprojekt zu behandeln. Es fühlte sich ungehörig an – wie ein Chirurg, der seinen eigenen Blinddarm entfernt. Trotzdem vergrub ich mich im Thema und machte es mir in den letzten neun Jahren zur persönlichen Mission, meine angstbehaftete Zukunft in eine Gelegenheit zur Weiterentwicklung zu verwandeln.

Ich vertiefte mich in allerlei Literatur, die neben meinem eigenen Fachgebiet, der Sozialwissenschaft, auch angrenzende Forschungen aus der Neurowissenschaft, Philosophie, Theologie und Geschichte umfassten. Ich beschäftigte mich mit den Biografien einiger der erfolgreichsten Menschen der Geschichte. Ich grub mich durch die Forschung über Menschen, die Großes leisten, und interviewte Hunderte von Führungskräften, von Staatsoberhäuptern bis hin zu Baumarktbesitzern.

Ich stieß auf eine im Verborgenen schwelende Angst, die unter Menschen mit florierender Karriere nicht nur häufig, sondern nahezu allgegenwärtig war. Ich fand einen Namen dafür: »der Fluch der Ehrgeizigen«. Menschen, die in dem, was sie tun, herausragend sein wollen, finden ihren unvermeidlichen Niedergang oft erschreckend, ihre Erfolge zunehmend unbefriedigend und ihr Sozialleben dürftig.

Das Gute ist, dass ich auch gefunden habe, wonach ich suchte: einen Weg, dem Fluch zu entkommen. Für den Rest meines Lebens habe ich mir methodisch eine Strategie erstellt und mir die Chance auf eine zweite Hälfte des Erwachsenenalters eröffnet, die nicht nur nicht enttäuschend, sondern glücklicher und sinnvoller als die erste sein kann.

Aber ich habe schnell gemerkt, dass es mir nicht reichte, einen Lebensplan nur für mich zu erstellen. Ich wollte auch andere teilhaben lassen. Die Geheimnisse, auf die ich gestoßen war, sind für alle zugänglich, die gewillt sind, ein Leben voller Freude und Sinn zu führen – und die bereit sind, dafür etwas zu tun. Anders als in der Welt, die wir in früheren Lebensstadien zu erobern suchten, gibt es hier kein Ringen um die ersten Plätze. Hier können alle erfolgreich und glücklich sein. Und darum habe ich dieses Buch für alle geschrieben, die noch etwas wollen.

Dass Sie dieses Buch in die Hand genommen haben, lässt mich vermuten, dass Sie durch harte Arbeit, Entbehrung und allerhöchste Ansprüche an sich selbst Erfolg gefunden haben (und, seien wir ehrlich, auch durch ein nicht unwesentliches Quäntchen Glück). Sie verdienen viel Lob und Bewunderung und haben davon gewiss auch reichlich bekommen. Aber Sie wissen auch, dass Sie diese Party nicht ewig am Laufen halten können, und vielleicht sehen Sie sogar schon die Anzeichen dafür, dass sie zu Ende geht. Leider haben Sie nie viel über das Ende der Party nachgedacht. Und so bleibt Ihnen eigentlich nur eines: sie möglichst weiterhin am Laufen halten. Veränderungen leugnen und noch härter arbeiten.

Aber das ist ein sicherer Weg ins Elend. In meinem Berufsfeld der Ökonomie gibt es das sogenannte Stein'sche Gesetz, benannt nach dem berühmten Ökonomen Herbert Stein aus den 1970er-Jahren: »Wenn etwas nicht ewig weitergehen kann, hört es irgendwann auf.«[1] Einleuchtend, oder? Nicht ganz, denn wenn es um ihr eigenes Leben geht, ignorieren Menschen dieses Gesetz ständig. In Bezug auf den beruflichen Erfolg passiert das allerdings auf eigene Gefahr. Es lässt einen immer weiter zurückfallen, egal wie sehr man mit dem Schicksal hadert.

Es gibt aber auch einen anderen Weg: Anstatt die Veränderung der eigenen Fähigkeiten zu leugnen, kann man die Veränderung selbst zu einer Quelle der Kraft machen. Anstatt sich gegen den Niedergang zu wehren, kann man ihn überwinden, indem man – vielleicht zum ersten Mal – eine *neue* Art von Erfolg findet, die besser als das ist, was die Außenwelt zu bieten hat; die keine Neurosen und Süchte hervorbringt, die ein *tieferes* Glück beschert als das, was man bereits hat, und in der der wahre Sinn des Lebens verborgen ist. Diesen Weg beschreibe ich im vorliegenden Buch. Er hat mein Leben verändert, und er kann auch Ihres verändern.

Doch zunächst eine Warnung: Dieser Weg verlangt, dass Sie gegen viele Ihrer Erfolgsinstinkte handeln. Ich werde Sie dazu auffordern, Ihre Schwächen nicht zu leugnen, sondern demütig hinzunehmen; einiges loszulassen, wofür Sie hart gearbeitet haben, was Sie nun jedoch aufhält; Teile Ihres Lebens anzunehmen, die Sie glücklich machen, auch wenn sie Sie nicht zu etwas *Besonderem* machen; dem Niedergang – ja sogar dem Tod – mit Mut und Zuversicht entgegenzutreten; Beziehungen wieder neu zu knüpfen, die Sie auf dem langen Weg zum äußeren Erfolg vernachlässigt haben; und sich die Ungewissheit einer Übergangsphase zuzumuten, die Sie bisher mit aller Mühe vermieden haben.

Nichts davon ist einfach – einem alten Ehrgeizler kann man nur schwer etwas Neues beibringen! Es erfordert große Anstrengung, Ideen zu akzeptieren, die Ihnen vielleicht verrückt erschienen, als Sie alles in Ihrer Macht Stehende taten, um im Berufsleben wirklich zu brillieren. Aber ich verspreche Ihnen, die Belohnung wird es wert sein. So wie ich können auch Sie mit jedem Jahr glücklicher werden.

Wir können mit neuer Kraft voranschreiten.

Kapitel 1

Der berufliche Abstieg kommt (viel) früher, als man denkt

Wer sind die fünf größten Wissenschaftler, die je gelebt haben? Fragen dieser Art werden gerne in nerdigen Nischen des Internets diskutiert, die Sie wahrscheinlich nicht besuchen. Ich habe auch nicht vor, Sie dorthin zu führen. Aber egal ob Laie oder Koryphäe, jeder wird Charles Darwin auf die Liste setzen. Darwin gilt gemeinhin als der Mann, der unser Verständnis von Biologie vollständig und dauerhaft verändert hat. Seine Wirkung war so tiefgreifend, dass Darwins Ruhm seit seinem Tod im Jahr 1882 nie nachgelassen hat.

Und dennoch empfand Darwin, als er starb, seine Karriere als enttäuschend.

Fangen wir von vorne an. Darwins Eltern wünschten, dass Charles Geistlicher werde. Aber da er für eine Kirchenkarriere wenig Enthusiasmus und Begabung hatte, konnte er als Student nicht glänzen. Seine wahre Liebe galt der Naturwissenschaft, hier fühlte er sich glücklich und lebendig. So war es die Chance seines Lebens – später nannte er es »bei Weitem das wichtigste Ereignis in meinem Leben« –, als er 1831 im Alter von zweiundzwanzig Jahren das Angebot bekam, an der Erdumrundung des Forschungsschiffs *Beagle* teilzunehmen. Die nächsten fünf Jahre verbrachte er an Bord des Schiffs, sammelte exotische Pflanzen und Tiere, schickte Proben davon zurück nach England und faszinierte damit die Fachwelt ebenso wie die breite Öffentlichkeit.

Das war beeindruckend genug, um ihn ziemlich bekannt zu machen. Als er jedoch im Alter von siebenundzwanzig Jahren heimkehrte, entfachte er mit seiner Theorie der natürlichen Selektion einen intellektuellen Großbrand. Er behauptete, dass sich Arten über Generationen hinweg verändern und anpassen und dass uns dies nach Hunderten von Jahrmillionen die Vielfalt von Pflanzen und Tieren beschert hat, die wir heute erleben. In den nächsten dreißig Jahren entwickelte er seine Theorie weiter und veröffentlichte sie in Büchern und Aufsätzen, wobei sein guter Ruf stetig wuchs. 1859, im Alter von fünfzig Jahren, veröffentlichte er die Krönung seines Lebenswerks, sein Opus magnum *Die Entstehung der Arten*, in dem er seine Evolutionstheorie erläutert. Das Buch wurde zum Bestseller, machte seinen Namen unsterblich und veränderte den Lauf der Wissenschaft.

Fortan jedoch stagnierte Darwins Schaffenskraft: Er kam mit seiner Forschung nicht mehr weiter und konnte keine neuen Durchbrüche erzielen. Etwa zur gleichen Zeit entdeckte ein tschechischer Mönch namens Gregor Mendel genau das, was Darwin fehlte, um seine Arbeit fortzusetzen: die Theorie der Genetik. Unglücklicherweise wurde Mendels Arbeit in einer obskuren deutschen Fachzeitschrift veröffentlicht, und Darwin bekam sie nie zu Gesicht. Ohnehin hätte Darwin (der, wie Sie sich erinnern, ein unambitionierter Student gewesen war) nicht die mathematische oder sprachliche Kompetenz gehabt, um sie zu verstehen. Obwohl er in seinem weiteren Leben noch zahlreiche Bücher schrieb, entdeckte er bei seiner Arbeit nicht mehr viel Neues.

In seinen letzten Lebensjahren war Darwin immer noch hochberühmt – nach seinem Tod wurde er sogar als Nationalheld in der Westminster Abbey bestattet. Aber er war zunehmend unzufrieden mit seinem Leben und sah seine Arbeit als unbefriedigend, unerfüllt und unoriginell an. »Ich habe in meinem Alter weder den Mut noch die Kraft, um jahrelange Forschungen anzustellen, wobei dies das Einzige ist, was Spaß macht«, gesteht er einem Freund. »Ich habe alles, was mich glücklich und zufrieden machen sollte, aber das Leben ist für mich sehr ermüdend geworden.«[1]

Charles Darwin war nach allen Maßstäben der Welt erfolgreich, nach seinen eigenen jedoch gescheitert. Er wusste, dass er nach weltlichem Maßstab alles hatte, was ihn »glücklich und zufrieden« machen müsste. Und dennoch gab er zu, dass ihm Ruhm und Reichtum jetzt wie Stroh fressen vorkamen. Nur Fortschritt und neuer Erfolg, wie er sie in seiner bisherigen Arbeit genossen hatte, könnten ihm Freude bringen – aber das überstieg nun seine

Kräfte. So war er in seinem Niedergang dem Unglück ausgeliefert. Darwins Melancholie ließ allen Berichten zufolge nicht nach, ehe er im Alter von dreiundsiebzig Jahren starb.

Ich würde Ihnen gerne sagen können, dass Darwins unglücklicher Abstieg im Alter so ungewöhnlich war wie seine Errungenschaften, aber das ist nicht der Fall. Darwins Niedergang war völlig normal und verlief genau nach Zeitplan. Und wenn Sie ebenso wie Darwin hart daran gearbeitet haben, auf Ihrem Gebiert Außergewöhnliches zu leisten, werden Sie mit ziemlicher Sicherheit ein ähnliches Muster des Niedergangs und der Enttäuschung erleben – und zwar viel, viel früher, als Sie glauben.

Der überraschend frühe Niedergang

Falls Sie nicht der James-Dean-Formel *Live fast, die young* folgen, wissen Sie, dass Ihr beruflicher, körperlicher und geistiger Niedergang unvermeidlich ist. Allerdings denken Sie wahrscheinlich, dass es ein langer, langer Weg ist.

Mit dieser Meinung sind Sie nicht allein. Die meisten Menschen nehmen stillschweigend an, dass das Altern und seine Auswirkungen auf die berufliche Leistung weit in der Zukunft liegen. Diese Annahme erklärt allerlei lustige Umfrageergebnisse. Als man zum Beispiel 2009 die Amerikaner fragte, was »alt sein« bedeutet, war die beliebteste Antwort »fünfundachtzig werden«.[2] Mit anderen Worten: Der durchschnittliche Amerikaner (der neunundsiebzig Jahre alt wird) stirbt sechs Jahre vor Eintritt ins hohe Alter.

Die Realität sieht so aus: In praktisch jedem hoch qualifizierten Beruf setzt der Niedergang irgendwann zwischen Ende dreißig und Anfang fünfzig ein. Ich weiß, das tut weh, sorry. Es kommt noch schlimmer: Je erfolgreicher jemand auf dem Höhepunkt seiner Karriere ist, desto ausgeprägter wirkt der Niedergang, wenn er dann eintritt.

Natürlich werden Sie mir das nicht einfach glauben. Werfen wir darum einen Blick auf die Beweislage.

Wir beginnen mit dem offensichtlichsten und frühesten Niedergang: im Sport. Bei Sportarten, bei denen es um Explosivkraft oder Sprints geht, ist die Höchstleistung schon zwischen zwanzig und siebenundzwanzig Jahren erreicht, bei Ausdauersportlern etwas später – aber immer noch im frühen Erwachsenenalter.[3] Das ist nicht überraschend. Niemand erwartet ernsthaft von einem Sportler, dass er bis zum Alter von sechzig Jahren wettkampftauglich bleibt. Den meisten Sportlern, mit denen ich für dieses Buch gesprochen habe (da es keine Umfragen dazu gibt, wann Menschen mit ihrem körperlichen Verfall rechnen, habe ich informell damit begonnen), war bewusst, dass sie sich bis dreißig einen neuen Job suchen müssen. Diese Tatsache gefällt ihnen nicht, aber im Allgemeinen stellen sie sich ihr.

Ganz anders ist es bei denjenigen, die wir heutzutage »Wissensarbeiter« nennen – die meisten, die dieses Buch lesen, zählen vermutlich dazu. Von diesen Menschen, deren Beruf eher Ideen und Intellekt als sportliche Fähigkeiten und körperliche Kraft erfordert, hat mir gegenüber kaum jemand zugegeben, dass vor dem siebzigsten Lebensjahr mit einem Niedergang zu rechnen ist; manche setzen ihn noch später an. Anders als Sportler stellen sie sich damit *nicht* der Realität.

Nehmen wir Wissenschaftler. Benjamin Jones, Professor für Strategie und Entrepreneurship an der Kellogg School of Management der Northwestern University, hat jahrelang erforscht, in welcher Lebensphase preisgekrönte wissenschaftliche Entdeckungen und bahnbrechende Erfindungen am wahrscheinlichsten geschehen. Jones hat bedeutende Erfinder und Nobelpreisträger in einer Spanne von mehr als einem Jahrhundert untersucht und festgestellt, dass das häufigste Alter für große Entdeckungen Ende dreißig ist. Er zeigt, dass die Wahrscheinlichkeit einer großen Entdeckung in den Zwanzigern und Dreißigern stetig zunimmt und dann in den Vierzigern, Fünfzigern und Sechzigern drastisch abnimmt. Natürlich gibt es Ausreißer. Aber die Wahrscheinlichkeit, im Alter von siebzig Jahren eine bedeutende Innovation hervorzubringen, ist etwa genauso groß wie im Alter von zwanzig Jahren, nämlich ungefähr null.[4]

Diese Tatsache hat wohl den Physik-Nobelpreisträger Paul Dirac zu einem kleinen melancholischen Gedicht darüber inspiriert, dass das Alter der Fluch eines jeden Physikers ist. Es endet mit diesen beiden Zeilen:

Besser wär es, tot zu sein,
als über dreißig noch zu leben.

Den Nobelpreis gewann Dirac im Alter von einunddreißig Jahren für Forschungsarbeit, die er mit Mitte zwanzig geleistet hatte. Bis zu seinem dreißigsten Geburtstag hatte er eine allgemeine Theorie des Quantenfelds entwickelt. Zu dem Thema hatte er (im Alter von vierundzwanzig) in Cambridge promoviert. Mit achtundzwanzig schrieb er *The Principles of Quantum Mechanics*, ein noch heute verwendetes Lehrbuch. Mit dreißig hatte er einen Lehrstuhl in Cambridge inne. Und danach? Er war als Forscher aktiv und erzielte einige Durchbrüche. Aber das war nichts im Vergleich zu den frühen Jahren. Daher sein Gedicht.

Natürlich mögen Nobelpreisträger anders sein als gewöhnliche Wissenschaftler. Jones hat zusammen mit einem Co-Autor Daten von Forschern aus den Bereichen Physik, Chemie und Medizin überprüft, die häufig zitierte Arbeiten sowie Patente und verschiedene Preise vorweisen konnten. Dabei zeigte sich, dass Spitzenleistungen heutzutage in späteren Lebensjahren auftreten als in der Vergangenheit. Das liegt vor allem daran, dass das für herausragende Arbeit erforderliche Wissen im Laufe der Jahrzehnte so stark zugenommen hat. Dennoch liegt das Höchstalter seit 1985 nicht sehr hoch: in der Physik bei fünfzig; in der Chemie bei sechsundvierzig; und in der Medizin bei fünfundvierzig. Danach fällt die Innovationskraft steil ab.

Andere Wissensgebiete folgen dem gleichen Grundmuster. Bei Schriftstellern setzt der Niedergang ungefähr zwischen vierzig und fünfundfünfzig ein.[5] Finanzprofis erreichen ihren Leistungsgipfel zwischen sechsunddreißig und vierzig.[6] Oder Ärzte: Sie scheinen in den Dreißigern ihren Höhepunkt zu erreichen und erleben danach im Laufe der Jahre einen steilen Abfall ihrer Fähigkeiten.[7] Für Leute in meinem Alter ist es irgendwie beruhigend, einen Arzt zu haben, der an einen grau melierten Fernseharzt erinnert. Aber eine kürzlich durchgeführte kanadische Studie hat sich achtzig Prozent aller Anästhesisten des Landes und die über einen Zeitraum von zehn Jahren erfolgten Klagen von Patienten gegen sie angeschaut. Dabei kam heraus, dass Ärzte über fünfundsechzig mit fünfzig Prozent höherer Wahrscheinlichkeit als jüngere Ärzte (unter einundfünfzig) für Behandlungsfehler verantwortlich gemacht werden.

Unternehmer sind beim Thema Leistungsgipfel ein interessanter Fall. IT-Gründer verdienen sich oft in ihren Zwanzigern enormen Ruhm und

Reichtum, aber viele von ihnen geraten schon mit dreißig Jahren in einen kreativen Niedergang. Laut *Harvard Business Review* sind Gründer von Unternehmen, die mit mindestens einer Milliarde US-Dollar Risikokapital ausgestattet werden, in der Regel in der Altersgruppe der Zwanzig- bis Vierunddreißigjährigen anzusiedeln. Die Zahl der Gründer, die älter sind, ist demzufolge gering. Andere Forscher dagegen bestreiten diese Feststellung und behaupten, das Durchschnittsalter der Gründer der am stärksten wachsenden Start-ups betrage in Wahrheit fünfundvierzig Jahre.[8] Aber der Punkt bleibt derselbe: Im mittleren Alter nehmen die unternehmerischen Fähigkeiten ab. Selbst nach den optimistischsten Schätzungen sind nur etwa fünf Prozent der Gründer über sechzig Jahre alt.

Das Muster zeigt sich nicht nur in der Wissensarbeit. In anspruchsvollen Berufsfeldern von der Polizei bis zur Krankenpflege kommt es früher, als man denken mag, zu einem spürbaren altersbedingten Leistungsabfall. Die Leistungsspitze von Servicetechnikern und Büroangestellten wird zwischen fünfunddreißig und vierundvierzig erreicht; bei angelernten Fließbandarbeitern und Postsortierern liegt sie zwischen fünfundvierzig und vierundfünfzig.[9] Der altersbedingte Leistungsabfall ist bei Fluglotsen so stark und die Folgen dadurch bedingter Fehler sind so schlimm, dass das obligatorische Rentenalter hier bei fünfzig liegt.[10]

Der Niedergang ist so absehbar, dass ein Forscher ein gruselig genaues Modell entwickelt hat, das ihn für bestimmte Berufe vorhersagen kann. Dean Keith Simonton von der University of California hat das Muster des beruflichen Abstiegs bei Menschen in kreativen Berufen untersucht und ein Modell erstellt, das den Karriereverlauf einer durchschnittlichen Person darstellt. Die aus Gigabytes an Daten gewonnene Kurve ist in Abbildung 1 zu sehen.

Der Höhepunkt kreativer Karrieren tritt im Durchschnitt etwa zwanzig Jahre nach dem Berufseinstieg ein. Das erklärt die Beobachtung, dass man in der Regel zwischen fünfunddreißig und fünfzig abzubauen beginnt. Dies ist ein Durchschnittswert über viele Berufsfelder hinweg, und Simonton hat auch eine ganze Reihe von Varianten gefunden, zum Beispiel die »Halbwertszeit« vieler Berufe – das Alter, in dem die Hälfte des Lebenswerks geschaffen ist. Das entspricht im Durchschnitt mehr oder weniger dem höchsten Punkt der Kurve. Eine Berufsgruppe, die diese Halbwertszeit von zwanzig Jahren genau einhält, sind Romanautoren, die im Allgemeinen nach 20,4 Jahren schriftstellerischer Laufbahn eine Hälfte ihrer Arbeit geschafft haben und die andere Hälfte danach vollbringen. In der Nähe befinden sich auch Mathematiker mit einer Halbwertszeit von 21,7 Jahren. Etwas schneller sind die Dichter mit 15,4 Jahren Halbwertszeit und etwas gemächlicher die Geologen mit 28,9 Jahren.

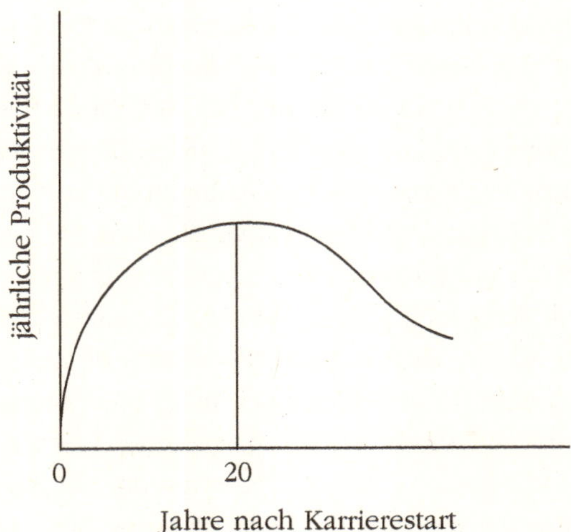

Abb. 1. Durchschnittliche Produktivität nach dem Karrierestart in kreativen und wissenschaftlichen Berufen[11]

Überlegen wir mal, was das bedeutet. Angenommen, Sie sind in einem quantitativen Feld tätig – Sie sind beispielsweise Datenanalyst. Wenn Sie nach dem Abschluss der Ausbildung Ihre Karriere mit zweiundzwanzig beginnen, erreichen Sie im Durchschnitt mit vierundvierzig Ihren beruflichen Höhepunkt und beginnen dann, Ihre Fähigkeiten zu verlieren. Nehmen wir jetzt an, Sie sind Dichter und im Alter von fünfundzwanzig ein frischgebackener Master of Arts. Simontons Daten zufolge werden Sie schon mit vierzig Jahren mit der Hälfte Ihres Lebenswerks durch sein und sich danach in einem Produktivitätsrückgang befinden. Sind Sie dagegen Geologe, kommt ihr Gipfel eher um die vierundfünfzig.

Mein persönlicher früher Niedergang

Als ich mit dieser Recherche begann, interessierte es mich besonders, ob das Abstiegsmuster auch auf Musiker, besonders klassische Musiker, zuträfe. Es gibt einige berühmte Fälle von klassischen Musikern, die lange weitermachen und bis ins hohe Alter auftreten. 1945 fing die Kontrabassistin Jane Little im zarten Alter von sechzehn Jahren bei der Atlanta Symphony an. Sie hörte erst einundsiebzig Jahre später im Alter von siebenundachtzig auf. (Wobei sie nicht in den Ruhestand ging, sondern tatsächlich mitten im Konzert auf der Bühne verstarb, als sie gerade *There's No Business Like Show Business* spielte.[12])

Jane Little ist jedoch nicht die Norm. Die meisten gehen viel früher in Rente. Und der Ruhestand kommt offenbar noch zu spät. In Umfragen geben klassische Musiker an, dass Höchstleistungen in den Dreißigern erreicht werden. Jüngere Kollegen beschweren sich oft, dass die besten Plätze von älteren Musikern mit unkündbaren Verträgen besetzt sind, die noch lange, nachdem sie ihren Vorsprung verloren haben, dort sitzen bleiben. Das Problem ist, dass diese älteren Musiker ihren Niedergang oft nicht einmal vor sich selbst zugeben können. »Es ist sehr schwer, sich einzugestehen, dass die Zeit gekommen ist«, hat mir ein achtundfünfzigjähriger Hornist des Pittsburgh Symphony Orchestra gesagt. »Wir sind Experten der Verdrängung. Wir sind nur deshalb erfolgreich, weil wir die überwältigende Wahrscheinlichkeit, in unserem Beruf zu scheitern, einfach ignoriert haben. Am Anfang unserer Entwicklung ist Verdrängung also positiv.«[13]

Dieser Hornist war nicht ich. Aber das hätte ich sein können, in einem Paralleluniversum.

Als Kind hatte ich eigentlich nur ein Ziel: der beste Hornist der Welt zu werden. Ich übte jeden Tag stundenlang mit höchster Disziplin Horn und spielte in jedem Ensemble, das ich finden konnte. Zur Inspiration hingen Bilder berühmter Hornisten an meiner Zimmerwand. Ich besuchte die besten Musikfestivals und lernte bei den besten Lehrern, die einem Jungen aus der unteren Mittelklasse in Seattle zur Verfügung standen. Ich war immer der beste Hornist, immer der erste Hornist.

Eine Zeit lang dachte ich, der Traum meiner Jugend könnte wahr werden. Mit neunzehn verließ ich das College und ging mit einem professionellen

Kammermusikensemble auf Tournee. Wir spielten hundert Konzerte im Jahr und fuhren in einem Kleinbus durchs ganze Land. Ich war nicht krankenversichert, und jede Monatsmiete kostete mich Nerven, aber mit einundzwanzig hatte ich alle fünfzig Bundesstaaten und fünfzehn fremde Länder gesehen. Ich hatte Alben aufgenommen, die ich gelegentlich im Radio hörte. Mein Traum war es, in den Zwanzigern durch die Ränge der klassischen Musik aufzusteigen, in ein paar Jahren in eins der besten Sinfonieorchester einzutreten und dann Solist zu werden – die höchste Stellung, die ein klassischer Musiker erreichen kann.

Aber dann passierte in meinen frühen Zwanzigern etwas Seltsames: Ich wurde immer schlechter. Bis heute habe ich keine Ahnung, warum. Meine Spieltechnik verschlechterte sich, und ich hatte keine Erklärung dafür. Nichts half. Ich suchte berühmte Lehrer auf und übte noch mehr, aber ich gelangte nicht mehr an den Punkt, an dem ich bereits gewesen war. Stücke, die leicht zu spielen gewesen waren, wurden schwierig; Stücke, die schwierig gewesen waren, wurden unmöglich.

Der vielleicht schlimmste Moment meiner jungen, unsicheren Karriere war in der Carnegie Hall in New York. Als ich gerade ein paar Worte über die Musik sprach, die ich spielen wollte, machte ich einen Schritt nach vorn, verlor den Halt und fiel von der Bühne ins Publikum. Auf dem Heimweg vom Konzert überkam mich der düstere Gedanke, dass dieses Erlebnis ein Hinweis von Gott sein müsse.

Aber egal ob Gott mir etwas sagen wollte oder nicht, ich hörte nicht darauf. Ich hatte kein Bild von mir selbst außer »großartiger Hornist«. Ich wäre lieber gestorben, als dass ich aufgegeben hätte.

So trudelte ich noch weitere neun Jahre vor mich hin. Mit fünfundzwanzig nahm ich eine Stelle im Stadtorchester von Barcelona an. Ich übte noch fleißiger, aber mein Spiel wurde immer schlechter. Nach ein paar Jahren fand ich eine Stelle als Lehrer an einem kleinen Musikkonservatorium in Florida und hoffte auf eine magische Wende, die nie eintrat.

Als mir klar wurde, dass ich vielleicht doch einen Plan B bräuchte, ging ich per Fernstudium zurück ans College, ohne es einer Menschenseele außer meiner Frau zu verraten (ich schämte mich). Ohne je einen Professor zu treffen oder einen Fuß in einen Hörsaal zu setzen, machte ich einen Monat vor meinem dreißigsten Geburtstag meinen Bachelor in Wirtschaftswissenschaften. Die Zeugnisverleihung sah für mich so aus, dass ich in Hausschuhen zum Briefkasten ging und meine Bachelor-Urkunde herauszog. Auf dem Umschlag stand dick und fett »NICHT KNICKEN«. Er war geknickt.

Ich setzte heimlich mein Abendstudium fort und erwarb ein Jahr später den Master-Abschluss. Unterdessen übte ich weiter und verdiente die ganze Zeit meinen Lebensunterhalt als Musiker. Ich hoffte immer noch, dass ich ein Comeback meiner Fähigkeiten erleben würde.

Das Comeback blieb aus. Und so gestand ich mir mit einunddreißig meine Niederlage ein: Ich würde meine ins Stocken geratene Musikkarriere nie wieder in Gang kriegen. Aber was sollte ich sonst mit meinem Leben anfangen? Widerwillig stieg ich ins Familiengeschäft ein. Mein Vater war Akademiker; sein Vater war Akademiker gewesen. Ich gab meine musikalischen Ambitionen auf und begann eine Promotion.

Das Leben geht weiter, nicht wahr? Irgendwie schon. Nach Abschluss meines Studiums wurde ich Universitätsprofessor und praktizierte sozialwissenschaftliche Forschung und Lehre – eine Arbeit, die mir viel Spaß machte. Aber trotzdem dachte ich jeden Tag an meine geliebte erste und einzig wahre Berufung. Noch heute träume ich regelmäßig, dass ich auf der Bühne stehe. Ich höre das Orchester und sehe das Publikum. Ich erlebe die Glückseligkeit des musikalischen Flows und spiele besser denn je … Und dann wache ich auf und erinnere mich daran, dass meine Kindheitsträume nur noch Phantasmen sind.

In Wirklichkeit habe ich Glück. Ich weiß jetzt, dass mein Niedergang unabwendbar war. Er ist mir nur ein, zwei Jahrzehnte früher zugestoßen, als es normalerweise der Fall ist. So konnte ich mich noch rechtzeitig darauf einstellen und mein Leben in Richtung neuer intellektueller Arbeit umlenken. Dennoch schmerzt mich mein früher Niedergang noch heute so sehr, dass mir das Schreiben dieser Worte schwerfällt. Ich habe mir geschworen, dass mir das nie wieder passieren wird.

Aber die Daten sind natürlich untrüglich: Es *wird* mir wieder passieren.

Grund und Wirkung unseres Leistungsabfalls

Für die meisten Menschen ist der Abstieg nicht nur eine unwillkommene Überraschung; er ist ihnen auch ein großes Rätsel. Wir lernen früh, dass Übung den Meister macht. Die Forschung besagt, dass Meisterschaft aus zehntausend Stunden der Mühe folgt oder zumindest aus einer ähnlich hohen Zahl. Anders gesagt hat das Leben eine Formel: Je mehr man etwas tut, desto besser wird man darin.

Und dann nicht mehr. Fortschritt ist keine geradewegs nach oben zeigende Linie, das hat Abbildung 1 gezeigt. Wie erklärt sich also der absteigende Teil? Eine frühe Theorie war, dass die Intelligenz mit dem Alter abnimmt. Beim Vergleich der schieren kognitiven Fähigkeit (IQ) von Menschen aller Altersgruppen schneiden junge Menschen durchweg viel besser ab als ältere Menschen. Daraus zog man den Schluss, dass der IQ mit zunehmendem Alter sinkt – und damit auch unsere Fähigkeiten. Diese Analyse war jedoch substanziell fehlerhaft: Sie verglich besser gebildete Menschen (die in der Regel jünger sind) mit solchen, die mit geringeren Bildungschancen aufgewachsen sind. Als man Einzelpersonen im Laufe der Zeit betrachtete, stellte sich heraus, dass der Rückgang der Intelligenz viel weniger ausgeprägt ist, als die älteren Studien zeigten.[14]

Eine bessere Erklärung nahm strukturelle Veränderungen im Gehirn in den Blick – besonders die sich ändernde Leistung des präfrontalen Kortex, des Stirnlappens. Dieser Teil des Gehirns entwickelt sich in der Kindheit als letzter und baut im Erwachsenenalter als erster ab. Er ist zuvorderst für das Arbeitsgedächtnis, die exekutiven Funktionen und die Inhibition verantwortlich. (Inhibition ist die Fähigkeit, die für die anstehende Aufgabe nicht relevanten Informationen zu blockieren, sodass wir uns auf unsere Kernfähigkeiten konzentrieren und diese verbessern können.) Mit einem großen, starken präfrontalen Kortex kann man auf seinem Gebiet immer besser werden, egal ob man einen Rechtsstreit führt, eine OP leitet oder einen Omnibus steuert.

Im mittleren Alter lässt die Effektivität des präfrontalen Kortex nach, und dies hat mehrere Auswirkungen. Als Erstes werden schnelle Analysen und kreative Einfälle beeinträchtigt – was angesichts des beobachtbaren

Leistungsabfalls erwartbar ist.[15] Zweitens werden einige besondere, vormals einfache Dinge teuflisch schwierig, beispielsweise Multitasking. Ältere Menschen lassen sich viel leichter ablenken als jüngere. Wenn Sie Kinder im Teenageralter haben oder hatten, haben Sie sie vielleicht schon ermahnt, dass sie nicht effektiv lernen können, während sie Musik hören und mit Freunden chatten. Dabei können *Sie* das nicht. Ältere Erwachsene können ihre Denkfähigkeit steigern, indem sie auf ihren eigenen Rat hören: Handy und Musik ausschalten und sich an einen vollkommen ruhigen Ort setzen, um nachzudenken und zu arbeiten.[16]

Ebenfalls im Schwinden begriffen ist die Fähigkeit, sich an Namen und Fakten zu erinnern. Wenn Sie fünfzig sind, ist Ihr Gehirn so vollgestopft wie die New Yorker Stadtbibliothek. Und die für Sie zuständige Bibliothekarin ist gebrechlich, langsam und leicht ablenkbar. Wenn sie eine Information raussuchen soll, die Sie brauchen (sagen wir, den Namen von jemandem), braucht sie ewig, um aufzustehen, holt sich erst mal einen Kaffee, redet mit einem alten Freund in der Zeitschriftenabteilung und weiß dann nicht mehr, was sie eigentlich wollte.[17] Währenddessen könnten Sie sich in den Hintern beißen, weil Sie etwas vergessen haben, was Sie seit Jahren wissen. Wenn die Bibliothekarin endlich wieder auftaucht und sagt: »Der Typ heißt Mike«, ist Mike schon längst weg, und Sie machen längst etwas anderes.

Trotz solcher Ärgernisse kommen manche Leute ziemlich gut mit dem Verfallsprozess zurecht. Nehmen wir den Fall von Paul Dirac, dem Physik-Nobelpreisträger mit dem traurigen Gedicht darüber, dass Physiker mit dreißig zum alten Eisen gehören. Sein wichtigstes Werk und seine intensivsten und produktivsten Jahre lagen tatsächlich in seinen Zwanzigern und frühen Dreißigern. Nach Mitte dreißig war er immer noch ein aktiver Gelehrter und leistete gute Arbeit, aber nicht mehr in dem Maße wie früher. Doch er machte das Beste daraus. In einem späten Geniestreich – anders kann man es nicht bezeichnen – verließ Dirac mit siebzig das trübe Cambridge und nahm eine Professur an der Florida State University an. In seinen späten Jahren genoss er den Sonnenschein und ging schwimmen. An der Uni aß er jeden Tag mit Kollegen zu Mittag und machte dann ein Nickerchen. Er veröffentlichte weiterhin Fachartikel – ohne spektakuläre Ergebnisse. Seine letzte Arbeit beschäftigt sich mit einer Forschungsfrage, die er nicht beantworten kann, und endet mit den ehrlichen Worten: »Ich habe viele Jahre mit der Suche nach […] verbracht und es noch nicht gefunden. Ich werde weiter daran arbeiten, solange ich kann, und andere werden hoffentlich diesem Beispiel folgen.«[18]

Leider ist eine solche Gelassenheit die Ausnahme von der Regel. Nehmen wir Linus Pauling, den einzigen Menschen, der Nobelpreise in zwei unterschiedlichen Kategorien erhalten hat. Wie bei Dirac und so vielen anderen hatte er seine größten Erkenntnisse in den Zwanzigern. In seinen Dreißigern schrieb er sein berühmtestes Buch, *The Nature of the Chemical Bond*, das die Arbeit des vorangegangenen Jahrzehnts zusammenfasste. Den Nobelpreis für Chemie erhielt er 1954 für Arbeiten zu chemischen Bindungen, die er Jahrzehnte zuvor geleistet hatte.

Nach seinen großen Entdeckungen arbeitete Pauling weiter in der Forschung, widmete sich jedoch zunehmend dem öffentlichen Aktivismus – um, wie manche glauben, im Rampenlicht zu bleiben. Nach dem Zweiten Weltkrieg wandte sich Pauling der Anti-Atombewegung zu. Als Chemiker, Nobelpreisträger und Zeitgenosse jener Wissenschaftler, die die Atombombe entwickelt hatten, bekam er von der Antikriegsbewegung in den Vereinigten Staaten und Europa eine prominente Position zugewiesen.

Pauling erhielt 1962 für seinen Einsatz für die Einstellung von Atomtests am Höhepunkt des Kalten Krieges den Friedensnobelpreis. Naturgemäß machte ihn dies zu einer umstrittenen politischen Figur: Für einige war er ein Held, für andere ein Schurke. Letztere wiesen gerne darauf hin, dass er 1970 auch den Lenin-Friedenspreis der Sowjetunion gewann – und entgegennahm.

Paulings Verlangen nach Relevanz verleitete ihn dann dazu, pseudowissenschaftliche Trends zu verbreiten. Er befürwortete die Eugenik und schlug vor, dass Menschen mit Gendefekten wie der Sichelzellenanämie als Warnung für potenzielle Partner auffällig tätowiert werden sollten. Wie allgemein bekannt ist, vertrat er mit zunehmender Besessenheit die Theorie, Vitamine könnten eine Vielzahl von Krankheiten, sogar Krebs, heilen und das Leben stark verlängern. Er befürwortete eine sogenannte »orthomolekulare Psychiatrie«, die psychisch kranke Menschen mit hohen Vitamindosen behandeln sollte.

Höchstwahrscheinlich haben auch Sie schon einmal gehört, dass man mit reichlich Vitamin C Erkältungen vorbeugen könne. Diese Theorie stammt aus Paulings berühmten Schriften aus den 1970er-Jahren, die wie praktisch alle seine späteren Ideen vielmals wissenschaftlich widerlegt wurden. Wie der Cambridge-Professor Stephen Cave dokumentiert hat, erwarb sich Pauling in der etablierten Medizin den Ruf eines Quacksalbers und verbrachte einen Großteil seiner letzten Lebensjahrzehnte im erbitterten Kampf gegen seine vielen Kritiker in Wissenschaftsjournalen.[19]

Die Qual der Irrelevanz

Ich habe keinen Zweifel daran, dass der Niedergang für Pauling so schwer war, weil mit der Abnahme seiner Fähigkeiten auch seine Bedeutung in der Öffentlichkeit abnahm. Und egal ob man berühmt ist oder nicht: Kaum etwas fühlt sich schlimmer an, als für diejenigen, die einen vormals schätzten, irrelevant oder sogar nutzlos zu werden. Diese Klage kam mir bei der Recherche für dieses Buch immer wieder zu Ohren. Ich habe zum Beispiel mit einem Antiquar in New York gesprochen. Er liebte seinen Beruf und hatte Freude an seiner Karriere. Aber jetzt … na, ich lasse ihn für sich selbst sprechen:

> Ich habe mein ganzes Leben lang mit seltenen Büchern gehandelt, ich war schon mit vierundzwanzig Jahren im Geschäft. Ich hatte großes Glück – Bob Dylan, John Updike, J. M. Coetzee, Woodward und Bernstein – zahllose Nachlässe – Waugh, Pound, Churchill, Roosevelt. Vor zwanzig Jahren lauschte man bei Dinnerpartys gebannt meinen Anekdoten über die Suche nach Bücherschätzen, über meine Deals. Aber in den letzten zwölf Jahren frage ich mich immer, wie die anderen am Tisch mich sehen. Was sehen sie? Ich fürchte, sie sehen das »Gestern«.

Ich habe mit einer fünfzigjährigen Frau gesprochen, die einen hohen Verwaltungsposten an einer großen Universität innehat.

> Sobald die Software so raffiniert ist, dass sie die menschliche Fehlerquote unterbietet und das Ergebnis nicht mehr von einem menschlichen Auge überprüft werden muss, bin ich arbeitslos. Ich schätze, mir bleiben noch etwa fünf bis zehn Jahre. [...] Ich versuche, meinen Abstieg bei der Arbeit vorerst zu verbergen, aber ich weiß, dass ich ihn nicht ewig verbergen kann. Ich möchte genug Zeit für Veränderungen haben, ohne mein Einkommen zu verlieren. Aber wenn ich eines Tages gefeuert werde, na ja. Das Leben geht weiter, oder auch nicht.

Bedenkenswert sind auch diese Worte von einer prominenten Journalistin in den Fünfzigern:

> An vielen Tagen fehlt mir die Motivation, mir weitere zehn Stunden härtester Arbeit anzutun. Der entgangene Schlaf und das viele Reisen haben ihren Preis. Früher waren wir schnell erholt. Jetzt nicht mehr. Der wahre Niedergang hat bei meinen Kollegen oft in den Vierzigern eingesetzt. Von außen sah es so aus, als hätte sich eine Müdigkeit eingestellt. Raus aus der Redaktion, hin zur nächsten Stadtratssitzung, zum nächsten Autounfall/Mord/Steuerbetrug – zu irgendwas, was sie im Laufe der Jahre schon hundertmal gemacht haben. Sie waren müde.

Ein Forscherteam der University of California und der Princeton University analysierte im Jahr 2007 Daten von mehr als tausend älteren Menschen. Ihre im *Journal of Gerontology* veröffentlichten Ergebnisse besagten, dass die Senioren, die sich nie oder selten »nützlich fühlten«, im Vergleich mit denjenigen, die sich oft nützlich fühlten, fast dreimal so häufig eine leichte Behinderung entwickelten und mehr als dreimal so wahrscheinlich im Studienzeitraum verstarben.

Dem könnte man entgegnen, dass uns doch die Erinnerung an frühere Relevanz reichen sollte. Diese Annahme – dass man es ein für alle Mal »schaffen« kann – formulieren oft Menschen, die danach streben, viel Geld, Macht und Prestige anzuhäufen. Nach dieser Denkweise ist das Leben eine Schatzsuche: Geh hinaus und finde den Kessel mit Gold, und danach kannst du dich daran laben und für den Rest deines Lebens glücklich sein, sogar nachdem deine glorreichen Tage vorbei sind. Werde reich und gehe früh in Rente. Werde berühmt und sonne dich im Abglanz, auch wenn er verebbt ist. Ergattere – in meinem Beruf – eine Professur, dann hast du es geschafft. Wenn dann der Erfolg nachlässt, kannst du in der Erinnerung an das Erreichte schwelgen.

Nach diesem Maßstab hätte der Mann im Flugzeug, über den ich in der Einleitung geschrieben habe, der glücklichste Mensch der Welt sein müssen. Er war reich und berühmt und bekam Achtung dafür, was er vor langer Zeit geleistet hatte. Er hatte das Rennen gewonnen! Dasselbe gilt für Darwin und Pauling. Aber sie waren *nicht* glücklich, weil dieses Modell völlig falsch ist. Es basiert auf einem völlig verfehlten Modell menschlichen Strebens. Hätte der Mann im Flugzeug ein »normales« Leben geführt, hätte er nie etwas Außergewöhnliches erreicht, dann hätte er sich im Alter vielleicht nicht so furchtbar belanglos gefühlt.

Wir können dies das »Prinzip der psychoprofessionellen Gravitation« nennen: dass nämlich die Qual des Niedergangs direkt mit dem zuvor erreichten Prestige und der emotionalen Bindung an dieses Prestige zusammenhängt.[20] Wer niedrige Erwartungen hat und nicht viel schafft (oder viel schafft, sich aber ein Buddha-ähnliches Maß an Nichtanhaftung an das berufliche Prestige bewahrt), wird am Niedergang eher weniger leiden. Aber wer Exzellenz erreicht und viel dafür getan hat, kann sich beim unweigerlichen Sturz aus dieser Höhe ziemlich irrelevant fühlen. Und das ist eine Qual.

Große Segnungen und Errungenschaften in jungen Jahren sind schlichtweg keine Versicherung gegen späteres Leid. Im Gegenteil: Studien zufolge sind Menschen, die in ihrem Berufsleben Macht und Erfolg angestrebt haben, nach der Pensionierung tendenziell unglücklicher als Menschen, die dies nicht getan haben.[21]

Selbst das frühe Feststellen einer Hochbegabung kann zu Problemen führen, so Carole und Charles Holahan, Psychologen an der University of Texas in Austin.[22] Sie haben Hunderte von älteren Menschen untersucht, die schon früh im Leben öffentlich als besonders begabt angesehen wurden. Die Schlussfolgerung der Holahans: »Die Erfahrung, in jüngeren Jahren Teilnehmer einer Studie über intellektuelle Hochbegabung zu sein, geht einher mit […] ungünstigerem psychologischen Wohlbefinden im Alter von achtzig Jahren.«

Die Studie der Holahans beweist möglicherweise nur, dass es schwierig ist, hohen Erwartungen gerecht zu werden, und dass man begabte Kinder nicht wie kleine Genies behandeln darf. Es gibt jedoch auch Hinweise darauf, dass sich Höchstleistungen am Ende negativ auf die Leistenden auswirken. Ein Beispiel wären Profisportler, die nach dem Ende ihrer Sportkarriere oft große Probleme haben. Es gibt viele tragische Fälle von Suchterkrankungen oder Selbstmord. Zumindest eine vorübergehende Unzufriedenheit mag bei Sportlern im Ruhestand sogar die Norm sein. Ich habe Dominique Dawes, Olympiasiegerin von 1996, dazu befragt, wie sich das Leben nach Wettkämpfen und Siegen auf höchstem Niveau anfühlt. Sie erzählte mir, dass sie ihr normales Leben genießt, dass aber die Anpassung nicht einfach war und immer noch nicht einfach ist. »Mein olympisches Selbst ruiniert nur meine Ehe und sorgt dafür, dass sich meine Kinder minderwertig fühlen«, sagte sie mir unverblümt. »Wenn ich so lebe, als ob jeder Tag eine Olympiade wäre, mache ich die Menschen um mich herum unglücklich.« Dawes hat sich ihr post-olympisches Leben bewusst so eingerichtet, dass sie die Fallstricke vermeidet, denen Menschen nach extrem hohen Leistungen ausgesetzt sind. Sie führt eine gute Ehe, hat Kinder und nimmt ihren katholischen Glauben sehr ernst. Sie lebt nicht in der Vergangenheit. Vielen anderen Stars ist es nicht so gut ergangen.

Die Tatsache, dass wir unsere Glanzzeit nicht abspeichern können, um sie noch dann zu genießen, wenn sie schon lange vorbei ist, führt uns zum Problem der *Unzufriedenheit* – einem Problem, dem wir später im Buch noch begegnen werden. Menschen fehlt einfach die Veranlagung, sich an lange zurückliegenden Errungenschaften zu erfreuen. Es ist, als liefen wir auf einem Laufband. Die Befriedigung durch den Erfolg dauert nur einen Augenblick. Innehalten und ihn genießen können wir nicht. Tun wir das, dann kullern wir vom Laufband und fallen hin. Also laufen und laufen wir in der Hoffnung, dass der nächste, noch größere Erfolg die anhaltende Befriedigung bringen wird, nach der wir uns sehnen.

Das Abstiegsproblem ist also ein doppelter Schlag: Um Unzufriedenheit zu vermeiden, brauchen wir immer größere Erfolge, dabei wird es immer schwieriger, das Niveau zu halten. Eigentlich ist es sogar ein dreifacher Schlag, denn wenn wir versuchen, das Niveau zu halten, verfallen wir in Arbeitssucht und ähnliche Gewohnheitsmuster, die uns Ehrgeizigen auch noch Beziehungsprobleme bescheren und eine tiefe Bindung zu Ehepartnern, Kindern und Freunden verhindern. Wenn wir dann vom Laufband stürzen, ist niemand mehr da, der uns beim Aufstehen und Staubabklopfen helfen könnte.

Das führt viele Leistungsträger in einen Teufelskreis: Angst vor dem Abstieg, Unzufriedenheit mit immer seltener werdenden Erfolgen, Abhängigkeit von den immer weiter zurückliegenden Erfolgen, Abschottung von anderen. Und leider gibt es dafür nicht gerade ein Überangebot an Hilfe. Niemand hat Mitleid mit erfolgreichen Leuten. Die Leiden materiell abgesicherter, ehrgeiziger Menschen rühren niemanden zu Tränen.

Und dennoch sind sie real.

So geht es weiter

Hier ist das Fazit, liebe Strebende: Die beneidenswerten Fähigkeiten, die Sie sich mühevoll angeeignet haben und dank derer Sie auf Ihrem Feld Erfolg hatten? Mit einem erheblichen Rückgang müssen Sie frühestens in den Dreißigern, spätestens aber ab Anfang fünfzig rechnen. Das ist der Deal, und er macht keinen Spaß. Tut mir leid.

Was werden Sie dagegen tun? Es gibt wirklich nur drei Türen, durch die Sie gehen können:

1. Sie können die Sachlage leugnen und sich gegen den Abstieg auflehnen – und sich auf Frustration und Enttäuschung gefasst machen.
2. Sie können mit den Schultern zucken und sich dem Abstieg ergeben – und Ihr Altern als unvermeidliche Tragödie erleben.
3. Sie können einsehen, dass das, was Sie so weit gebracht hat, Sie nicht in die Zukunft führen wird – und dass Sie einige neue Kräfte und Fähigkeiten entwickeln müssen.

Wenn Sie sich für Tür Nummer drei entschieden haben, herzlichen Glückwunsch. Es steht Ihnen eine strahlende Zukunft bevor. Aber Ihnen werden auch eine Menge neuer Fähigkeiten und eine neue Denkweise abverlangt.

Kapitel 2

Die zweite Kurve

Der Verfall ist unvermeidlich. Punkt. Aber das Altwerden ist nicht nur eine schlechte Nachricht (und ich spreche nicht von den Enkelkindern und der Eigentumswohnung in Florida, so schön diese Dinge sicherlich auch sind). Tatsächlich gibt es einige Möglichkeiten, wie wir auf natürliche Weise noch klüger und tüchtiger werden können. Der Trick hinter der Selbstverbesserung mit zunehmendem Alter besteht darin, diese neuen Kräfte zu verstehen, zu entwickeln und zu üben. Wenn Ihnen das gelingt, können Sie Ihren Niedergang in einen unglaublichen neuen Erfolg verwandeln – wie das geht, zeige ich Ihnen, keine Sorge.

Ist Ihnen aufgefallen, dass Menschen mit zunehmendem Alter fast nie an Wortgewandtheit verlieren? Sie haben generell einen reicheren Wortschatz als früher im Leben. Dies verleiht ihnen eine Reihe von Fähigkeiten. Sie spielen zum Beispiel besser *Scrabble* und schneiden oft in Fremdsprachen ziemlich gut ab – zwar nicht in der perfekten Aussprache, aber im Lernen von Vokabeln und im Verstehen der Grammatik. Diese Beobachtungen sind durch Studien belegt: Menschen pflegen und erweitern ihren Wortschatz bis zum Lebensende – in ihrer Muttersprache ebenso wie in Fremdsprachen.[1]

Ebenso ist Ihnen vielleicht aufgefallen, dass Menschen mit zunehmendem Alter besser darin werden, komplexe Ideen zu kombinieren und zu nutzen.[2] Anders gesagt: Sie sind vielleicht nicht mehr in der Lage, brillante neue Erfindungen zu erschaffen oder Probleme so schnell zu lösen wie früher, aber dafür können sie ihren Wissensschatz besser anwenden und vermitteln. Sie können auch die Ideen anderer Leute besser deuten – manchmal sogar besser als diese Leute selbst.

Ich habe das am eigenen Leib erfahren. Ich lebte in jungen Jahren in Katalonien und reise seit mehr als dreißig Jahren immer wieder nach Barcelona. Es gibt dort zwei Sprachen: Spanisch und Katalanisch. Beide beherrschte ich gut, während ich dort lebte, aber sie rosteten auch ganz schön ein, als ich in den Vereinigten Staaten lebte. Merkwürdigerweise haben sich mein Spanisch und mein Katalanisch wieder verbessert, seit ich fünfzig wurde, und sind heute sogar noch besser als zu meiner Zeit vor Ort. In ähnlicher Weise bin ich als Sozialwissenschaftler heute besser darin, aus Daten eine Geschichte zu spinnen, als ich es früher in meiner Karriere war. Die wissenschaftlichen Arbeiten, die ich einst verfasst habe, könnte ich heute wohl kaum mehr schreiben, denn manchmal verstehe ich die Mathematik meiner eigenen Forschung von vor zwanzig Jahren nur noch mit Mühe. Aber ich könnte Ihnen erklären, wie die Erkenntnisse zusammenhängen und wie Sie sie in Ihrem Leben anwenden können. Aus diesem Grund schreibe ich dieses Buch und keinen akademischen Aufsatz mit undurchdringlichen Formeln. Früher habe ich Ideen erfunden, heute verknüpfe ich sie – meine und andere.

Diese erst später im Leben aufscheinenden Fähigkeiten begünstigen bestimmte Berufe. So erreichen theoretische Mathematiker zum Beispiel eher früh ihren Höhepunkt und steigen dann ab, genau wie es die Daten von Simonton vorhersagen. Aber angewandte Mathematiker (die beispielsweise ökonomische Probleme mit Mathematik lösen) erreichen ihren Höhepunkt viel später, weil sie darauf spezialisiert sind, bereits vorhandene Ideen zu kombinieren und anzuwenden – eine Fähigkeit, bei der ältere Menschen im Vorteil sind. Oder nehmen wir Historiker, die wie niemand sonst bereits vorhandene Fakten und Ideen sammeln. Bezeichnenderweise fallen sie weit aus dem typischen Bereich des Niedergangs heraus und erreichen im Durchschnitt erst 39,7 Jahre nach Karrierebeginn ihren Höhepunkt. Man muss sich ausmalen, was das bedeutet: Angenommen, Sie streben eine Karriere als professioneller Historiker an und promovieren mit zweiunddreißig. Die schlechte Nachricht ist, dass Sie mit Mitte fünfzig immer noch ziemlich grün hinter den Ohren sind. Aber hier ist die gute: Mit zweiundsiebzig haben Sie noch die Hälfte Ihrer Arbeit vor sich! Bleiben Sie bloß gesund, damit Sie bis in die Achtziger hinein Ihre besten Schriften verfassen können.

Nimmt man diese Fakten als Einzelheiten, dann lässt sich daraus nur wenig für eine umsetzbare Lebensstrategie ableiten, außer vielleicht, dass man entweder *Scrabble*-Profi oder Doktor der Geschichte werden sollte. Sie sind jedoch keine Einzelheiten – überhaupt nicht. Ende der 1960er-Jahre unternahm ein britischer Psychologe namens Raymond Cattell den Versuch, diese Phänomene zu erklären.[3] Er fand eine Erklärung, und diese Erklärung kann den Fluch der Ehrgeizigen brechen – und Ihr Leben verändern.

Zwei Intelligenzen

1971 veröffentlichte Cattell ein Buch mit dem Titel *Abilities: Their Structure, Growth, and Action*. Darin postuliert er, dass es beim Menschen zwei Arten von Intelligenz gibt, die jedoch zu verschiedenen Zeitpunkten im Leben mehr oder weniger ausgeprägt vorhanden sind.

Die erste, die *fluide Intelligenz*, definiert Cattell als die Fähigkeit, vernünftig und flexibel zu denken und neuartige Probleme zu lösen. Sie ist das, was wir gemeinhin unter Intelligenz an sich verstehen. Forschungen zufolge hängt sie sowohl mit der Lese- als auch mit der Rechenfähigkeit zusammen.[4] Innovative Menschen verfügen in der Regel über eine Menge fluide Intelligenz. Cattell, der auf Intelligenztests spezialisiert war, stellte fest, dass sie relativ früh im Erwachsenenalter ihren Gipfel erreicht und ab den Dreißigern und Vierzigern schnell abnimmt.[5]

Aus diesen Erkenntnissen schloss Cattell, dass jüngere Menschen von Natur aus die besten Schöpfer roher, neuer Ideen sind. Wenn er heute leben würde (er starb 1998 im hohen Alter von zweiundneunzig Jahren) und läse, was ich bisher geschrieben habe, würde er sagen, dass der berufliche Abstieg, das allzu frühe Verblassen anfänglicher Stärken, von dem ich gesprochen habe, an der fluiden Intelligenz liegt, auf die sich praktisch alle hart arbeitenden, erfolgreichen Menschen zu Beginn ihrer Karriere verlassen.

Wenn Sie in der Anfangsphase Ihrer Karriere beruflichen Erfolg hatten und Ihre Arbeit neue Ideen oder die Lösung schwieriger Probleme umfasst (was bei den meisten, die dieses Buch lesen, der Fall ist – wetten?), verdanken Sie dies Ihrer harten Arbeit, gegebenenfalls Ihren Eltern und Ihrem Glück – und Ihrer fluiden Intelligenz. Die jungen High-Performer in fast jeder modernen Branche beuten ihre fluide Intelligenz aus. Sie lernen schnell, konzentrieren sich auf das Wesentliche und erarbeiten Lösungen. Leider lässt sich dies, wie wir bereits ausführlich gesehen haben, meist mit zunehmendem Alter nicht mehr aufrechterhalten – was einmal mehr der Grund sein könnte, warum Sie dieses Buch lesen.

Das ist jedoch noch nicht das Ende der Geschichte, und hier kommt Cattells Arbeit zum Tragen. Fluide Intelligenz ist nicht die einzige Art von Intelligenz – es gibt auch *kristalline Intelligenz*. Diese ist definiert als die Fähigkeit, einen in der Vergangenheit erworbenen Wissensschatz zu nutzen. Holen Sie sich noch einmal die Metapher einer riesigen Bibliothek vor Augen. Aber ärgern Sie sich diesmal nicht über die behäbige Bibliothekarin, sondern staunen Sie über das Ausmaß der Büchersammlung, in der Ihre Bibliothekarin umherwandert, und über die Tatsache, dass sie weiß, wo sie ein Buch finden kann, auch wenn es eine Weile dauert. Kristalline Intelligenz stützt sich auf einen Vorrat an Wissen, nimmt mit dem Alter bis in die Vierziger, Fünfziger und Sechziger hinein zu – und lässt, wenn überhaupt, erst ziemlich spät im Leben nach. Cattell selbst beschrieb die beiden Intelligenzen folgendermaßen: »[Fluide Intelligenz] stellt die dekontextualisierte Fähigkeit dar, abstrakte Probleme zu lösen, während kristalline Intelligenz das Wissen umfasst, das ein Mensch im Laufe des Lebens durch Akkulturation und Lernen erwirbt.«[6] Kurz: In der Jugend besitzt man die schiere Geisteskraft; im Alter besitzt man Weisheit. In der Jugend kann man viele Fakten generieren; im Alter weiß man, was sie bedeuten und wie man sie verwendet.

Gehen wir etwas mehr ins Detail. Cattell sagt uns, dass die in Abbildung 1 im letzten Kapitel gezeigte Erfolgskurve praktisch der Kurve der fluiden Intelligenz entspricht, die bis etwa Mitte dreißig ansteigt und dann in den Vierzigern und Fünfzigern abfällt. Nun verbirgt sich aber dahinter eine weitere Kurve, die Kurve der kristallinen Intelligenz, die bis zum mittleren und späten Erwachsenenalter ansteigt. Abbildung 2 gibt eine Vorstellung davon, wie sie aussieht.

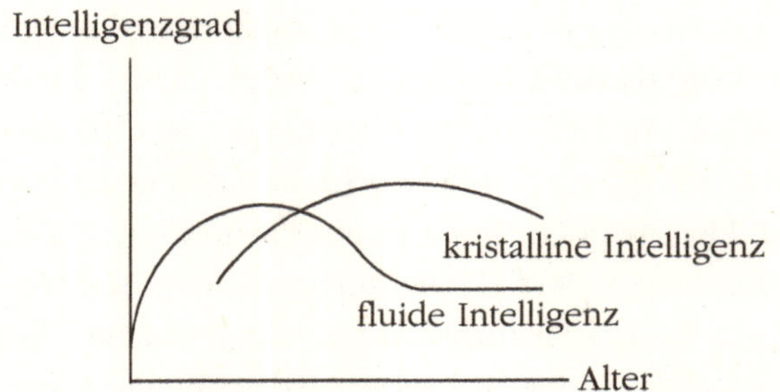

Abb. 2. Entwicklung von fluider und kristalliner Intelligenz

Dies ist für unsereins eine große Erkenntnis – wirklich gigantisch. Sie besagt, dass eine Karriere, die ausschließlich auf fluider Intelligenz beruht, tatsächlich recht früh ihren Gipfel erreicht und dann ins Sinken gerät. Aber eine Karriere, die kristalline Intelligenz erfordert – oder die Sie so neu ausrichten, dass es mehr auf kristalline Intelligenz ankommt –, gelangt später zum Höhepunkt, erfährt aber auch ihren Niedergang viel, viel später, wenn überhaupt. Und wenn Sie von dem einen Typus zum anderen wechseln können – tja, dann haben Sie den Code geknackt.

Und die zuvor beschriebenen Karrierekurven? In manchen Fällen, etwa bei IT-Unternehmern, verläuft die Karrierekurve praktisch genauso wie die der fluiden Intelligenz. Deshalb tritt das Abflauen dort in einem so jungen Alter ein. Andere Bereiche hingegen erfordern eine Mischung beider Intelligenztypen, was den Karrierehöhepunkt hinausschiebt. Und wenn der berufliche Erfolg fast ausschließlich auf einer großen mentalen Bibliothek beruht und auf der Fähigkeit, sie zu nutzen, dann tritt der Höhepunkt manchmal sehr spät im Leben ein.

Fast ausnahmslos lässt sich ein Rückgang des Anteils der fluiden Intelligenz feststellen. Allerdings besteht immer die Möglichkeit, die Karriere im Laufe der Jahre umzugestalten und weniger auf Innovation als auf Instruktion auszurichten. So nutzt man die Stärken, die mit zunehmendem Alter kommen. In manchen Berufen ist dies einfacher als in anderen. Eine Karriere in der Geschichtswissenschaft erfordert zum Beispiel einen riesigen Wissensvorrat und die Weisheit, verschiedene Aspekte ins Verhältnis setzen und daraus Erkenntnisse ableiten zu können. Das Fach verlangt fast reine kristalline Intelligenz.

Aber es gibt noch andere Berufe als Historiker, die häufiger anzutreffen sind. Als Erstes wäre da das Unterrichten, das ebenfalls verbale Fähigkeiten und die Gabe erfordert, große Mengen angesammelter Informationen zu erklären. Kein Wunder, dass auf diesem Feld die Alten gegenüber den Jungen im Vorteil sind. Eine aktuelle Studie in der Fachzeitschrift *The Chronicle of Higher Education* belegt, dass die ältesten College-Professoren einer Fakultät tendenziell die besten Evaluationsergebnisse erhalten.[7] Besonders zeigt sich dies in den Geisteswissenschaften, wo Professoren am Beginn ihrer Karriere die niedrigsten Bewertungen erhalten und sich erst in ihren Sechzigern und Siebzigern wirklich verbessern. (Hinweis für Studenten, die dieses Buch lesen: Belegen Sie die Kurse mit den ältesten Professoren.)

Dieser späte Erfolg erklärt wohl teilweise die berufliche Langlebigkeit von College-Professoren. Drei Viertel von ihnen haben vor, erst nach dem fünfundsechzigsten Lebensjahr in den Ruhestand zu gehen (während das durchschnittliche Rentenalter in Amerika bei zweiundsechzig liegt).[8] Ich erinnere mich, dass ich in meinem ersten Jahr als Assistenzprofessor einmal mit einem Kollegen Ende sechzig ins Gespräch kam. Ich fragte ihn, ob er vorhätte, in den Ruhestand zu gehen. Er lachte und sagte mir, dass er sein Büro eher horizontal als vertikal verlassen würde.

Vielleicht hätte der Dekan bei dieser Bemerkung verzweifelt gekichert. In der Hochschulverwaltung ärgert man sich oft darüber, dass es unter den ordentlichen Professoren in den letzten Jahrzehnten ihrer Laufbahn einen merklichen Abfall der Forschungsproduktivität gibt (die von der fluiden Intelligenz abhängt, besonders bei analytischer Arbeit). Ältere Professoren blockieren Planstellen, die man eigentlich mit jungen Forschenden mit ehrgeizigen Forschungszielen (und sprühender fluider Intelligenz) besetzen könnte. Aber darin liegt auch eine Chance. Die Frage ist nicht, wie man ältere Lehrkräfte dazu bringt, kompliziertere Fachliteratur zu schreiben, sondern wie man ihr Arbeitsspektrum auf die Lehre ausrichtet, ohne dass sie an beruflichem Status verlieren.

Der Rat, später im Leben zum Unterrichten überzugehen, findet sich in den großen Weisheitsschriften des Ostens wie des Westens. »So wie man mit einer brennenden Kerze weitere Kerzen anzündet«, sagt der betagte Meisterschütze in Eugen Herrigels berühmtem Buch *Zen in der Kunst des*

Bogenschießens, »so überträgt der Lehrer den Geist der richtigen Kunstfertigkeit von Herz zu Herz, auf dass es erleuchtet werde.«

Oder nehmen wir die Weisheit des römischen Staatsmanns, Rechtsanwalts, Gelehrten und Philosophen Marcus Tullius Cicero aus dem 1. Jahrhundert vor Christus. Cicero ist die wichtigste Stimme aus dieser Zeit, die wir heute noch kennen: Drei Viertel der überlieferten lateinischen Literatur aus Ciceros Lebzeiten stammen von ihm.[9] In seinem letzten Lebensjahr schrieb er unter dem Titel *De officiis* einen an seinen Sohn gerichteten offenen Brief über die Pflichten eines aufrechten Menschen. Vieles darin betrifft die Aufgaben eines jungen Menschen, aber er geht auch auf die Berufung in der zweiten Lebenshälfte ein.

> Ferner müssen die Alten offenbar körperliche Strapazen verringern und die Übung des Geistes sogar verstärken, sie haben sich aber Mühe zu geben, dass sie Freunde, die Jugend und besonders den Staat durch ihre Einsicht und ihre praktische Erfahrung möglichst viel unterstützen.[10]

Cicero hat dreierlei über das Alter zu sagen. Nämlich erstens, dass es dem *Dienst* gewidmet sein sollte, nicht dem Spaß. Zweitens, dass unser größtes Geschenk im späteren Leben die *Weisheit* ist, in der durch Lernen und Denken eine Weltanschauung entsteht, die andere bereichern kann. Drittens, dass unsere natürliche Gabe in dieser Phase das *Ratgeben* ist, das Betreuen, Anleiten und Lehren, und zwar so, dass damit keine weltlichen Belohnungen wie Geld, Macht oder Prestige angehäuft werden.

Cicero hat übrigens nicht nur guten Rat ausgeteilt, sondern auch vorgelebt – selbst noch im Sterben. Er lebte in einer gefährlichen Zeit für Intellektuelle. Wir lamentieren heute über Cancel Culture, aber Cicero wurde im Alter von dreiundsechzig Jahren wegen seiner nicht politisch korrekten Äußerungen *ermordet* (besonders wegen seiner Kritik an Marcus Antonius nach dem Mord an Julius Cäsar). Aufgrund seiner politischen Ansichten musste er fliehen, wurde von einem römischen Zenturio erwischt und blickte dem Tod ins Auge. Noch im letzten Atemzug blieb er ein Lehrer, ein Inbild der kristallinen Intelligenz. »An deinem Tun ist nichts Richtiges, Soldat«, belehrte Cicero den Zenturio. »Aber versuche dennoch, mich richtig zu töten.«[11]

Wie kostbar kristalline Intelligenz sein kann, merkte ich vor ein paar Jahren, als ich vor den Mitarbeitern eines bekannten Technologieunternehmens im Silicon Valley eine Rede hielt. Nach meinen Ausführungen bat mich ein junger Mann aus dem Publikum, die fehlende Diversität in seiner Branche anzusprechen. Er meinte damit den Mangel an nichtweißen Minderheiten und Frauen in den technischen Berufen, und auf diesen Punkt ging ich gerne ein. Aber ich nutzte die Gelegenheit auch, um zu fragen, ob irgendwer in seiner von jungen Leuten dominierten Branche jemals über Altersdiversität nachdenken würde. »Arbeiten hier genug alte Leute?«, fragte ich. Seine Antwort war bezeichnend: »Sie meinen Leute über dreißig?« So ein Frechdachs.

Es geht nicht darum, älteren Menschen Beschäftigung zu geben, sondern darum, die Weisheit und Erfahrung von Menschen zu nutzen, die viel erlebt haben, die jede Dummheit bereits begangen haben und von denen die Jüngeren lernen können, bevor sie vermeidbare Fehler machen. Die von jungen Leuten dominierten Unternehmen des Technologiesektors wurden in den letzten Jahren von Skandalen geplagt und haben stark an öffentlicher Bewunderung eingebüßt. Einst wurden sie als die Zukunft des Kapitalismus gefeiert, aber heute hält man ihre Produkte oft für schädlich und ihre Chefs für egoistisch und kindisch. Die älteren Führungskräfte in anderen Branchen können nur den Kopf schütteln über die scheinbar leicht vermeidbaren Fehler der jungen Tech-Unternehmer.

Was brauchen die jungen Wilden also? Alte Leute in der Produktentwicklung, alte Leute im Marketing und alte Leute in der Chefetage. Sie brauchen nicht nur geniale Ideen, sondern auch echte Weisheit, die nur aus vielen Jahren Lebenserfahrung entsteht.

Die Freuden der zweiten Kurve

Dass es eine zweite Kurve gibt, ist eine großartige Nachricht für uns alle. Erstens haben wir jetzt eine Erklärung für den typischen Leistungsabfall in den Vierzigern oder Fünfzigern. Anders gesagt: Wenn Sie in meinem Alter oder älter sind, *geht es nicht nur Ihnen so.* Zweitens gibt es eine zweite Welle, auf der sich erfolgreich surfen lässt und die ältere Menschen begünstigt. Drittens gilt das, was man durch diese zweite Welle erhält, gemeinhin als wertvoller (wenn auch weniger lukrativ und prestigeträchtig) als das, was die erste bringt. Denn wie heißt es so schön: »Wissen ist, wenn man weiß, dass Tomaten Obst sind; Weisheit ist, wenn man weiß, dass sie nicht in den Obstsalat gehören.«[12] Oder biblischer ausgedrückt: »Unsere Tage zu zählen lehre uns, damit wir ein weises Herz gewinnen.«[13]

Nur weil bei Ihnen die fluide Intelligenz im Schwinden begriffen ist – und wenn Sie in meinem Alter sind, dann *ist sie das* –, sind Sie noch lange nicht am Ende. Aber es ist an der Zeit, von der Kurve der fluiden Intelligenz auf die Kurve der kristallinen Intelligenz zu springen. Wer gegen die Zeit ankämpft, versucht, die alte Kurve zu biegen, anstatt auf die neue zu gelangen. Aber da sich die Kurve kaum biegen lässt, sind viele sehr frustriert und in der Regel erfolglos.

Warum also versuchen es Leute immer und immer wieder? Es gibt zwei Gründe: Erstens ist ihnen nicht bewusst, dass sich ihre erste Kurve von Natur aus abwärts neigt – sie denken, dass etwas mit ihnen nicht stimmt. Und zweitens wissen sie nicht, dass es noch eine Kurve gibt, die zu einer neuen Art von Erfolg führen kann.

Selbst wenn sie vermuten, dass es eine weitere Kurve gibt, kann der Sprung hinüber schwierig und furchteinflößend sein. Es erfordert Mut und Charakterstärke, Veränderungen im Leben und im Beruf vorzunehmen und teils zum Lehrer zu werden, was auch immer das im jeweiligen Berufsfeld bedeutet. Nicht alle wollen das. Viele lehnen es ab.

Aber für diejenigen, die den Sprung schaffen, ist die Belohnung fast immer enorm. Als ich für dieses Buch Interviews führte, stellte ich fest, dass die Menschen, die in ihren Fünfzigern, Sechzigern und Siebzigern am glücklichsten und zufriedensten sind, ausnahmslos auch diejenigen sind, die den Sprung gewagt haben. Hier ein paar Beispiele, beginnend mit einem achtundfünfzigjährigen Versicherungsmathematiker. Folgendes hat er mir erzählt:

> Ich bin an dem Punkt in meiner Karriere angelangt, an dem ich mich auf den Ruhestand freue. Nicht als Gelegenheit, um mit der Arbeit aufzuhören, sondern eher, um an anderen Dingen zu arbeiten, die mir sehr wichtig geworden sind. Neben meinem Hauptberuf unterrichte ich an einem

> Abend in der Woche Finanzmathematik für Doktoranden. Ich finde das sehr lohnend, da ich diesen jungen, aufstrebenden Köpfen die Erfahrung meiner langen Karriere näherbringe. Sie sind wissbegierig, und ich treffe mich gerne mit ihnen und helfe ihnen dabei, über den Lehrbuchrand hinauszuschauen.

Eine Fernsehjournalistin, die sich auf eine Stelle als Dozentin an einem kleinen College zurückgezogen hatte, konnte Ähnliches berichten:

> Ich habe Glück, in der akademischen Welt gelandet zu sein, die ältere Menschen zu schätzen scheint. Ich bin quasi jugendlich im Vergleich zu manchen Lehrkräften, mit denen ich hier zusammenarbeite, und sie sind faszinierende, brillante Leute. Das war einer der schönsten Unterschiede zwischen dem TV-Journalismus und dem hier. Erwachsene werden respektiert, haben Führungsrollen inne, und ihr Wissen wird geschätzt. Da Fernsehnachrichten auf Innovation bauen, ist dies in diesem Feld nicht möglich.

Vorbild Bach

Im letzten Kapitel habe ich mit Charles Darwin und Linus Pauling ein paar historische Beispiele prominenter ehrgeiziger Persönlichkeiten genannt, die entweder nichts von der zweiten Kurve wussten oder einfach den Sprung nicht geschafft haben. Es gibt in der Geschichte jedoch andere Beispiele von Menschen, die es spektakulär richtig gemacht haben. Mein Lieblingsbeispiel für den unfreiwilligen Niedergang und die darauf folgende freudige Entdeckung der zweiten Kurve ist der große Komponist Johann Sebastian Bach.

J. S. Bach wurde 1685 in Mitteldeutschland als Sohn einer langen Reihe prominenter Musiker geboren und offenbarte sich schon früh als einzigartiges musikalisches Genie. Im Laufe seines Lebens veröffentlichte er mehr als tausend Kompositionen für alle in seiner Zeit gängigen Besetzungen.[14] Aus seiner Feder strömten dutzendweise großartige Kantaten für Orchester und

Chor, wie sie nie zuvor und seither geschrieben wurden. Seine Konzerte sind kompositorisch perfekt, seine Klavierwerke schlicht und elegant.

Bach ist mein Lieblingskomponist. Ich liebe seine Musik so sehr, dass ich schon als Kind anderen Leuten voller Stolz erklärte, »Bach« hieße auf Englisch »Brook« oder geläufiger: »Brooks«. Zufall?

Allerdings bin ich mit meiner Liebe zu Bach wohl kaum allein. Pau Casals, der große katalanische Cellist des 20. Jahrhunderts, der Bachs Cellosuiten einem weltweiten Publikum nahebrachte, sagte über seinen musikalischen Helden: »Die menschliche Natur entkleiden, bis ihre göttlichen Eigenschaften zutage treten; gewöhnliche Tätigkeiten mit frommer Inbrunst durchdringen; dem Vergänglichsten die Flügel der Ewigkeit verleihen; Göttliches menschlich und Menschliches göttlich machen – das ist Bach, der größte und reinste Moment der ganzen Musikgeschichte.«[15]

Oder wie es der Komponist Robert Schumann ausdrückte: »Die Musik verdankt Bach so viel wie die Religion ihrem Gründer.« Ich bin mir nicht sicher, ob ich wie Schumann so weit gehen würde, Bach mit Jesus zu vergleichen, aber im Ernst: Wenn Sie dieses Kapitel zu Ende gelesen haben, dann hören Sie sich Bachs *Matthäus-Passion* oder *Messe in h-Moll* an – die ich gerade höre, während ich dies schreibe. Sie werden verstehen, warum manche ihn den »Fünften Evangelisten« nennen.

Bachs erstaunliche Schaffenskraft beschränkte sich übrigens nicht auf die Musik. Er zeugte zwanzig Kinder, sieben mit seiner geliebten ersten Frau Maria Barbara, die auf tragische Weise mit fünfunddreißig starb; dreizehn weitere mit seiner zweiten Frau Anna Magdalena. Nur zehn von Bachs Kindern erreichten das Erwachsenenalter, aber darunter waren vier Komponisten, die selbst beachtliche Berühmtheit erlangten. Der größte von ihnen war Carl Philipp Emanuel, nachfolgenden Generationen als »C. P. E.« bekannt.[16]

J. S. Bachs musikalische Heimat war der Hochbarock. Schon zu Beginn seiner Karriere wurde er von vielen als der beste Komponist dieser Stilrichtung angesehen, der je gelebt hat. Es regnete Aufträge, der Hochadel umwarb ihn (besonders Prinz Leopold von Anhalt-Köthen), jüngere Komponisten ahmten seinen Stil nach. Er lebte mit wachsendem Ruhm inmitten seiner großen, geliebten Familie.

Aber Ruhm und Glorie hielten nicht lange an – nicht zuletzt, weil ein junger Aufsteiger Entwicklungen in der Musik angestoßen hatte, die den alten Bach aus dem Rampenlicht verdrängten und seinen Hochbarock so altmodisch wirken ließen wie Disco. Dieser Emporkömmling war niemand anderes als J. S.' eigener Sohn C. P. E.

Schon früh zeigte C. P. E. die gleiche musikalische Begabung wie sein Vater. In seiner Entwicklung als Komponist meisterte er auch die barocke Kompositionsweise, ihn faszinierte aber mehr der neumodische »klassische« Musikstil, den alle hören wollten. Zusammen mit der Popularität des klassischen Stils nahm auch der Ruhm von C. P. E. zu. Barockmusik galt indessen immer mehr als altmodisch und spießig, ebenso wie ihre Komponisten, die nicht im neuen Stil schreiben wollten oder konnten – wie der alte J. S.

Und so übernahm C. P. E. von J. S. die Rolle des musikalischen Stars der Familie. In J. S.' letzten Lebensjahrzehnten (und ein ganzes Jahrhundert danach) galt C. P. E. als der größte aller Bachs. Joseph Haydn und Ludwig van Beethoven bewunderten C. P. E. und sammelten seine Kompositionen. Wolfgang Amadeus Mozart selbst sagte: »Bach ist der Vater, wir sind die Kinder«, und meinte damit C. P. E., *nicht* J. S.

J. S. Bach hätte leicht verbittern können wie Darwin, als er nach langem Wirken an der Spitze von den Musikkennern links liegen gelassen wurde. Stattdessen war er stolz auf die Originalität seines Sohnes und gestaltete sein eigenes Leben um, indem er sich vom musikalischen Erneuerer zum Meisterlehrer weiterentwickelte. In den letzten zehn Jahren seines Lebens arbeitete er unter anderem an der *Kunst der Fuge,* einer Sammlung von Fugen und Kanons, die auf einem einzigen Thema basieren und die Kompositionstechniken des Barock vermitteln sollen.

Die Kunst der Fuge war als eine Art Lehrbuch gedacht. Hundert Jahre nach Bachs Tod wurde sie wiederentdeckt und aufgeführt. Heute ist es üblich, sie im Konzertsaal zu hören. Stellen Sie sich ein Lehrbuch vor, das so schön ist, dass es als literarisches Werk oder sogar als Poesie angesehen wird. So großartig ist J. S. Bach. Aber ebenso beeindruckend war seine persönliche Resilienz. Als musikalischer Erneuerer erlebte er einen beruflichen Niedergang. Ohne Frustration und Depression beendete er sein Leben als glücklicher Vater und erfand sich als Lehrmeister neu.

J. S. starb bei der Arbeit an seinem Meisterwerk – im wahrsten Sinne des Wortes. Das Manuskript für den »Contrapunctus 14« aus der *Kunst der Fuge* bricht mitten im Takt ab. Kein Geringerer als C. P. E. fügte einige Jahre später die Anmerkung hinzu: »Über dieser Fuge [...] ist der Verfasser gestorben.«[17] Zudem steckte in dem Stück auch ein Witz über den Familiennamen. Bach verwendet in der Fuge die Tonfolge B-A-C-H als musikalisches Thema. Und wie es das Schicksal wollte, sind dies die letzten Noten, die er niederschrieb. Ein starker Abgang.

Denken wir nun an das Leben von Charles Darwin zurück. Auf dem Papier sind sich die beiden großen Männer ähnlich. Beide waren außergewöhnlich begabt und erlangten Berühmtheit für ihre frühen Innovationen und Errungenschaften. Beide genossen enormen Respekt, auch nachdem ihre früheren Erfolge von späteren Entwicklungen überholt wurden. Und beide erlangten lange nach ihrem Tod bleibenden Ruhm. J. S. Bach hat alle anderen Komponisten seiner Zeit (einschließlich C. P. E.) in den Schatten gestellt und steht heute selbst unter Gelegenheitshörern ernster Musik an erster Stelle. Darwin ist allgemein als einer der größten Wissenschaftler der Geschichte bekannt (während Gregor Mendel den meisten unbekannt sein dürfte).

Der Unterschied zwischen den beiden liegt in der Bewältigung des eigenen Lebens, in der Herangehensweise an den beruflichen Niedergang als *Innovator* in der Lebensmitte. Als Darwin nicht mehr weiterkam, wurde er mutlos und deprimiert. Sein Leben endete in Trübsal. Weil er wie die meisten Menschen nie seine zweite Kurve suchte oder fand, sah er im späteren Leben nichts als Verfall.

Als hingegen Bach die Kurve seiner fluiden Intelligenz abfallen sah, sprang er mit beiden Füßen und ohne einen Blick zurück auf die Kurve der kristallinen Intelligenz. Während er als Innovator ins Hintertreffen geriet, erfand er sich als Ausbilder neu. Er starb zwar nicht so berühmt wie früher, aber geliebt, erfüllt und geachtet – und allem Anschein nach glücklich.

»Studiert Bach«, sagte der große Komponist Johannes Brahms ein Jahrhundert nach Bachs Tod, »dort findet ihr alles!«[18] Anhand seines wunderschönen Textes *Die Kunst der Fuge* konnten Komponisten über Jahrhunderte die Techniken des Hochbarocks verstehen und nachvollziehen. Er demonstriert den Aufbau einer Fuge oder eines Kanons so anschaulich, dass es jeder Lernende bewerkstelligen kann – nicht so wie der Meister, aber zumindest rudimentär.

Ein ebensolches Vorbild ist auch Bachs Lebensführung, die seine Berufung perfekt auf seine sich wandelnden Fähigkeiten abstimmte und dadurch seine Tage mit Freude, Liebe und Dienst am Mitmenschen erfüllte. Lassen Sie uns Brahms' Ratschlag nicht nur in Sachen Musik befolgen, sondern Bach auch studieren, um unser Leben zu verbessern.

Wir alle werden mit Begabungen geboren. Manche von uns finden sie schon früh – wie J. S. Bach, der sich als Fünfzehnjähriger einen Namen machte, indem er Orgelstücke spielte, von denen andere schworen, dass sie unmöglich zu spielen seien, und der in seinen Zwanzigern als Komponist berühmt wurde. Manche finden später ihre Berufung, wie so viele meiner Studenten, die erst nach Jahren am College in Schwung kommen. Andere finden ihren Weg erst, nachdem sie eine Zeit lang in die falsche Richtung gegangen sind, so wie der von mir interviewte Bauhandwerker, der seine Leidenschaft für das Häuserbauen erst entdeckte, nachdem er ein naturwissenschaftliches Studium abgeschlossen hatte. Oder wie ich, der ich aus vollster Überzeugung die Musik als meine Berufung sah, bis sie mir entglitt und ich mich woanders umsehen musste, um meinen Weg in der Welt der Sozialwissenschaften zu finden.

Egal, worin Sie Ihre Leidenschaft finden, Sie sollten sie früh mit heiß glühendem Eifer verfolgen und dem Wohl der Welt widmen. Aber klammern Sie sich nicht an Ihren Erfolg. Seien Sie stattdessen bereit, sich zu verändern, wenn sich Ihre Fähigkeiten verändern. Selbst wenn Ihr Stern in der Welt sinkt, sollten Sie diesen Wandel begrüßen. Nicht vergessen: Jede Änderung der Umstände bietet die Chance, zu lernen, zu wachsen und reicher zu werden. Dieses Kapitel zeigt, dass es nicht darum geht, das Beste aus einer schlechten Lage zu machen, sondern darum, die große Chance nicht zu verpassen, die sich erst später im Leben bietet.

J. S. Bach ahnte nicht, dass sein Lehrwerk ein Jahrhundert nach seinem Tod wiederentdeckt, auf den Bühnen der ganzen Welt gespielt und ihn in den Augen von Millionen zum größten Komponisten der Geschichte machen würde. Er wollte einfach seine Gabe möglichst vorteilhaft nutzen, meisterhaft weitergeben, was er so liebte, und sich am wachsenden Ansehen seiner Nachkommen erfreuen. Ohne es zu wissen, sprang er von einer Kurve zur anderen.

Verbringen Sie die späte Hälfte Ihres Lebens damit, anderen mit Ihrer Weisheit zu dienen. Geben Sie im Älterwerden weiter, was Ihnen am teuersten ist. Leistung lohnt sich immer um ihrer selbst willen, und so können Sie im Alter am meisten leisten.

Auf die zweite Kurve springen

Das ist also das Geheimnis, liebe Strebende: Sie müssen Ihre zweite Kurve finden. Wechseln Sie von dem, was fluide Intelligenz begünstigt, zu dem, was kristalline Intelligenz belohnt. Lernen Sie, Ihre Weisheit zu nutzen.

Natürlich kann ich es nicht einfach dabei belassen. Es ist eine Sache zu wissen, dass die Aufgabe darin besteht, diese zweite Kurve zu erreichen. Es ist eine andere Sache, tatsächlich – *schluck!* – von der ersten Kurve abzuspringen. Das ist schwer, weil wir Strebenden genau das *nicht* tun: Wir geben nicht auf, wir geben uns noch mehr Mühe. Aber Sie haben die Daten gesehen, und die trügen nicht. Mehr Mühe geben funktioniert nicht.

Der Rest dieses Buches verfolgt daher das Ziel, Ihnen bei Ihrem Absprung zu helfen. Zuerst zeige ich Ihnen die drei Kräfte, die Sie zurückhalten, und erkläre Ihnen, wie Sie sie beseitigen können. Die drei Kräfte sind Ihre Sucht nach Arbeit und Erfolg, Ihr Anhaften an weltlichen Belohnungen und Ihre Angst vor dem Abstieg. Dann zeige ich Ihnen die drei Maßnahmen, die Sie unverzüglich ergreifen müssen, um die zweite Kurve besser als die erste zu machen: Ihre Beziehungen entwickeln, Ihre spirituelle Reise beginnen und Ihre Schwächen annehmen. Abschließend erkläre ich Ihnen, welche Gefühle Sie am Anfang Ihres Übergangs erwarten können.

Wir werden vieles abhandeln, aber hier ist die Kurzversion: Ihre zweite Kurve existiert, Sie können sie nutzen, und wenn Sie es tun, werden Sie sehr froh darüber sein.

Kapitel 3

Jenseits der Erfolgssucht

Das vielleicht ergreifendste Gespräch, das ich für dieses Buch geführt habe, hatte ich mit einer Frau in ungefähr meinem Alter. Sie ist enorm erfolgreich an der Wall Street, hat dort ein Vermögen verdient und genießt hohes Ansehen.

In letzter Zeit unterläuft ihr jedoch hier und da ein Fehltritt. Ihre Entscheidungen als Managerin sind nicht mehr so forsch wie früher, ihre Instinkte weniger verlässlich. Wo einst alles auf ihr Wort hörte, merkt sie nun, dass jüngere Kollegen an ihr zweifeln. Vom drohenden Niedergang aufgescheucht, las sie einen Artikel von mir und wandte sich an mich.

Ich stellte ihr viele Fragen über ihr Leben. Sie war nicht sehr glücklich, war es seit vielen Jahren nicht mehr gewesen – vielleicht sogar noch nie. Ihre Ehe war unbefriedigend, sie trank etwas zu viel, und die Beziehung zu ihren Kindern im College-Alter war gut, aber distanziert. Sie hatte wenige *echte* Freundinnen und Freunde. Sie arbeitete unglaublich viel und fühlte sich die meiste Zeit körperlich erschöpft. Ihre Arbeit bedeutete ihr alles, sie »lebte, um zu arbeiten«. Und jetzt fürchtete sie, dass ihr auch *das* noch entglitt.

So offen, wie sie all dies zugab, musste man annehmen, dass die Lösung für ihre Misere auf der Hand läge. Und tatsächlich fragte ich sie, warum sie die Ursachen ihres Unglücks nicht beseitigte: mehr Zeit für neues Eheglück und für die Kinder nehmen, sich Hilfe für das Alkoholproblem holen, mehr Schlaf, mehr Fitness. Ich wusste, dass ihr zermürbendes Arbeitspensum sie überhaupt erst erfolgreich gemacht hatte, aber wenn man merkt, dass etwas ungute Nebenwirkungen hat, die unglücklich machen, behebt man das doch auf irgendeine Weise, oder? Wenn man kein Gluten verträgt, isst man eben kein Brot mehr, egal wie sehr es schmeckt.

Sie dachte ein paar Minuten über meine Frage nach. Schließlich blickte sie mich an und sagte ganz sachlich: »Vielleicht wäre ich lieber *besonders* als *glücklich*.« Auf meinen erstaunten Blick hin erklärte sie: »Jeder kann das tun, was glücklich macht – in den Urlaub fahren, Zeit im Freundes- und Familienkreis verbringen. Aber nicht jeder kann Großes vollbringen.« Zunächst erschien mir das abwegig, aber dann dachte ich im Stillen darüber nach. Und mir wurde klar, dass ich mich an bestimmten Punkten meines Lebens ebenfalls so entschieden hatte. Vielleicht sogar die meiste Zeit, wenn ich ehrlich bin.

Die Managerin hatte über viele Jahre hinweg eine Version von sich selbst erschaffen, die andere bewundern konnten – darunter manche, die schon tot waren, etwa ihre Eltern. Noch wichtiger war, dass ihr kuratiertes Selbst eine Frau war, die *sie selbst* bewundert hätte – eine äußerst erfolgreiche, hart arbeitende Führungskraft. Und sie war erfolgreich damit gewesen! Aber nichts ist von Dauer, und jetzt hatte sie das Gefühl, jede Arbeitsstunde würde ihr weniger einbringen als die davor – nicht nur weniger Glück, sondern auch weniger Macht und Ansehen. Ihr Problem war, dass die »Besondere«, zu der sie sich gemacht hatte, kein vollständiger Mensch war. Sie hatte sozusagen sich selbst gegen ein Symbol ihrer selbst eingetauscht.

So etwas tun wir allzu oft anderen Menschen an: Wir reduzieren sie auf ein oder zwei beneidenswerte Eigenschaften oder Besonderheiten wie körperliche Schönheit, Geld oder Macht. Das nennt sich »Objektifizierung«. Prominente sprechen oft darüber, wie schrecklich es ist, auf solche Art objektifiziert zu werden. Ehen, die auf Objektifizierung beruhen – beispielsweise Geldheiraten – enden unweigerlich im Elend.

Wir wissen tief im Innern, dass die Objektifizierung anderer falsch und unmoralisch ist. Aber wir vergessen schnell, dass wir auch uns selbst objektifizieren können. Meine Bekannte aus der Finanzwelt hatte sich selbst als »jemand Besonderes« objektifiziert. Ihre Selbstdefinition drehte sich um Arbeit, Leistung, materielle Belohnung und Stolz. Obwohl dieses Objekt langsam erodierte, hing sie zu sehr an ihrem materiellen Erfolg, um Veränderungen vorzunehmen, die neues Glück bringen könnten.

Sie war süchtig nach Arbeit und nach dem daraus resultierenden Erfolg. Wie alle Süchtigen wurde sie dadurch entmenschlicht. Sie sah sich selbst nicht als vollwertigen Menschen, sondern eher als Hochleistungsmaschine – oder vielleicht als Maschine, die einst Hochleistung erbrachte, jetzt aber Abnutzungserscheinungen zeigte.

Vielleicht können Sie das nachfühlen. Ich kann es. In diesem Kapitel gehen wir den Problemen auf den Grund, die uns an die absteigende Kurve der fluiden Intelligenz fesseln: Selbstobjektifizierung, Arbeitssucht und vor allem Erfolgssucht. Aber noch wichtiger ist, dass wir erkennen, wie wir diesen Abhängigkeiten entkommen und den Sprung zu neuem Erfolg schaffen können.

Süchtig

»Vielleicht wäre ich lieber besonders als glücklich.« Die Worte der Finanzfrau erinnerten mich vage an irgendetwas, aber ich wusste ein paar Tage lang nicht, woran. Aber dann erinnerte ich mich: Vor Jahren hatte mir ein Freund, der lange mit Alkohol- und Drogensucht zu kämpfen hatte, erzählt, dass er in der Zeit seiner Sucht ständig verzweifelt und unglücklich und sich dieser Tatsache sehr wohl bewusst war. Ich stellte ihm eine einfache Frage: »Wenn es dir elend ging, warum hast du dann weitergemacht?« Wie die Bankerin hielt er inne, bevor er antwortete. »High zu sein war mir wichtiger, als glücklich zu sein«, sagte er mir.

Da begriff ich: Wer lieber besonders ist statt glücklich, ist süchtig. Vielleicht kommt Ihnen das seltsam vor. Stellen Sie sich jemanden vor, der stark alkoholabhängig ist. Wahrscheinlich ist die Person, die Sie vor Augen haben, arm dran und betäubt sich selbst angesichts der Traumata einer grausamen Welt. Sie werden kaum jemanden vor Augen haben, der erfolgreich und fleißig ist. Denn es ist weniger wahrscheinlich, dass so jemand einer Sucht zum Opfer fällt, oder?

Falsch. Nach Angaben der Organisation für wirtschaftliche Zusammenarbeit und Entwicklung (OECD) *steigt* die Wahrscheinlichkeit, mit dem Trinken anzufangen, mit dem Bildungsniveau und dem sozioökonomischen Status.[1] Manche meinen – meiner Erfahrung nach zu Recht –, dass sich Menschen unter hohem Leistungsdruck gerne mit Alkohol betäuben, auch in gefährlichen Mengen, da Alkohol Ängste ausknipsen kann wie ein Lichtschalter – zumindest vorübergehend.

Aber Alkoholismus ist nicht die einzige Sucht, zu der wir Ehrgeizigen neigen, und vielleicht nicht einmal die schlimmste. Eine der übelsten und hartnäckigsten Abhängigkeiten, die ich erlebt habe, ist die Arbeitssucht, englisch *workaholism*. Der Begriff wurde in den 1960er-Jahren vom Psychologen Wayne Oates geprägt, nachdem sein eigener Sohn einen Termin in Oates' Praxis vereinbart hatte, um ihn zu sehen – so knapp war die Zeit seines Vaters. Oates definierte Arbeitssucht im Jahr 1971 als »den Zwang oder das unkontrollierbare Bedürfnis, ununterbrochen zu arbeiten«.[2]

Das Syndrom ist bei beruflich erfolgreichen Menschen endemisch. Man muss sich nur die schiere Anzahl der Arbeitsstunden ansehen: Laut *Harvard Business Review* arbeitet der durchschnittliche amerikanische Firmenchef 62,5 Stunden pro Woche, der durchschnittliche Arbeitnehmer dagegen vierundvierzig Stunden.[3] Auf mich scheint das zuzutreffen: Ich bezweifle, dass ich in dem Jahrzehnt, in dem ich CEO war, jemals weniger als eine Sechzig-Stunden-Woche hatte. Viele Führungskräfte arbeiten noch viel mehr und haben kaum Zeit, um außerberufliche Beziehungen zu pflegen.

Oft sagen mir Führungskräfte mit überlangem Arbeitstag, dass sie gar nicht anders können, wenn sie ihre Arbeit angemessen gut erledigen wollen. Aber das glaube ich ihnen nicht. Wenn ich ein wenig nachbohre – in meinem Leben und in dem anderer –, zeigt sich meist, dass Workaholics in einem Teufelskreis stecken: Sie werden erfolgreich, weil sie mehr als andere – und damit mehr als »nötig« – arbeiten. Aber sie glauben, dass sie diese Drehzahl beibehalten müssen, um ihre astronomische Produktivität aufrechtzuerhalten. Anfangs dient der Lohn dieser Produktivität als Ansporn, aber später ist es nur noch die Angst, ins Hintertreffen zu geraten. Schon bald verdrängt die Arbeit private Beziehungen und Aktivitäten. Da es kaum noch anderes gibt, bleibt dem Workaholic nur die Arbeit – so schließt sich der Teufelskreis.

Arbeitssucht nährt Angst und Einsamkeit; Angst und Einsamkeit nähren die Arbeitssucht. Therapeuten diagnostizieren Arbeitssucht im Allgemeinen mit drei Fragen:

1. Verbringen Sie Ihre freie Zeit üblicherweise mit beruflichen Tätigkeiten?
2. Denken Sie üblicherweise an die Arbeit, wenn Sie nicht arbeiten?
3. Leisten Sie weit mehr, als von Ihnen verlangt wird?[4]

Ich glaube jedoch nicht, dass dieser diagnostische Ansatz das Problem bei der Wurzel packt. Ich wette, die meisten Leser dieses Buches würden die drei Fragen bejahen, egal ob sie »Workaholics« sind oder nicht, weil sie wirklich Spaß an ihrer Arbeit haben und Exzellenz anstreben. Dazu ist mehr als das Minimum an Einsatz nötig, das man zeigen muss, um nicht gefeuert zu werden. Wer hart arbeitet und Spaß daran hat, ist nicht gleich arbeitssüchtig.

Ich habe jedoch viele Menschen kennengelernt, die in die Arbeitssucht abgeglitten sind, und mir selbst ist es auch passiert. Die folgenden Fragen sind meiner Meinung nach tauglicher:

1. Gelingt es Ihnen nicht, einen Teil Ihrer Energie für den Feierabend und für Ihre Lieben aufzuheben? Hören Sie erst dann auf zu arbeiten, wenn Sie die ausgewrungene Hülle eines Menschen sind?
2. Arbeiten Sie heimlich? Wenn Ihr Ehepartner zum Beispiel am Sonntag das Haus verlässt, wenden Sie sich dann sofort der Arbeit zu und räumen sie schnell weg, bevor sie oder er zurückkommt, damit nicht ersichtlich ist, was Sie getan haben?
3. Macht es Sie nervös und unglücklich, wenn jemand – etwa Ihr Ehepartner – vorschlägt, dass Sie sich Zeit nehmen, um etwas mit der Familie zu unternehmen? Selbst wenn bei der Arbeit nichts furchtbar Dringendes anliegt? (Übrigens macht es mich ein bisschen wütend und ruft eine gewisse Abwehrhaltung in mir hervor, dies zu schreiben.)

Wenn das in Ihren Ohren sehr nach Alkoholismus klingt, ist das kein Zufall. Der Psychotherapeut Bryan E. Robinson hat viel über das Thema Arbeitssucht und familiäre Beziehungen geschrieben. Ihm zufolge zeigen Arbeitssüchtige ein ähnliches Verhalten und eine ähnliche Entfremdung gegenüber ihren Ehepartnern wie Alkoholiker.[5] Der Süchtige fühlt sich missverstanden und angegriffen und verhält sich geheimnistuerisch. Währenddessen fühlt sich der Ehepartner vernachlässigt und verletzt. Häufig kommt es zur Auflösung der Ehe.[6] Der Workaholic rationalisiert die Trennung dann als einen Fall von Undankbarkeit. Als ich dieses Buch schrieb, sagte mir ein Mann: »Meine Frau will die schönen Dinge, die Geld mit sich bringt, ärgert sich aber über mich, weil ich das Nötige getan habe, um dieses Geld zu verdienen.« Oje.

Arbeitssüchtige reden sich ein, dass genau diese vierzehnte Arbeitsstunde entscheidend für ihren Erfolg ist. Dabei ist ihre Produktivität zu diesem Zeitpunkt in Wirklichkeit stark gemindert. Ökonomen haben wiederholt festgestellt, dass unsere Grenzproduktivität bei mehr als acht oder zehn Arbeitsstunden am Tag abstürzt.[7] Wer Zwölf- bis Vierzehn-Stunden-Arbeitstage hat, wird bemerkt haben, dass am späten Nachmittag und Abend fast alles die Aufmerksamkeit zerstreuen kann. Die Konzentration kann einfach nicht so lange aufrechterhalten werden – besonders bei Schreibtischarbeit.

Alle Süchte haben eines gemeinsam: Sie beinhalten eine ungesunde Beziehung zu etwas, das der Liebe eines Menschen nicht würdig ist, sei es Alkohol, Glücksspiel, Applaus oder – ja – Arbeit. Arbeit ist im Leben von Workaholics die dominierende Beziehung. Deshalb gehen sie am Hochzeitstag auf Geschäftsreise; deshalb verpassen sie die Fußballspiele ihrer Kinder. Manche verzichten der Karriere zuliebe auf die Ehe und verdienen das Attribut, »mit ihrer Arbeit verheiratet« zu sein. Dabei weiß jeder, dass eine gute Ehe (mit einem anderen Menschen) befriedigender ist als jeder Job. Für Menschen mit normalem Arbeitsmuster ist das alles unverständlich. Aber zwischen einen Workaholic und seine Arbeit zu kommen ist so, als geriete man zwischen eine Grizzlybärin und ihre Jungen.

Arbeitssucht fesselt Sie an Ihren Job. Aber mehr noch, sie hält Sie in Ihren ganzen alten Arbeitsmustern gefangen, weil Sie Angst haben, etwas zu tun, das Sie aus dem Alltagsleben Ihrer wichtigsten Beziehung wirft. Und das macht den Absprung auf eine neue Kurve so gut wie unmöglich.

Erfolgssüchtig

Bevor wir nach Lösungen suchen, müssen wir noch etwas tiefer bohren. Alkoholiker sind süchtig nach Alkohol, das stimmt. Aber in Wirklichkeit sind sie süchtig nach dem, was Alkohol mit ihrem Gehirn anstellt.

Genauso ist es mit der Arbeitssucht. Was Arbeitssüchtige wirklich begehren, ist nicht die Arbeit an sich, sondern der Erfolg. Sie rackern sich für Geld, Macht und Prestige zu Tode, weil dies Formen der Zustimmung, des Beifalls und des Lobes sind und wie alle Suchtmittel – von Kokain bis hin zu Twitter – die Ausschüttung des Neurotransmitters Dopamin stimulieren.[8]

Warum? Für einige meiner Gesprächspartner überdeckt der Nervenkitzel des Erfolgs die Düsternis des »normalen« Lebens, wenn auch nur vorübergehend. Erfolgserlebnisse sind eine Möglichkeit, sich aus einer düsteren Grundstimmung herauszuheben. Wenn die Vorstellung, »normal« zu sein, so viel Panik auslöst, dass man Menschen, die man liebt, zugunsten von potenzieller Bewunderung durch Fremde vernachlässigt, läuft eindeutig etwas falsch.

Aber das Muster ist unter den größten und ehrgeizigsten Persönlichkeiten der Geschichte auffallend häufig. Nehmen wir Winston Churchill, den vielleicht einflussreichsten Staatsmann des 20. Jahrhunderts. Er sprach oft von seinem »schwarzen Hund«, seiner Melancholie, die er mit Whiskey, zwanghafter Arbeit und einem unstillbaren Durst nach Größe linderte. Da er nicht einmal als viel beschäftigter Premierminister in Kriegszeiten seinem gequälten Geist freien Lauf lassen wollte, schrieb er nebenbei dreiundvierzig Bücher.

In ähnlicher Weise war auch Abraham Lincoln sein ganzes Leben lang immer wieder todtraurig und manchmal sogar lebensmüde. Einmal gestand er einem Freund, dass er es nie gewagt habe, ein Taschenmesser bei sich zu tragen, aus Angst, er würde es gegen sich selbst richten.[9] Die meisten Historiker sehen in ihm den Autor eines anonymen Gedichts mit dem Titel *The Suicide's Soliloquy*, das 1838 im *Sangamo Journal*, der Lokalzeitung von Lincolns Heimatstadt Springfield, Illinois, veröffentlicht wurde. Hier eine kurze Kostprobe aus diesem Gedicht:

Komm, süßer Stahl! aus dem Gehege,
Dein blitzend Machtwort sprich;
Zertrenne meines Atems Wege
Und reiß mein Blut an dich!

Das Gedicht erschien, als Lincoln bis über den Kopf in der Arbeit steckte. Er hatte eindeutig das, was der Psychiater John Gartner »Hypomanie« nennt, eine fast manische Energie, die bei Leistungsträgern oft depressive Schübe unterbricht.[10] Da es damals keine Therapie für Depression gab, probierte Lincoln von Kokain bis Opium alles aus. Aber seine wichtigsten Heilmittel waren immer die Arbeit und der äußere Erfolg.

In den *Bekenntnissen* des heiligen Augustinus, die um das Jahr 400 verfasst wurden, gibt es eine wunderbare kleine Passage. Augustinus beginnt mit der Beschreibung seines unstillbaren Verlangens nach Erfolg in den Augen anderer: »Keuchend unter der Last dieser Sorgen, glühend im Fieber verzehrender Gedanken.« (Jeder Erfolgssüchtige kann dies nachempfinden.) Dann erzählt er, wie er in Mailand auf der Straße einen Bettler trifft, den er heimlich bewundert: »Und er war wenigstens froh, ich aber voller Angst, er sorglos, ich voller Unruhe.«[11]

Vielleicht hat uns die Evolution auf Erfolg getrimmt. Denn Erfolg verbessert ja unsere biologische Fitness und macht uns für andere attraktiver (jedenfalls bis wir unsere Ehe ruinieren). Aber ständig aufzufallen, immer das Besondere zu erringen – das hat seinen Preis. Wenn man von Reality-TV-Stars und zufällig prominent Gewordenen absieht, ist Erfolg härteste Arbeit und erfordert Opfer. In den 1980er-Jahren hat der Arzt Robert Goldman bekanntlich herausgefunden, dass die Hälfte aller aufstrebenden Sportler einen sicheren Tod in fünf Jahren akzeptieren würden, wenn sie dafür heute eine olympische Goldmedaille erhielten.[12] »Ruhm ist der Sporn, den klaren Geist zu treiben«, schreibt John Milton in seinem Gedicht *Lycidas*, »[…] Lust zu verschmäh'n und eifrig sich zu mühen.«

Aber das Ziel kann nie erreicht werden, der Erfolgssüchtige ist nie »erfolgreich genug«. Das High hält nur ein oder zwei Tage an, dann ist die nächste Dosis Erfolg nötig: »Unglücklich ist, wer auf Erfolg angewiesen ist, um glücklich zu sein«, schreibt Alex Dias Ribeiro, einst ein berühmter

Formel-1-Rennfahrer. »Für solche Menschen ist das Ende einer erfolgreichen Karriere das Ende der Fahnenstange. Ihr Schicksal ist es, an Verbitterung zu sterben oder auf anderen Feldern nach weiterem Erfolg zu suchen und von Erfolg zu Erfolg zu leben, bis sie tot umfallen. In diesem Fall gibt es kein Leben nach dem Erfolg.«[13]

Sich selbst zum Objekt machen

Schon als Kind lernte ich, dass es schlecht ist, andere zu objektifizieren. Mein Vater gab sich alle Mühe, mir beizubringen, dass ich als heranwachsender Mann andere Menschen – besonders Frauen – niemals in erster Linie nach ihren körperlichen Eigenschaften beurteilen dürfe. Denn das hieße, sie zu entmenschlichen, und das war für uns eine schwere Sünde.

An diesem moralischen Grundsatz ist nichts Neues oder besonders Religiöses. Er ist zum Beispiel eines der Hauptthemen des Philosophen Immanuel Kant, der schrieb: »Sobald [ein Mensch] ein Objekt des Appetits des andern ist, fallen alle Triebfedern der sittlichen Verhältnisse weg; als ein Gegenstand des Appetits des anderen ist er nämlich eine Sache, [...] die als solche von jedem missbraucht werden kann.«[14]

Dieser Satz bezieht sich fast ausschließlich auf die sexuelle Objektifizierung und ihren schädlichen Einfluss auf das Wohlbefinden, aber die Objektifizierung nimmt auch andere Formen an, beispielsweise in der Arbeitswelt. Darauf weist Karl Marx 1844 hin: »Wie [...] die Selbsttätigkeit der menschlichen Phantasie, des menschlichen Hirns und des menschlichen Herzens unabhängig vom Individuum [...] auf es wirkt, so ist die Tätigkeit des Arbeiters nicht seine Selbsttätigkeit. Sie gehört einem anderen, sie ist der Verlust seiner selbst.«[15] Das ist sein Vorwurf gegen den Kapitalismus als Wirtschafts- und Gesellschaftssystem, das die Menschen unglücklich macht, indem es sie zum Teilstück einer menschlichen Maschine macht, in der alles Menschliche ausgelöscht wird und nur noch die Produktivität übrig bleibt. Menschen werden objektifiziert, reduziert.

Ich stimme seinem Urteil über den Kapitalismus als System nicht zu (und habe schon Bücher darüber geschrieben), aber seine Erkenntnis, dass die

Objektifizierung von arbeitenden Menschen Glück verhindert, halte ich für goldrichtig. Im Jahr 2021 haben französische Forscher in der Zeitschrift *Frontiers in Psychology* einen Maßstab für die Objektifizierung am Arbeitsplatz vorgestellt, basierend auf der Frage, ob sich jemand am Arbeitsplatz wie ein Werkzeug fühlt oder wie ein Handelnder.[16] Die Studie hat ergeben, dass Objektifizierung am Arbeitsplatz zu Burn-out, Unzufriedenheit, Depression und sexueller Belästigung führt.

Moralische Einwände gegen die Objektifizierung anderer sind unmittelbar einleuchtend. Komplizierter wird es, wenn Objektifizierender und Objektifizierter ein und dieselbe Person sind – also bei der Selbstobjektifizierung. Definieren könnte man selbige als eine Sicht auf sich selbst aus der Perspektive einer dritten Person, die das Menschsein außer Acht lässt.[17] Ein Beispiel hierfür wäre das Anstarren des eigenen Spiegelbilds mit einem Gefühl der Unzulänglichkeit oder Wertlosigkeit – oder mit einem Glücksgefühl allein aufgrund der körperlichen Erscheinung. Oder das Bestimmen des eigenen Selbstwerts – egal ob hoch oder niedrig – allein aufgrund der Arbeitsleistung oder der beruflichen Stellung.

Selbstobjektifizierung senkt das Selbstwertgefühl und die Lebenszufriedenheit. Im Fall der körperlichen Selbstobjektifizierung bei Frauen (auf die sich praktisch die gesamte Forschung bezieht) haben Studien ergeben, dass sie zu Körperscham und geringem Selbstwertgefühl führt, was die Lebenszufriedenheit beeinträchtigt.[18] Selbst bei Menschen, die besonders attraktiv sind, ist diese Art der Selbstwahrnehmung von Grund auf entmenschlichend und selbstkritisch, denn mit dem Körper stimmt *immer* irgendetwas nicht. All dies wird natürlich durch die sozialen Medien verschlimmert, die Selbstobjektifizierung einfacher denn je gemacht haben.[19]

Studien mit jungen Frauen haben ergeben, dass Selbstobjektifizierung zu einem Gefühl von Unsichtbarkeit und mangelnder Autonomie führt und in direktem Zusammenhang mit Essstörungen und Depressionen steht.[20] Sie senkt auch die Kompetenz bei normalen Alltagstätigkeiten. In einem Experiment aus dem Jahr 2006 bekamen neunundsiebzig Frauen im Alter von neunzehn bis achtundzwanzig Jahren nach dem Zufallsprinzip die Aufgabe zugeteilt, entweder einen Pullover oder einen Badeanzug anzuprobieren, in einen Ganzkörperspiegel zu schauen, einen Fragebogen zum Selbstbild auszufüllen und dann in einer Routineübung Farben zu identifizieren.[21] Das Ergebnis war, dass die Frauen im Badeanzug – denen das Gefühl »Ich bin mein Körper« vermittelt wurde – die Farben deutlich langsamer identifizierten als die Frauen im Pullover.

Es gibt keine Studien über Glück und Kompetenz bei beruflicher Selbstobjektifizierung, zu der Einstellung »Ich bin mein Beruf«. Aber der gesunde Menschenverstand sagt uns, dass dies eine Form der Tyrannei ist, die genauso schlimm ist wie die körperliche Selbstobjektifizierung. Wir werden zum herzlosen Marx'schen Ausbeuter unserer selbst, der gnadenlos mit der Peitsche knallt und in uns nichts als den *Homo oeconomicus* sieht. Liebe und Vergnügen werden einem weiteren Arbeitstag geopfert, während im Kopf die Frage »Bin ich schon erfolgreich?« vergeblich auf Bejahung wartet. Wir werden zu Pappfiguren statt zu echten Menschen. Und dann, wenn unweigerlich das Ende kommt, wenn der berufliche Niedergang einsetzt, wird uns alles genommen, wir werden uns selbst überlassen und unweigerlich vergessen.

In seinem Buch *Understanding Media* von 1964 sagt Marshall McLuhan: »Das Medium ist die Botschaft.«[22] In Bezug auf einen berühmten griechischen Mythos merkt er an, dass sich Narziss nicht in sich selbst verliebt, sondern in sein Abbild. Und so ist es auch, wenn wir uns beruflich selbst objektifizieren: Unsere Arbeit wird unser Medium und damit unsere Botschaft. Wir lieben das Bild unseres erfolgreichen Selbst, nicht unser wahres, lebendiges Selbst. Aber Sie sind nicht Ihre Arbeit, so wie ich (wie ich gerne vergesse) nicht meine Arbeit bin.

Stolz, Furcht, Vergleich und Rückzug

Selbstobjektifizierung ist von der Wurzel her eine Sache des Stolzes. Stolz wird in unserer heutigen Gesellschaft oft als etwas Gutes angesehen. Wir verwenden das Wort, um Bewunderung auszudrücken. Ich sage meinen Kindern zum Beispiel, dass ich stolz auf sie bin. Ich könnte auch ohne Verlegenheit sagen, dass ich stolz auf dieses Buch bin. Aber diese Wortbedeutung ist relativ neu. In fast allen philosophischen Traditionen ist Stolz eine Todsünde, die den Menschen von innen heraus faulen lässt. Im Buddhismus gibt es das Sanskrit-Wort *māna*, das einen aufgeblähten Geist bezeichnet, der zugunsten des eigenen Selbst andere missachtet und zu eigenem Leiden führt. Thomas von Aquin definiert Stolz als ein übermäßiges Verlangen nach eigener Vortrefflichkeit, welches zu Elend führt.[23] In Dantes *Göttlicher Komödie* wird Satan als Opfer seines furchtbaren Stolzes dargestellt. Er ist in starrer Agonie von der Hüfte abwärts in Eis eingefroren, das vom Flattern seiner grotesken fledermausartigen Flügel erschaffen wird.

Stolz ist hinterhältig: Er versteckt sich im Guten. Der heilige Augustinus bemerkt scharfsinnig: »Jede andere Art von Sünde hat mit dem Begehen böser Taten zu tun, während der Stolz sogar in guten Werken lauert, um sie zu zerstören.«[24] Das stimmt: Die Arbeit, eine Quelle von Lebenssinn, wird zur Arbeitssucht, die unseren Beziehungen schadet. Erfolg, die Frucht der Exzellenz, wird zur Erfolgssucht. All das geschieht aus Stolz.

Ein Cousin des Stolzes ist die Furcht. Viele drogen- oder alkoholabhängige Menschen sagen, dass sie süchtig bleiben, weil sie Angst vor dem »normalen Leben« mit seinen Konflikten, seinem Stress und seiner Langeweile haben. Auch Erfolgssüchtige haben oft große Furcht – Furcht vor dem Scheitern.

Die Furcht vor dem Scheitern ist ziemlich gut erforscht. Wissenschaftler haben zum Beispiel herausgefunden, dass die häufigste Furcht von College-Studenten dem Sprechen vor Publikum gilt. Bekannt ist die Behauptung, die Menschen fürchteten dies sogar mehr als den Tod.[25] Ich sehe diese Furcht am stärksten ausgeprägt bei meinen ehrgeizigsten Studenten, weil sie immer fürchten, bei irgendetwas zu versagen, sogar bei einem unbedeutenden Referat. Und die Furcht vor dem Scheitern betrifft nicht nur die Jungen oder Unerfahrenen: In einer Umfrage aus dem Jahr 2018 geben neunzig Prozent aller Geschäftsführer zu, »dass die Angst vor dem Scheitern sie nachts mehr wachhält als jede andere Sorge«[26].

Furcht befeuert alle Erfolgssüchtigen. Wie der Philosoph Jean-Jacques Rousseau in seinen *Bekenntnissen* schreibt: »Ich hatte keine Angst vor Bestrafung, ich hatte nur Angst vor Schande; und diese fürchtete ich mehr als den Tod, mehr als Verbrechen, mehr als alles andere auf der Welt.«[27] Können Sie das nachfühlen?

Es ist eine traurige Ironie, dass Menschen mit starker Furcht vor dem Scheitern nicht viel Freude an ihren tatsächlichen Leistungen haben und die große Angst mit sich tragen, im entscheidenden Moment nicht gut zu sein.[28] Anders gesagt: Sie werden weniger von der Möglichkeit des Erfolgs und des Gewinns motiviert und mehr von der Angst vor der Möglichkeit des Fehlschlags.

Das sind auch einige der Persönlichkeitsmerkmale, die Perfektionismus antreiben. Tatsächlich gehen Perfektionismus und Versagensangst Hand in Hand: Sie führen zu dem Irrglauben, Erfolg bestünde nicht darin, etwas gut zu machen, sondern darin, nichts schlecht zu machen. Wenn Sie unter Versagensängsten leiden, wissen Sie genau, was ich meine. Das Streben nach Erfolg sollte eigentlich eine aufregende Reise zu einem großartigen Ziel sein – der Berg sollte bestiegen werden, »weil er da ist«, wie der berühmte Bergsteiger George Mallory sagte. Stattdessen fühlt es sich wie eine anstrengende Plackerei an, weil man alle Kraft darauf verwendet, bloß nicht abzustürzen.

Perfektionisten hingegen betrachten sich selbst als andersartig. Untersuchungen haben ergeben, dass sie glauben, über größere Fähigkeiten, höhere Standards und eine größere Leistungsfähigkeit zu verfügen als andere. Das trifft oft auch zu! Dieser günstige Vergleich mit anderen verschafft ihnen ein vorübergehendes High, aber die Vorstellung, ins Hintertreffen zu geraten, erzeugt ein Gefühl der Panik, als stünde ein katastrophaler Misserfolg bevor. Wenn ich mich selbst für besser halte als andere, wenn »besser« der Kern meiner Identität ist, dann ist ein Scheitern undenkbar. Scheitern würde mich von meinem objektifizierten Selbst exkommunizieren. Es wäre wie ein kleiner Tod.

Viele Erfolgssüchtige geben zu, dass sie sich wie Verlierer fühlen, wenn sie jemand anderen sehen, der noch erfolgreicher ist. Erfolg ist vom Wesen her *positionell*, das heißt, er verbessert unsere Position in sozialen Hierarchien. Sozialwissenschaftler wissen seit Jahrzehnten, dass positionelle Güter nicht glücklich machen. Sogar das Geldvermögen, das viele angeblich nur wegen der Dinge schätzen, die man damit kauft, wirkt oberhalb eines relativ geringen Niveaus weitgehend positionell. Der Dalai-Lama hat mich einmal darauf hingewiesen, dass die Leute zehn Finger haben, aber zwanzig Ringe kaufen. Diese Positionalität gehört zu unserer natürlichen Veranlagung.

Das Streben nach äußerem Erfolg aus positionellen Beweggründen kann leicht zwanghaft werden. Das Problem ist, dass diese Art von Erfolg wie alle Suchtmittel letztlich eine unbefriedigende Sisyphusarbeit ist. Niemand ist jemals berühmt genug, reich genug oder mächtig genug. »Der *Reichtum* gleicht dem Seewasser: je mehr man davon trinkt, desto durstiger wird man. Dasselbe gilt vom Ruhm«, schreibt der Philosoph Arthur Schopenhauer 1851, mehr als anderthalb Jahrhunderte bevor die sozialen Medien erfunden wurden und das ganze Problem zehnmal schlimmer machten.[29]

In der Erfolgshierarchie ganz oben zu bleiben ist hingegen eine Plackerei. Ein einigermaßen bekannter Musiker sagte mir einmal, das Berühmtwerden und -bleiben sei eine elende Mischung aus Langeweile und Schrecken. Emily Dickinson hat diese Plackerei in ihrem Gedicht *Ich bin Niemand! Wer bist du?* beschrieben:

> Wie öde – Jemand sein!
> Sein Lebtag – Fröschen gleich –
> Den eignen Namen auszuquaken –
> Für den Applaus im Teich![30]

Angeblich hat Präsident Teddy Roosevelt den zwischenmenschlichen Vergleich den »Dieb der Freude« genannt. Ob von ihm oder nicht, der Spruch ist wahr: Forscher haben längst herausgefunden, dass soziales Vergleichen unser Glück senkt.[31] Aber Sie brauchen keine Studien, um das zu wissen. Sie müssen nur ein paar Stunden auf Instagram surfen und spüren, wie schlecht Sie sich danach fühlen. Das liegt daran, dass Sie Ihren Erfolg mit dem Anschein des Erfolgs anderer vergleichen, den Sie sich aus Informationen von zweifelhafter Qualität zusammengereimt haben. Daraus entsteht nichts Gutes.

Sozialer Vergleich, Versagensangst und Perfektionismus sind wie Dantes Eismeer des Stolzes. Sie frieren fest inmitten des Grübelns darüber, was andere von Ihnen denken oder – schlimmer noch – was Sie von sich selbst denken könnten, wenn Ihnen etwas nicht gelingt. Das sind die Früchte der Erfolgssucht. Und die Krönung des Ganzen ist der daraus folgende Entzug.

Für Alkoholabhängige kann der Entzug eine körperlich qualvolle Erfahrung sein, das wissen wir. Aber wenn man mit ehemaligen Alkoholikern spricht, erfährt man, dass es noch viel tiefer geht. Erinnern wir uns, dass

Alkohol eine Beziehung ist, wahrscheinlich die engste Freundschaft des Alkoholikers. Aufhören bedeutet, diese Intimität zu verlieren. Die Aussicht aufzuhören ist wie der Blick in einen leeren Abgrund. Es ist die Aussicht, sich nie wieder richtig gut zu fühlen.

Auch Erfolgssüchtige erleben Entzugserscheinungen. In meiner Zeit als Chef einer in Washington, D. C., ansässigen Denkfabrik habe ich es immer wieder mitangesehen. Leute zogen sich aus dem politischen Rampenlicht zurück – manchmal freiwillig, manchmal nicht – und erlitten schlimmste Qualen. Sie redeten praktisch nur noch von den alten Zeiten. Sie ärgerten sich über die, die ihnen nachfolgten, aber nie um Hilfe oder Rat baten.

Der Genesungsprozess

Vielleicht haben Sie, bevor Sie dieses Kapitel gelesen haben, Ihre Sucht noch gar nicht ganz erkannt und sind sich immer noch nicht sicher. Machen wir also einen kleinen Test.

1. Definieren Sie Ihren Selbstwert über Ihren Titel oder Ihre berufliche Stellung?
2. Quantifizieren Sie, wie viel Geld, Macht oder Prestige Sie erworben haben?
3. Haben Sie nicht klar vor Augen, was nach Ihren letzten beruflichen Erfolgen kommt? Oder denken Sie nicht gerne daran?
4. Besteht Ihr »Ruhestandsplan« darin, immer weiter- und weiterzumachen?
5. Träumen Sie davon, wegen Ihrer beruflichen Erfolge in Erinnerung zu bleiben?

Wenn Sie eine dieser Fragen mit Ja beantwortet haben, sind Sie wahrscheinlich erfolgssüchtig. Übrigens hätte ich, als ich mit diesem Projekt begann, glatte fünf Punkte erzielt. Sie müssen sich also nicht allzu schlecht fühlen.

So erfolgreich Sie in Ihrem Leben und Ihrer Arbeit auch sind, Sie werden nicht einfach von alter Stärke zu neuer Stärke wechseln, ehe Sie dies nicht geklärt haben. Es ist nicht einfach, aber zum Glück müssen Sie auch nicht in die Suchtklinik. Sie müssen auch wirklich nicht der Arbeit abschwören (was ein Glück ist, falls Sie wie ich Ihren Lebensunterhalt verdienen müssen).

Erforderlich ist allerdings der feste Entschluss zur Veränderung und ein offenes Eingeständnis: dass Sie ein Problem haben und es lösen möchten; dass das, was Sie bisher getan haben, nicht funktioniert hat; und dass Sie glücklich sein möchten. Das ist übrigens immer der erste Schritt zur Genesung von einer Suchterkrankung. Der erste Schritt im Programm der Anonymen Alkoholiker lautet: »Wir geben zu, dass wir dem Alkohol gegenüber machtlos sind und dass unser Leben nicht mehr zu meistern ist.«

Wenn Sie glücklich sein wollen, müssen Sie Ihren aufrichtigen Wunsch nach Glück zum Ausdruck bringen. Sie müssen bereit sein, nach außen hin nicht mehr ganz so besonders zu sein und mit der Selbstobjektifizierung aufzuhören. Sie müssen den *Wunsch* äußern, Ihre Bürde mithilfe der Tugend zu erleichtern, die dem Stolz entgegengesetzt ist: der Demut.

Ich habe eine kleine Übung entwickelt, die mir dabei sehr hilft. Rafael Merry del Val y Zulueta, ein spanischer Kardinal des frühen 20. Jahrhunderts, hat ein wunderschönes Gebet mit dem Titel *Litanei der Demut* verfasst. Darin erbittet er nicht, dass ihm die Demütigung erspart bleiben möge, sondern dass ihm der Mut verliehen werde, mit der Furcht davor umzugehen. »Von der Angst, gedemütigt zu werden, erlöse mich, o Herr«, fleht er. Inspiriert davon habe ich eine kleine Litanei geschrieben, zu der ich immer dann greife, wenn ich merke, dass ich an Arbeitssucht, Stolz, Versagensangst, Perfektionismus oder sozialen Vergleich gekettet bin – an die Kräfte, die mich von meiner zweiten Kurve fernhalten. Sie können sie verwenden, egal ob Sie religiös sind oder nicht. Der Punkt ist, dass Sie Ihre Abhängigkeit benennen und Ihren Wunsch nach Befreiung davon äußern.

> Davon, meine Karriere vor die Menschen in meinem Leben zu stellen, erlöse mich.
> Davon, mich mit Arbeit vom Leben abzulenken, erlöse mich.
> Von meinem Drang, anderen überlegen zu sein, erlöse mich.
> Von den leeren Versprechungen der Welt und ihrer Verlockung erlöse mich.

Von meinem Gefühl beruflicher Überlegenheit erlöse mich.
Davon, meine Liebe durch Stolz verdrängen zu lassen, erlöse mich.
Von den Schmerzen des Entzugs von meiner Sucht erlöse mich.
Von der Angst, abzusteigen und vergessen zu werden, erlöse mich.

Der nächste Schritt

Wie die meisten Ehrgeizigen haben Sie wahrscheinlich über Jahrzehnte das Ziel verfolgt, nach äußeren Kriterien erfolgreich zu sein, und jetzt sage ich Ihnen, dass Sie gegen diese Instinkte angehen sollen. Aber sobald Sie diese Reise beginnen, werden Sie feststellen, dass vieles in Ihrem Leben eigentlich nur dazu diente, Ihr Image – nach innen und außen hin – aufzubauen und zu beweisen, dass Sie erfolgreich und besonders sind. Dazu zählen physische Trophäen, »positionelle Güter«, die der Welt zeigen, dass Sie ein hohes Tier sind. Das können natürlich Häuser und Autos und Boote sein. Aber schmeicheln Sie sich nicht, wenn Ihnen solche Güter nicht wichtig sind (mir sind sie es nicht) oder wenn Ihr Erfolg nicht von der Art ist, der viel Geld einbringt. Ihre Trophäen können auch Social-Media-Follower oder berühmte Freunde sein oder ein allgemein als cool angesehener Wohnort.

Der Punkt ist, dass Sie mit den Symbolen Ihrer Besonderheit überzogen sind wie mit einer Kruste aus Muscheln. Diese Dinge sind nicht nur nicht imstande, Ihnen wirkliche Befriedigung zu bringen, sie machen Sie auch zu schwer für den Sprung auf die nächste Kurve.[32] Sie müssen einige davon abkratzen. Aber welche?

Wenn Sie schon einmal von einem großen Haus in eine Wohnung umgezogen sind, wissen Sie, dass das Schwerste ist zu entscheiden, was man nicht braucht. Über jedem Objekt brütet man, während es Erinnerungen heraufbeschwört. Man denkt: »Ich habe gutes Geld dafür ausgegeben und brauche es vielleicht noch mal!« Beim Gedanken, das Trugbild Ihres ganz besonderen Selbst abzulegen, wird Sie wahrscheinlich eine ähnliche Angst vor Reue befallen.

Wie das Ganze jedoch gut gelingen kann, ist unser nächstes Thema.

Kapitel 4

Die Kruste abkratzen

Wenn Sie einmal nach Taiwan kommen, dürfen Sie auf keinen Fall das Nationale Palastmuseum auslassen. Die ständige Sammlung des Museums, die wohl weltweit größte Sammlung chinesischer Kunstwerke und Artefakte, enthält mehr als siebentausend Objekte, die von der Jungsteinzeit vor achttausend Jahren bis ins frühe 20. Jahrhundert reichen.

Wenn das Museum ein Problem hat, dann ist es ebendiese Fülle. Niemand kann bei einem einzigen Besuch mehr als einen Bruchteil davon aufnehmen. Ohne eine Führung wird ein Rundgang schnell zum Gewaltmarsch vorbei an Keramiken, Holzschnitten und Reliefs. Alles ähnelt am Ende allem anderen, und der denkwürdigste Teil des Besuchs ist das Museumscafé.

Um das Museum richtig genießen zu können, heuerte ich darum an einem Nachmittag vor einigen Jahren einen Museumsführer an, der mir einige berühmte Stücke zeigte und ihre künstlerische und philosophische Bedeutung erläuterte. Ich wusste nicht, dass er mir mit einer Bemerkung einen Rat geben sollte, der womöglich mein Leben verändern würde.

Als ich einen aus massiver Jade geschnitzten Buddha aus der Qing-Dynastie betrachtete, bemerkte der Museumsführer beiläufig, dies sei ein gutes Beispiel dafür, wie sich die östliche Sicht auf Kunst von der westlichen unterscheide.

»Inwiefern?«, fragte ich.

Er erwiderte meine Frage mit einer Gegenfrage: »Woran denken Sie, wenn Sie sich ein noch zu beginnendes Kunstwerk vorstellen sollen?«

»An eine leere Leinwand vermutlich«, antwortete ich.

»Richtig. Das liegt daran, dass Sie im Westen Kunst als etwas aus dem Nichts Erschaffenes sehen. Wir im Osten glauben, dass das Kunstwerk bereits existiert und dass unsere Aufgabe nur darin besteht, es zu enthüllen. Es wird nicht sichtbar, weil wir etwas hinzufügen, sondern weil wir die Stücke entfernen, die nicht Kunst sind.«

Während meine Vorstellung von nicht begonnener Kunst eine leere Leinwand war, war die des Museumsführers, wie er mir sagte, ein ungeschnitzter Jadeblock wie derjenige, aus dem der Buddha vor uns entstanden war. Mein Kunstwerk existierte nicht, ehe ich Formen und Farben hinzufügte. Seines existierte bereits, war aber nicht sichtbar, ehe er den Stein entfernte, der nicht Teil der dem Block innewohnenden Skulptur war.

Im Fall einer Skulptur ist diese Metapher leicht begreiflich. Schwieriger ist es zum Beispiel bei der Musik. Aber es ist nicht unmöglich. Ein Musiker aus Indien fragte mich einmal, wie ich denn bei einer Brahms-Sinfonie »die Musik hören« könne. Ich fragte nach, was er meinte, denn schließlich ist es bei einem fünfundachtzigköpfigen Orchester, das volle einhundert Dezibel ausspuckt, ziemlich schwer, die Musik *nicht* zu hören. Er antwortete, dass die Musik in seinem Gehirn von zu vielen gleichzeitig Musizierenden verdeckt sei. Das ist der wesentliche Unterschied zwischen westlicher klassischer Musik, bei der Klänge addiert werden, bis sie »richtig« klingen (daher das für eine Brahms-Sinfonie nötige Riesenorchester), und dem klassischen indischen *raga*, bei dem alle die »wahre Musik« verdeckenden Klänge wegfallen (daher das Ensemble aus wenigen Musikern).

Die Kunst spiegelt wie immer das Leben wider. Im Westen kommen Erfolg und Glück – glauben wir jedenfalls – durch die Vermeidung von Verlusten und die Anhäufung von Dingen: mehr Geld, mehr Errungenschaften, mehr Beziehungen, mehr Erfahrungen, mehr Prestige, eine größere Anhängerschaft, mehr Besitz. Hingegen warnen die meisten östlichen Philosophen davor, dass solche Habgier zu Materialismus und Eitelkeit führt und Glückssuchende in die Irre leitet, da sie das wahre Wesen des Menschen verschleiert.[1] Wir müssen am Jadeklotz unseres Lebens meißeln, um uns darin selbst zu finden.

Wenn wir im Westen älter werden, glauben wir im Allgemeinen, dass wir viel vorzuweisen haben müssten – viele Trophäen. Nach östlichem Denken ist das verkehrt herum gedacht. Wenn wir älter werden, sollten wir nicht immer mehr ansammeln, um uns selbst *darzustellen*, sondern Dinge abstreifen, um unser wahres Selbst – und somit unsere zweite Kurve – zu *finden*. In den Worten von Laozi, Autor des *Daodejing*, geschrieben im 4. Jahrhundert vor Christus:

> Gestalten sie sich und es erheben sich die Begierden,
> so würden ich sie bannen durch namenlose Einfalt.
> Namenlose Einfalt bewirkt Wunschlosigkeit.
> Wunschlosigkeit macht still,
> und die Welt wird von selber recht.[2]

Ich steckte noch in den frühen Stadien der Recherche für das vorliegende Buch, als ich auf diese Idee stieß, und sie nahm sogleich meine Gedankenwelt vollständig ein. Schließlich habe ich mein Leben inmitten von Kunst begonnen: Ich war nicht nur selbst Musiker, sondern meine Mutter war auch Malerin. Daher habe ich mein Leben immer als kreatives Unterfangen begriffen. Das ist für mich die perfekte Metapher. Meine glücklichsten Tage sind die, die wie eine leere Leinwand beginnen und darauf warten, mit Ideen und kreativen Interaktionen gefüllt zu werden.

Aber im Gespräch mit meinem taiwanesischen Museumsführer und beim späteren Nachdenken über seine Lektion erkannte ich, dass die westliche Metapher möglicherweise nicht die richtige für die zweite Hälfte meines Lebens ist. Sie könnte sogar zu einer Hürde für mein Glück und meine Zufriedenheit werden. Mein Leben in den Fünfzigern ist vollgestopft mit Besitztümern, Errungenschaften, Beziehungen, Standpunkten und Verpflichtungen. Ich frage mich: »Lautet die Formel für ein glückliches Leben wirklich, dass ich immer mehr hinzufüge, bis ich sterbe?« Offensichtlich ist die Antwort Nein. Schlimmer noch als die inhärente Fruchtlosigkeit dieser Strategie ist, dass sie mit der Zeit immer weniger effektiv wird, weil die erste Erfolgskurve abknickt und der Lohn meiner Mühen nach und nach abnimmt.

Um von der ersten Kurve zur zweiten zu kommen, dürfen wir nicht immer mehr zu unserem Leben hinzufügen. Stattdessen müssen wir verstehen, warum das nicht funktioniert, und dann mit dem Weglassen anfangen.

Die Bucket List

Die Glückssucherstrategie, immer mehr zu bekommen und zu besitzen und zu tun, hat einen Namen: *Bucket List*. Wer diesen Begriff googelt, erhält rund achtzig Millionen Treffer. Wie jeder weiß, ist dies eine Liste mit allem, was man noch sehen, tun und haben möchte, bevor man stirbt. Dahinter steckt die gleiche Idee wie beim Hinzufügen von Pinselstrichen zur Schaffung des fertigen Kunstwerks: Alles erledigen, was sich im namengebenden Eimer (*bucket*) befindet, und schon hat man ein erfülltes und glückliches Leben.

Ich kenne viele, die diese Strategie befolgen, und zweifellos haben auch Sie sie befolgt. Manchmal denke ich an einen Mann zurück, den ich als Teenager kennengelernt habe. Er war sehr früh schon Software-Unternehmer gewesen, direkt an der Spitze der Revolution, die unser aller Leben verändern sollte. Er war in armen Verhältnissen aufgewachsen und hatte beruflich nie viel erreicht, ehe er mit Ende dreißig Teil eines Teams wurde, das mit seinem Produkt den Durchbruch schaffte – mit einer Software, die noch heute bekannt ist. So wurde er über seine kühnsten Träume hinaus reich. Danach war seine gesamte Identität die eines »erfolgreichen Unternehmers«, eines wirklich ganz besonderen Menschen. Aber um etwas Besonderes zu bleiben, ist mehr als ein großer Hit nötig. Er suchte und suchte, fand aber keine weiteren bedeutenden beruflichen Erfolge. Also nahm er sich seine Bucket List vor. Er kaufte Häuser. Er kaufte Autos zu Dutzenden. Er kaufte Technik, Kunst und jeden teuren Schnickschnack, der ihm in den Sinn kam. Seine Kaufwut überstieg seine Fähigkeit, die gekauften Dinge überhaupt zu genießen: Er nutzte sein Esszimmer als eine Art Lagerhalle für die ungeöffneten Kartons mit Dingen, die er erworben hatte. Gemälde standen unaufgehängt auf dem Boden. Autos wurden nicht gefahren.

Einmal zitierte er mir gegenüber den Unternehmer Malcolm Forbes, und zwar zustimmend: »Wer mit dem meisten Spielzeug stirbt, hat gewonnen.«[3] Ich erinnere mich, dass ich dachte: »Wer mit dem meisten Spielzeug stirbt, tut eigentlich nichts außer das: sterben.« Sein Umgang mit seiner Zeit und seinen Beziehungen spiegelte sein Kaufverhalten wider. Er reiste ständig und hakte Orte auf seiner Wunschliste ab – deutsche Burgen, kambodschanische Tempel, arktische Eisberge. Er machte sehr viele Fotos, um Leuten zu zeigen, was er gesehen hatte. Auch gab es in seinem Leben Hunderte von Menschen, die er zu seinen Freunden zählte und kaum kannte – aber er hatte Bilder mit ihnen. Er sammelte Menschen.

Und doch war er nicht glücklich – im Gegenteil. Er prahlte ohne Ende mit seinem großen, Jahre zurückliegenden Erfolg – seinem objektifizierten Selbst – und suchte sich immer neue Unternehmungen, die dieses Selbstbild bestätigen könnten. Indessen wuchs seine Anhäufung von Gegenständen, Erfahrungen und Menschen als Ersatz für den Erfolg, nach dem er sich offensichtlich sehnte. Aber sein Verlangen wurde nie gestillt. Das ist kein neues Problem. Lernen wir zwei Männer kennen, die es gelöst haben.

Vom Prinzen zum Weisen

Thomas von Aquin wurde 1225 als Sohn des Grafen Landulf von Aquino in den Adelsstand geboren und wuchs im Schloss der Familie in der mittelitalienischen Stadt Roccasecca auf. Thomas' Onkel Sinibald, Landulfs Bruder, war Abt des ersten Benediktinerklosters in Monte Cassino, ein Posten von enormem Prestige. Als Spross einer Adelsfamilie sollte Thomas in die Kirche eintreten und wurde zum Nachfolger seines Onkels auf diesem begehrten Posten bestimmt.

Aber Thomas hatte kein Interesse an diesem äußeren Erfolg. Im Alter von neunzehn Jahren kündigte er an, dem kürzlich gegründeten Dominikanerorden beitreten zu wollen, einem Zusammenschluss von Bettelmönchen, die sich der Armut und der Wanderpredigt widmeten. Er spürte, dass dies seine wahre Identität war. Die Reichtümer und Privilegien seines Lebens musste er wegmeißeln, um sein wahres Selbst zu offenbaren.

Seine Familie wollte nichts davon wissen. Ein Aquino als mittelloser Niemand? (Eltern objektifizieren ihre Kinder oft, nicht wahr?) Schließlich entführten sie ihn sogar von den Dominikanern und sperrten ihn in ein Schloss, wo er ein Jahr lang festgehalten wurde. Auch in Gefangenschaft blieb er unbeirrt. Dennoch versuchten seine Brüder, seinen Glauben zu erschüttern. Sie heuerten sogar eine Prostituierte an, um Thomas zu verführen. Er jagte sie mit dem Schürhaken aus dem Schloss.

Als seine Familie schließlich nachgab, wurde er zum Klostergelehrten und verfasste dichte philosophische Werke, die ihn wirklich sehr glücklich machten.[4] Nicht nur wählte er statt einer weltlichen Sonderstellung die göttliche Erfüllung, er wurde auch Experte für diese Unterscheidung. Seiner Ansicht nach wählen Menschen, die sich für den weltlichen Weg entscheiden, »Ersatz für Gott«. Sie wählen Götzen, die den Götzendiener objektifizieren und niemals das Verlangen nach Glück stillen.[5] Auch für nicht religiöse Ohren klingt seine Liste der weltlichen Anhaftungen vertraut.

Es sind *Geld*, *Macht*, *Vergnügen* und *Ehre*.

Der letzte Punkt, Ehre, ist nicht auf den ersten Blick als ungesunde Anhaftung erkennbar. In unserer Welt hat *Ehre* eine eher positive Konnotation. Ich habe einen Sohn im Marine Corps, von dem erwartet wird, dass er »mit Ehre dient«. Aber das meint Thomas nicht. Ehre bezieht sich hier auf Ruhm, auf große Bekanntheit. Sie sollten nicht denken, dass Sie das nichts angeht (»Ich will ja gar nicht berühmt werden!«), denn mit gemeint sind auch die heimtückischen Vettern des Ruhms: Prestige und Bewunderung, die wohlwollende Aufmerksamkeit vonseiten »wichtiger« Menschen. Falls Sie erfolgreich, aber unsicher sind, ist das berufliche oder soziale Prestige für Sie in der Tat ein Götze.

Thomas behauptet, dass uns diese Götzen unzufrieden machen, weil sie nicht das sind, was wir als ganze Menschen brauchen. Sie sind Falschgeld, das an unser besonderes, objektifiziertes Selbst ausgezahlt wird. In Bezug auf Geld erklärt Thomas:

> Im Verlangen nach Reichtum und nach irgendwelchen zeitlichen Gütern […] wenn wir sie bereits besitzen, verachten wir sie und begehren andere […]. Der Grund dafür ist, dass wir ihre Unzulänglichkeit besser erkennen, wenn wir sie besitzen, und gerade diese Tatsache zeigt, dass sie unvollkommen sind und dass das höchste Gut nicht darin besteht.[6]

Mit anderen Worten: Geld bringt keine Befriedigung. Das Gleiche führt er in Bezug auf Macht, Vergnügen und Ehre aus, wobei er in allen Fällen zu dem Schluss kommt, dass sie in Wirklichkeit nicht das zu erfüllen vermögen, was unser Herz begehrt.

Aber Thomas hat dies nicht nur gepredigt, er hat es gelebt, wie wir wissen. Wahre Größe erlangte er nur, indem er auf die *weltlich definierte* Größe verzichtete, indem er weltliche Belohnungen wegmeißelte, um sein wahres Selbst zu finden. Wäre Thomas ein nobler Benediktinerabt geworden, dann bestünde die einzige Spur seines Lebens aus einem Eintrag in einer Liste von mittelalterlichen Äbten, und heute würde ihn vielleicht nur noch irgendeine Doktorandin kennen, die sich ein obskures Dissertationsthema ausgesucht hat.[7] Stattdessen gilt er als der größte Denker seiner Zeit, der das westliche Denken und die katholische Kirche nachhaltig geprägt hat.

Die Weisheit des Thomas von Aquin lässt sich ganz praktisch bei der Frage anwenden, was *wir* wegmeißeln müssen, um glücklich zu werden. Ich habe ein Partyspiel namens »Welcher ist mein Götze?« entwickelt. So funktioniert es: Ordnen Sie die vier weltlichen Anhaftungen des Thomas von Aquin danach, wie viel Macht jede über Sie ausübt. Beginnen Sie ganz unten mit dem, was Sie am wenigsten verlockt. Vielleicht haben Sie nicht gerne Macht über andere Menschen – das ist Platz vier. Und vielleicht mögen Sie Geld, reißen sich aber dafür kein Bein aus – also Platz drei. Machen Sie weiter … Vergnügen ist für Sie vielleicht kniffliger. Sie haben es im Griff, auch wenn es sie lockt – sagen wir, das ist Nummer zwei. Bleibt nur noch Ruhm – oder Prestige oder Bewunderung. Die nervige Stimme im Kopf, die immer nach der wohlwollenden Aufmerksamkeit anderer giert. Für die Sie sich ein wenig schämen, die aber immer an Ihnen zerrt und Sie nie befriedigt. Das ist *Ihr* Götze, und je mehr Sie davon bekommen, desto mehr werden Sie zum Objekt.

Die Geschichte des Thomas von Aquin ist weder einzigartig noch typisch westlich. Denken wir an Prinz Siddhartha Gautama, der 624 vor Christus als Sohn von Suddhodana geboren wurde, dem Herrscher des Shakya-Clans, der eine Region bewohnte, die heute an der Grenze zwischen Nepal und Indien liegt. Als Siddharthas Mutter nur wenige Tage nach der Geburt des Prinzen starb, schwor Suddhodana, seinen Sohn vor allem Leid des Lebens zu beschützen, und hielt ihn darum in einem Palast fest, in dem all seine weltlichen Bedürfnisse und Wünsche befriedigt wurden.

Siddhartha wagte sich erst aus dem Palast, als er neunundzwanzig Jahre alt war. Von Neugier überwältigt bat er einen Wagenlenker, ihm die Außenwelt zu zeigen. In der Stadt vor den Toren des Palastes begegnete er einem alten Mann und sah zum ersten Mal die Wirkung des Alters. Der Wagenlenker erklärte ihm, dass alle Menschen alt werden. Als Siddhartha in den Palast zurückkehrte, irritierte ihn diese Offenbarung, und er bat um eine zweite Kutschfahrt.

Beim zweiten Ausflug sah er einen von Krankheit geplagten Mann, einen verwesenden Leichnam und einen frommen Asketen. Krankheit und Tod bedrückten ihn aufs Neue, aber der Asket verwirrte ihn. Was erstrebte der Mann, wenn nicht die weltlichen Vergnügungen, die der Prinz im Überfluss genoss? Die Antwort des Wagenlenkers veränderte Siddharthas Leben: Durch den Verzicht auf weltliche Güter suchte der Asket Befreiung von der Furcht vor Krankheit und Tod, die Siddhartha so beunruhigte.

Überwältigt von seinen Erlebnissen verließ Siddhartha am nächsten Tag sein Reich, um selbst zu lernen, wie man durch Askese dem Leid des Lebens trotzt. Er verbrachte die folgenden sechs Jahre in Armut, verzichtete auf alle Freuden, hungerte und setzte sich Schmerzen aus. Aber es kam keine Einsicht. Eines Tages bot ihm, der gerade fastete, ein junges Mädchen eine Schüssel Reis an. Er nahm sie an, woraufhin ihm schlagartig klar wurde, dass Entsagung an sich nicht der Weg zur Erlösung von den Qualen des Lebens war. Siddhartha aß, trank und badete. Dann setzte er sich unter den Bodhi-Baum und gelobte, sich nicht mehr zu bewegen, bis er die Wahrheit gefunden hatte.

In den folgenden Tagen enthüllte sich ihm die Wahrheit: dass nämlich die Erlösung vom Leid nicht aus dem Verzicht auf die weltlichen Dinge erfolgt, sondern aus der Ablösung von der *Anhaftung* an diese Dinge. Der *Mittlere Weg* meidet sowohl die extreme Askese als auch die Hingabe ans Sinnliche, weil beides Anhaftungen sind und somit zu Unzufriedenheit führen. Im Moment dieser Erkenntnis wurde Siddhartha zum Buddha.

Der Buddha verfasste eine praktische Anleitung – die *vier edlen Wahrheiten* – für den Umgang mit den ärgerlichen Anhaftungen.

- Erste edle Wahrheit: Das Leben ist Leiden (Sanskrit: *dukkha*) aufgrund chronischer Unzufriedenheit.
- Zweite edle Wahrheit: Die Ursachen dieses Leidens sind Begierde und Verlangen, die Anhaftung an weltliche Dinge.

- Dritte edle Wahrheit: Leiden kann überwunden werden, indem man dieses Verlangen, Begehren und Anhaften beseitigt.
- Vierte edle Wahrheit: Um Verlangen, Begierde und Anhaftung zu beseitigen, muss man dem *magga* folgen, dem *edlen achtfachen Pfad* des Buddhismus.

Übersetzen wir die vier Wahrheiten in die Begrifflichkeiten unseres Problems: Ich habe durch meinen Erfolg in der Welt gelernt, Befriedigung in weltlichen Belohnungen zu suchen, die letztlich nicht befriedigend sind. Ich erleide Unzufriedenheit, wenn ich diese Belohnungen erhalte und wenn ich an ihnen anhafte. Wenn ich sie nicht mehr verdiene, werde ich noch mehr leiden. Die einzige Lösung für dieses Problem besteht darin, meine Anhaftungen abzuschütteln und meine Wünsche neu zu definieren. Darin liegt mein Pfad zur Erleuchtung – und meine zweite Kurve.

Übrigens behaupten weder Thomas noch der Buddha, dass weltliche Belohnungen etwas vom Wesen her Böses sind. Tatsächlich kann man mit ihnen viel Gutes bewirken. Geld ist wichtig für eine funktionierende Gesellschaft und für den Unterhalt einer Familie. Macht kann so ausgeübt werden, dass es anderen besser geht. Vergnügen lockert das Leben auf. Und Ruhm kann Aufmerksamkeit auf etwas moralisch Erhabenes lenken. Aber als *Anhaftung*, als Lebensziel und Zweck statt Mittel stellen sie uns vor ein einfaches Problem: Sie können uns nicht die tiefe *Befriedigung* verschaffen, die wir uns wünschen.

Auf der Jagd nach weltlichen Anhaftungen klettern wir die erste Erfolgskurve empor. Wir arbeiten uns zu Tode, um die flüchtige Befriedigung zu erhaschen. Wenn dann die Erfolgskurve nach unten abknickt, bereiten uns die Anhaftungen enormes Leid. Sie müssen weggemeißelt werden, damit wir zur zweiten Kurve springen können.

Die Wissenschaft hinter der Befriedigung

Es hat nur ein paar Jahrtausende gedauert, bis Popkultur und Soziologie endlich die Weisheit von Siddhartha und Thomas eingeholt haben. Heute helfen sie uns, das Problem der Anhaftung noch besser zu verstehen.

Wenn Sie nur einen Song der Rolling Stones kennen, ist es wahrscheinlich ihr Megahit von 1965 *(I Can't Get No) Satisfaction*. Es ist einer der beliebtesten Songs aller Zeiten, nicht weil er so ein großartiges Musikstück ist, sondern weil er eine Wahrheit über das Leben ausdrückt. Irgendwo tief in unserem Echsenhirn (im limbischen System, um genau zu sein), weit unterhalb der Bewusstseinsebene, wird Zufriedenheit mit dieser verblüffend einfachen Gleichung definiert:

Zufriedenheit = bekommen, was man will

Es ist so unglaublich einfach, das versteht sogar ein Baby! Sie glauben mir nicht? Geben Sie einer Einjährigen die Fritte, nach der sie langt, und achten Sie auf ihren Gesichtsausdruck. Es ist mehr oder weniger der gleiche Ausdruck, den Sie zeigten, als Sie Ihre letzte große Gehaltserhöhung oder Beförderung erhalten haben. Sie wollten sie wirklich, Sie haben sich dafür krummgemacht, und als die Belohnung da war, war sie zutiefst befriedigend.

Zutiefst befriedigend allerdings höchstens ein paar Tage lang. Und das ist das eigentliche Problem, nicht wahr? Der Song müsste eigentlich *(I Can't Keep No) Satisfaction* heißen. Wir wissen einigermaßen, wie wir unseren Wunsch nach Befriedigung stillen können, aber wir sind schrecklich schlecht darin, diesen Zustand dann zu erhalten. Es ist fast so, als ob unser Gehirn keine dauerhafte Freude an irgendetwas zulässt.

Genau das ist der Fall. Um zu verstehen warum, müssen wir den Begriff der »Homöostase« kennenlernen: die natürliche Tendenz aller lebendigen Systeme, um des Überlebens willen stabile Bedingungen aufrechtzuerhalten. Der Begriff wurde 1932 von einem Arzt namens Walter Cannon geprägt. In seinem Buch *The Wisdom of the Body* legt er dar, dass der Körper eingebaute Mechanismen zur Regulierung der Temperatur und der Wasser-, Salz-, Zucker-, Protein-, Fett-, Kalzium- und Sauerstoffpegel besitzt.[8]

Die Homöostase hält uns am Leben und gesund, erklärt aber auch die Wirkung von Drogen und Alkohol. Wenn man zum ersten Mal ein hochprozentiges Getränk oder einen Schuss Heroin zu sich nimmt, ist dies ein massiver Schock für den unvorbereiteten Organismus. Deshalb sehnen sich Süchtige immer nach diesem Gefühl vom ersten Mal. Das gilt nicht nur für harte Drogen: Ich erinnere mich an das erste Mal, als ich viel Kaffee getrunken habe. In der siebten Klasse erwarben die Eltern eines Freundes eine Espressomaschine (das war 1977 noch sehr selten). Ich bin in Seattle aufgewachsen, also gingen wir zu Starbucks – zum damals einzigen Starbucks der Welt. Wir holten uns ein Pfund Kaffee und tranken jeweils acht Tassen Espresso. Ich weiß noch, wie ich spätabends bei meinem Freund aufs Dach geklettert bin, mir an der Regenrinne den Bauch aufschürfte und stark blutend dachte, wie lebendig und wunderschön die Sterne doch aussahen.

(Übrigens machen Sie eine Miniaturversion dieser Erfahrung immer dann, wenn Sie das erste Mal am Tag Ihr Suchtmittel konsumieren. Deshalb spricht Starbucks in der Werbung vom »Gefühl des ersten Schlucks«.)

Der erste Schluck – oder Zug oder Schuss – mag noch Vergnügen bereiten, aber das Gehirn registriert einen Angriff auf sein Gleichgewicht und wehrt sich, indem es die eindringende Droge neutralisiert. Dadurch wird es unmöglich, das erste Gefühl zu reproduzieren. Ich könnte heute den ganzen Tag Kaffee trinken, würde aber auf keinen Fall aufs Dach steigen. Darüber hinaus sorgt die Homöostase auch für einen Rebound-Effekt nach dem Konsum jedes Genussmittels, also für den Kater nach dem Trinken, für die Entzugserscheinungen nach dem Heroinkonsum und für die Müdigkeit nach dem Abklingen des Koffeins.

Sucht ist im Grunde eine Fehlanpassung der Homöostase, bei der das Gehirn sehr geschickt darin wird, mit den ständigen Angriffen auf sein Gleichgewicht umzugehen. Wo das erste Glas Alkohol, das man mit vierzehn trank, noch einen riesigen, herrlichen Rausch verursachte, bringt der erste Drink des Tages nach Jahren des Alkoholmissbrauchs nur noch einen kleinen Schubs, und wenn der nachlässt, fühlt man sich schrecklich. Unterdessen leidet das Gehirn unter »Alkoholmangel«, sodass man Alkohol braucht, nur um sich »normal« zu fühlen.

Die gleichen Prinzipien wirken auch auf unsere Emotionen. Wenn man einen emotionalen Schock bekommt, egal ob gut oder schlecht, möchte das Gehirn wieder ins Gleichgewicht kommen. Deshalb ist es schwer, sehr lange auf dem Hoch oder im Tief zu bleiben. Besonders gilt das für positive Emotionen, was für das Überleben evolutionär sinnvoll war. Die Freude, die unsere urzeitlichen Vorfahren überkam, wenn sie eine süße Beere an einem Busch fanden, durfte sie nicht zu lange beschäftigen. Denn die Freude hätte sie sonst von der Bedrohung durch den Tiger abgelenkt, und unsere Urahnen wären sein leckeres Mittagsmahl geworden.

Deshalb kann man vom Erfolg nie genug bekommen. Wer sein Selbstwertgefühl auf Erfolg stützt, möchte schnell von einem Sieg zum nächsten gehen, um sich nicht schlecht zu fühlen. Da ist die Homöostase am Werk. Der Rausch des Erfolgs wird schnell neutralisiert und hinterlässt einen Kater. Da das Hirn weiß, dass man sehr bald wieder nach dem Kick giert, pegelt es sich irgendwann auf ein andauerndes Gefühl von Erfolgsmangel ein. Nach einer Weile braucht man ständige Erfolgsschübe, nur um sich nicht wie ein Versager zu fühlen. Wir Sozialwissenschaftler nennen dies die hedonistische Tretmühle. Man läuft und läuft, aber kommt dem Ziel nicht wirklich näher. Man vermeidet nur, durch Anhalten oder Langsamerwerden hinten vom Laufband zu fallen.

Kehren wir also zu unserer Gleichung zurück und aktualisieren sie, um all dies besser abzubilden:

Zufriedenheit = dauerhaft bekommen, was man will

Die Karotte, die vor Ihrer Nase baumelt, ist das flüchtige Gefühl, es geschafft zu haben, obwohl Sie sich in der hedonistischen Tretmühle befinden und emotional auf der Stelle laufen. Und es wird noch viel schlimmer, wenn erst Ihre Fähigkeiten nachlassen: Die Karotte entfernt sich allmählich, obwohl Sie schneller denn je laufen. So verschlimmert sich mit dem Abstiegsproblem auch das Unzufriedenheitsproblem.

Ich habe vor einigen Jahren einen Cartoon gesehen, in dem ein Mann auf seinem Sterbebett zu seinen trauernden Liebsten sagt: »Ich wünschte, ich hätte noch mehr Kram gekauft.« Erfolgreiche Menschen arbeiten oft immer weiter daran, ihren Reichtum zu mehren. Sie häufen weit mehr an, als sie selbst jemals ausgeben könnten, und auch mehr, als sie eigentlich hinterlassen wollen. Einmal habe ich einen wohlhabenden Freund gefragt, warum das so ist. Seine Antwort war, dass viele Menschen, die reich geworden sind, ihren Selbstwert nur materiell zu messen wissen. Darum verbleiben sie Jahr für Jahr auf der hedonistischen Tretmühle des Verdienens und Erwerbens. Sie hoffen, dass sie sich irgendwann wirklich erfolgreich und glücklich fühlen – und damit bereit sind zu sterben.

Aber es funktioniert nie.

Fehler in der evolutionären Matrix

Evolutionspsychologisch gesehen ist unser Streben nach mehr und immer mehr vollkommen verständlich. Die längste Zeit der Menschheitsgeschichte standen die meisten von uns am Rande des Hungertods. Ein »reicher« Höhlenmensch hatte ein paar zusätzliche Tierhäute und Pfeilspitzen und vielleicht ein paar Körbe mit Mais und getrocknetem Fisch als Vorrat. Diese Definition von »mehr« verschaffte ihm definitiv einen Überlebensvorteil, weil er besser durch einen harten Winter kommen konnte. Unser steinzeitlicher Urahn wollte jedoch nicht nur den Winter überstehen; er hatte größere Ambitionen. Er wollte eine Partnerin finden und auch Kinder haben. Und was würde ihm das ermöglichen? Genug zu haben reichte nicht – nein, er musste mehr haben als der Typ in der Höhle nebenan. Das würde ihn zu einer besseren Partie auf dem Paarungsmarkt machen.

Das erklärt unsere seltsame lebenslange Fixierung auf die Stellung und den Besitz anderer Leute. Wenn wir über unsere Zufriedenheit mit einem Karriereschritt sprechen, ist noch ein weiteres Element zu berücksichtigen: Erfolg ist immer relativ. Schließlich basiert die soziale Hierarchie auf den Menschen in der jeweiligen Gemeinschaft – die eine geografische, berufliche oder virtuelle sein kann. Ich kenne Leute mit einem Vermögen von Hunderten von Millionen Dollar, die sich wie Versager fühlen, weil ihre Freunde Milliardäre sind. Es gibt berühmte Hollywoodstars, die depressiv sind, weil ein anderer *noch* berühmter ist. Wir wissen alle ganz genau, dass zwischenmenschliche Vergleiche albern und schädlich sind. Das haben wir bereits im letzten Kapitel angesprochen, und die Forschung bestätigt es auch. Studien haben ergeben, dass das Mithalten mit den anderen Angstzustände und sogar Depressionen hervorruft.[9] In Experimenten, bei denen die Probanden Rätsel lösen müssen, sind die unglücklichsten Menschen durchweg diejenigen, die am meisten darauf achten, wie sie im Vergleich zu den anderen abschneiden.[10] Der kleine Anflug von Wonne, der uns überkommt, wenn wir von anderen beneidet werden, wird in der nächsten Minute von dem Ärger verschlungen, weniger als jemand anderes zu haben. Der Drang, mehr zu haben als andere, zerrt unablässig an uns.

Leider schaffen wir es oft einfach nicht, dieses Vergleichsspiel zu stoppen. Daraus ergibt sich eine weitere Gleichung:

Erfolg = dauerhaft mehr haben als andere

Mit anderen Worten: Zufriedenheit durch Erfolg erfordert nicht nur, dass man in der hedonistischen Tretmühle ständig auf der Stelle läuft, sondern dass man etwas schneller ist als die anderen auf dem Laufband.

Aber es kommt noch schlimmer. Auf Ihrem Laufband hetzen Sie nicht nur in einer großartigen Übung der Vergeblichkeit hinter etwas her. Etwas verfolgt Sie auch: das Scheitern. Sie wissen vielleicht, dass Sie auf Ihrem Laufband nicht wirklich vorankommen. Aber wenn Sie zu laufen aufhören, das wissen Sie auch, fliegen Sie hinten runter wie in einem furchtbaren urkomischen Internetvideo. Ihr großer Fehlschlag wird immer wahrscheinlicher, denn Ihr unvermeidlicher Leistungsabfall führt dazu, dass Sie selbst bei gesteigertem Lauftempo allmählich ins Hintertreffen geraten. Das ruft natürlich Angst hervor und ergibt:

Misserfolg = weniger haben

Noch stärker als unser Drang nach *mehr* ist unser Widerstand gegen *weniger*. Wir bemühen uns noch stärker darum, Verluste zu vermeiden, als Gewinne zu erzielen. Das ist die Erkenntnis, die Daniel Kahneman von der Princeton University den Wirtschaftsnobelpreis für seine Arbeit mit Amos

Tversky zur sogenannten *Prospect Theory* einbrachte.[11] Die Prospect Theory stellt die Annahme infrage, dass Menschen rational handeln und Gewinne und Verluste in gleicher Weise bewerten. In Wirklichkeit, so die Theorie, sind Menschen emotional viel stärker betroffen, wenn sie etwas verlieren, als wenn sie das Gleiche gewinnen.

Diese menschliche Eigenschaft nennen Kahneman und Tversky »Verlustaversion«. Sie erklärt, warum die Medien ausrasten, wenn der Aktienmarkt um zehn Prozent absackt, aber nicht, wenn er um zehn Prozent steigt. Sie ist auch der Grund, aus dem wir Enttäuschungen so sehr hassen und erwiesenermaßen zu großen Anstrengungen bereit sind, um nicht enttäuscht zu werden.[12] Mein verstorbener Vater zum Beispiel war ein notorischer Pessimist. So prophezeite er einmal bei einer langen Autofahrt durchs Hinterland von Montana, dass uns der Sprit ausgehen würde und wir womöglich im Auto am Straßenrand übernachten müssten. Ich schaute auf die Tankanzeige und sah, dass der Tank mehr als halb voll war. Ich fragte, warum er immer vom absoluten Worst-Case-Szenario ausging. »Lieber angenehm überrascht als enttäuscht sein«, sagte er mir.

Auch das ergibt evolutionär gesehen absolut Sinn. In einer Zeit, in der die Menschen ständig kurz vorm Verhungern waren – was für den größten Teil der Menschheitsgeschichte und den größten Teil der Welt bis zum Beginn des Industriezeitalters gilt –, war ein Gewinn etwas Schönes, aber jeder Verlust möglicherweise tödlich. Wenn jemand sich in Ihre Höhle schleicht und Ihren Wintervorrat an getrocknetem Büffelfleisch stiehlt, verhungern Sie. Die Prospect Theory erklärt, warum Sie sich schrecklich fühlen, wenn Sie Ihre Uhr verlieren, selbst wenn Sie vier andere Uhren besitzen. Tief im Innern verwechseln Sie Ihre Uhr mit dem Trockenfleisch Ihres Urahnen.

Unser neurobiologischer Instinkt treibt uns an, auch wenn sich der Wohlstand durch Industrialisierung, Globalisierung und Marktwirtschaft verbreitet und demokratisiert hat. Ein harter Winter ist zum Glück für fast niemanden in der industrialisierten Welt – ja in der Welt überhaupt – eine tödliche Bedrohung, und das wird von Jahr zu Jahr wahrer. Dennoch haben wir immer noch den Drang, uns *mehr* anzueignen, denn das verschafft uns ein gutes Gefühl und zeigt anderen unseren Erfolg. Ebenso meiden wir das *Weniger*, um keine negativen Gefühle wie Angst und Scham zu verspüren.

Es ergibt im modernen Leben keinen Sinn, dass wir unsere Energie darauf verwenden, fünf Autos, fünf Badezimmer oder auch nur fünf Hemden zu haben, aber wir … wollen es eben. Die Neurowissenschaft erklärt uns, warum.[13] Dopamin – der Neurotransmitter der Freude, der hinter fast allen Süchten steht – wird ausgeschüttet, sobald wir nur daran denken, neue Dinge zu kaufen, Geld zu gewinnen, mehr Macht oder Bekanntheit zu erlangen oder neue Sexualpartner zu finden.[14] Das Gehirn hat sich so entwickelt, dass es uns für Verhaltensweisen belohnt, die uns am Leben erhalten und die Weitergabe unserer Gene wahrscheinlicher machen. Das mag im modernen Leben ein Anachronismus sein, aber es ist nichtsdestoweniger eine Tatsache.

Das Problem ist: Die in diesem Kapitel aufgeführten Gleichungen regeln unsere Dopaminschübe für kurzfristiges Vergnügen. Aber sie bringen keine dauerhafte Befriedigung. Dies gilt besonders, wenn wir in die spätere Hälfte des Lebens übergehen. Als junger Mensch, wenn man relativ wenig besitzt und viel zu beweisen hat, können weltliche Belohnungen vorübergehend befriedigen, aber mit zunehmendem Alter erkennen wir immer mehr, dass die Zufriedenheit nie anhält. Wir erkennen die Zwecklosigkeit. Unterdessen packt uns die Angst, weil wir allmählich ins Hintertreffen geraten. So bemerkte der Psychologe Carl Jung: »Was für einen jungen Menschen ein normales Ziel ist, wird im Alter zu einer neurotischen Hürde.«

Mein Lieblingstext zu ebendieser Misere stammt von Abd ar-Rahman III., der im 10. Jahrhundert Emir und Kalif von Córdoba war. Ar-Rahman war ein absoluter Monarch, der in vollkommenem Luxus lebte. So urteilte er im Alter von etwa siebzig Jahren über sein eigenes Leben:

> Ich habe jetzt über fünfzig Jahre in Sieg oder Frieden regiert, von meinen Untertanen geliebt, von meinen Feinden gefürchtet und von meinen Verbündeten geachtet. Reichtümer und Ehren, Macht und Lustbarkeit standen mir zu Gebote, und kein irdischer Segen scheint meiner Glückseligkeit gefehlt zu haben.[15]

Ruhm, Reichtum und Vergnügungen jenseits aller Vorstellungskraft. Klingt toll, oder? Aber er fährt fort:

Ich habe gewissenhaft die Tage des reinen und wahren Glücks gezählt, die mir zuteilwurden: Es waren ihrer vierzehn.

Bessere Formeln

Hier sind die drei Formeln zusammengefasst, die sowohl unsere Handlungsimpulse erklären als auch die Unbeständigkeit unserer Zufriedenheit.

Zufriedenheit = dauerhaft bekommen, was man will
Erfolg = dauerhaft mehr haben als andere
Misserfolg = weniger haben

Unzufriedenheit ist die Krankheit, die uns dazu bringt, unseren weltlichen Belohnungen in immer größeren Höhen nachzujagen. Das vergebliche Streben nach Zufriedenheit ist einer der Gründe, aus denen der berufliche Niedergang so schmerzhaft ist: In dem verzweifelten Bestreben, genug zu erreichen, um endlich zufrieden zu sein, stellen wir fest, dass wir stattdessen rückwärtsgehen. Wir fallen langsam vom hinteren Ende des hedonistischen Laufbands.

Tief im Innern wissen wir das natürlich. Aber *selbst mit dem Wissen darum* scheint das Problem unlösbar. Ein erstaunlicher Beweis dafür ist, dass Philip Brickman, der berühmte Psychologe, der den Begriff der »hedonistischen Tretmühle« prägte und feststellte, dass ein Lottogewinn keine dauerhafte Befriedigung bringt, durch Selbstmord starb, indem er sich von einem Gebäude gegenüber von seinem Büro an der University of Michigan stürzte.[16] Oder sehen wir uns den Unternehmer Tony Hsieh an, Gründer des Online-Kaufhauses Zappos und Autor des Mega-Bestsellers *Delivering Happiness*. Nach Jahren des Drogenmissbrauchs und anderer selbstzerstörerischer Verhaltensweisen, darunter ein Notruf wegen Selbstmordabsicht, starb er 2020 im Alter von sechsundvierzig Jahren.[17]

Aber bevor Sie alle Hoffnung aufgeben, habe ich gute Neuigkeiten: Zufriedenheit ist möglich – nur nicht mit den alten Formeln. Wir müssen von all den schlechten Rechenwegen lassen und stattdessen die folgende Gleichung verwenden, in der die Weisheit von Siddhartha und Thomas und modernste sozialwissenschaftliche Erkenntnisse stecken:

Zufriedenheit = was man hat ÷ was man will

Zufriedenheit ist das, was Sie *haben*, geteilt durch das, was Sie *wollen*. Erkennen Sie den Unterschied zu den früheren Gleichungen? Alle evolutionären und biologischen Formeln berücksichtigen nur den Zähler, der das Haben darstellt. Wenn Sie im Leben unzufrieden sind, haben Sie höchstwahrscheinlich jahrelang so gerechnet. Aber dabei wird der Nenner der Gleichung ignoriert: das Wollen. Wenn Sie Ihr Haben vergrößern, ohne Ihr Wollen im Griff zu haben, wächst und wuchert das Wollen. Sie können durchaus immer unzufriedener werden, während Sie auf der Erfolgsleiter emporklettern, denn Ihre Wünsche werden Ihre Besitztümer *immer* übersteigen. Und solange das so ist, wird Ihre Zufriedenheit sinken.

Ich habe das schon hundertmal mitangesehen. Eine Person erlebt enormen materiellen Erfolg, fühlt sich aber immer unzufriedener, je reicher und berühmter sie wird. Der Mercedes bringt ihr mit fünfzig weniger Befriedigung als der Ford mit dreißig. Warum? Weil sie jetzt einen Ferrari will. Sie weiß nicht einmal, wieso – sie steigt immer wieder aufs Laufband und rennt, rennt, rennt.

Die Welt ist voll von cleveren Tricks, die unsere Wünsche explosionsartig anwachsen lassen, ohne dass wir es merken. Denn solange wir weiter in der Tretmühle laufen, um unser wachsendes Wollen mit immer mehr Haben zu befriedigen, verdienen andere Geld. Niemand ist sicher davor. Sogar der wohl erleuchtetste Mann der Welt, Seine Heiligkeit der Dalai-Lama, gibt dies zu. »Manchmal gehe ich in den Supermarkt«, sagt er. »Ich besuche wirklich gerne Supermärkte, weil ich dort so viele schöne Dinge sehe. Wenn ich mir also all diese verschiedenen Waren ansehe, entsteht in mir ein Verlangen, und mein erster Impuls ist vielleicht: ›Oh, ich will dies, ich will das.‹«[18]

Daran ist nichts Bösartiges. Unternehmen sind nicht für unsere Zufriedenheit verantwortlich, *wir* sind es. Und das bedeutet, dass wir nicht länger erfolglos versuchen sollten, auf einem rasenden Laufband voranzukommen, indem wir immer wieder auf Marketing-Tricks hereinfallen. Es bedeutet, dass wir das Laufband abschalten, indem wir unser Wollen in den Griff bekommen. Mit den Worten des spanischen Heiligen Josemaría Escrivá: »Am meisten hat der, der am wenigsten braucht. Schaffe dir selbst keine Bedürfnisse.«[19]

1. Nach dem Warum fragen, nicht nach dem Was

Wenn Sie bereit sind, Ihr Wollen zu regulieren, ist das ein erstes Wegmeißeln. Als Erstes stellt sich die Frage, was genau weggemeißelt werden soll. Und das führt zu der Frage: »Was ist mein *Warum*?« Der Bestsellerautor und Vortragsredner Simon Sinek gibt Menschen auf der Suche nach wahrem beruflichen und privaten Erfolg immer den Rat, sie müssten ihr Warum finden.[20] Demnach müssten sie, um ihr wahres Potenzial und Glück zu entfalten, den tiefen Zweck ihres Lebens artikulieren und die Tätigkeiten sein lassen, die diesem Zweck nicht dienen. Ihr Warum ist die Skulptur im Inneren des Jadeblocks.

Die meisten Menschen verbringen ihre Zeit mit dem Was ihres Lebens. Sie sehen nur die Pinselstriche, die sie auf die Leinwand aufgetragen haben. Ich sehe mich zum Beispiel oft als »College-Professor« oder »einen, der Bücher schreibt« oder so ähnlich. Andere blicken nur auf die Dinge ihres täglichen Lebens. Wie in dieser E-Mail, die ich von einer erfolgreichen fünfzigjährigen Journalistin erhalten habe.

> Meine beste Freundin und ich fragen uns oft: »Werden wir es nicht bereuen, dass wir diese Zeit in unserem Leben nicht mehr genossen haben?« Wir sind uns einig, dass wir es bereuen werden, und dann legen wir auf und stürzen uns wieder in den Irrsinn. Ich glaube nicht, dass irgendjemand den Irrsinn will, aber wir wollen auch schöne Häuser und gute Schulen und Reisen und Bio-Essen und College und Kirche und Ferienlager, und so wird man ein Gefangener der persönlichen Umstände.

Merken Sie, was sie sagt? Sie *weiß*, dass Glück erst entsteht, wenn man diese Ablenkungen beiseitelässt. Aber weil das zu kompliziert, zu disruptiv ist für das normale Leben, wagt sie sich nie an die Änderungen, die sie vornehmen müsste, um das Glück zu erreichen, das sie eigentlich will.

Am selben Tag, an dem ich diese E-Mail erhielt, bekam ich eine weitere von einer Person in sehr ähnlichen Lebensumständen: einer Frau in den Fünfzigern, beruflich sehr erfolgreich, die mit ihren Anhaftungen zu kämpfen hatte. Doch dann bekam sie einen Weckruf von ihrem toten Vater.

> Ich habe [nicht mehr] das Bedürfnis, mich mit Krempel zu umgeben [...], besonders nachdem mein Vater in seinem Haus gestorben ist und die Sanitäter kaum zu ihm vordringen konnten, weil sein Haus so voller Krempel war. Das war eine heftige Lektion für mich.

Ihr toter Vater war wegen seines materiellen Durcheinanders unerreichbar. Die Verfasserin der E-Mail fragte sich, ob sie wegen ihres psychologischen Durcheinanders unerreichbar war, denn ihr Leben lang hatte sie einen riesigen Jadebrocken zusammengebaut. Jetzt begann sie, das Was wegzumeißeln, um das Warum zu finden.

Ich höre diese Geschichte immer wieder: Menschen erkennen die ungesunden Anhaftungen in ihrem Leben erst, wenn sie einen Verlust oder eine Krankheit erleiden, die das wirklich Wichtige in den Fokus rückt. Mediziner haben immer wieder festgestellt, dass die meisten Überlebenden von Krankheit und Verlust ein *posttraumatisches Wachstum* erleben. Tatsächlich geben Krebsüberlebende in Umfragen oft ein höheres Glücksniveau an als demografisch vergleichbare Menschen, die keinen Krebs hatten.[21] Spricht man sie darauf an, erklären sie, dass sie sich nicht mehr mit den törichten Anhaftungen beschäftigen, die sie früher belastet haben, seien es materielle Güter oder Geldsorgen oder unproduktive Beziehungen. Die Gefahr, vorzeitig das Leben zu verlieren, hat mit dem Presslufthammer die Jade weggesprengt, die bisher ihr wahres Selbst umhüllte – das Warum ihres Lebens.

Aber es braucht keinen tragischen Verlust und keine lebensgefährliche Erkrankung, um diesen Prozess in Gang zu setzen. Kürzlich traf ich Luther Kitahata, einen fünfundfünfzigjährigen Unternehmer aus Kalifornien. Luther ist nicht weltberühmt, aber er hat den amerikanischen Traum gelebt: Seine Eltern sind Einwanderer, die ihn dazu drängten, fleißig zu lernen, hart zu arbeiten und erfolgreich zu sein. Und das tat er: Er wurde Informatiker und gründete sieben Firmen. Während seiner ganzen Karriere mühte er sich in der Tretmühle des Erfolgs ab, jagte äußeren Belohnungen nach und bekam sie – nur um sofort unzufrieden zu sein und weiterzurennen.

Im Alter von etwa fünfzig Jahren schließlich fühlte sich Luther frustriert und leer und begann, an seinem Wollen zu meißeln. »Mein Gehirn war nicht darauf programmiert, sich von Leidenschaft, Sinn und Zweck motivieren zu lassen«, erklärt er mir. »Mein Gehirn war darauf programmiert, von Angst motiviert zu werden.« Es dauerte ein paar Jahre, aber Luther gab schließlich seine alte Karriere auf und coacht jetzt andere darin, wie man sich ein neues Leben aufbaut – oder vielleicht das alte abbaut. Er verbringt auch mehr Zeit mit seiner Familie und entwickelt sich spirituell weiter. Gewiss hat er jetzt weniger Geld, Macht und Ruhm. Aber er ist zum ersten Mal zufrieden.

Luther sprang erfolgreich auf seine zweite Kurve, nachdem er mit dem Hinzufügen aufgehört und mit dem Wegmeißeln angefangen hatte. Er sagte es kurz und bündig: »Ich liebe mein Leben.«

Das können auch Sie sagen, aber Sie müssen mit dem Wegmeißeln beginnen und sich mit Ihrem weltlichen Wollen auseinandersetzen – bevor noch mehr Zeit vergeht. Denken Sie daran, je länger Sie es hinauszögern, desto weiter zerrt Sie die Kurve der fluiden Intelligenz hinab und desto schwieriger wird der Sprung.

2. Die umgekehrte Bucket List

Um mit dem Wegmeißeln zu beginnen, gibt es auch noch eine zweite Möglichkeit. Wir können uns das Denken ansehen, das uns zu einem unzufriedenen *Homo oeconomicus* macht, und einfach das Gegenteil tun. Zum Beispiel geben Selbsthilfe-Gurus oft den Rat, an jedem Geburtstag eine Bestandsaufnahme der Lebenswunschliste zu machen, um den äußerlichen Zielen Nachdruck zu verleihen. Eine Liste dessen zu erstellen, was man will, ist vorübergehend befriedigend, weil es uns Dopamin beschert, den Neurotransmitter des Verlangens, und das ist angenehm.

Aber es schafft auch Anhaftungen, die wachsen und Unzufriedenheit erzeugen. Erinnern wir uns an den Freund, von dem ich Ihnen erzählt habe, der vergeblich nach Befriedigung suchte, indem er alle seine Listeneinträge abhakte. Wie der Buddha im *Dhammapada* sagt: »Das Verlangen eines

Menschen, der sich einem achtlosen Leben hingegeben hat, wächst wie eine Schlingpflanze […]. Wer je von diesem verkommenen und klebrigen Verlangen überwältigt wird, dessen Sorgen wachsen wie Gras nach dem Regen.«[22] Ich persönlich habe stattdessen die entgegengesetzte Richtung eingeschlagen und die Ideen dieses Kapitels in die Lebenspraxis umgesetzt, indem ich mir eine »umgekehrte Bucket List« angefertigt habe.

Jedes Jahr liste ich an meinem Geburtstag mein weltliches Wollen, meine Anhaftungen auf – alles, was in Thomas' Kategorien *Geld*, *Macht*, *Vergnügen* und *Ehre* einzuordnen ist. Ich bin dabei so ehrlich wie möglich. Ich schreibe nichts auf, was ich eigentlich gar nicht will, etwa ein Boot oder ein Ferienhaus auf Cape Cod. Vielmehr richte ich den Blick auf meine Schwächen, die sich meist um die Bewunderung anderer drehen. Es ist mir peinlich, das zuzugeben, aber es ist wahr.

Ich stelle mir mich selbst in fünf Jahren vor. Ich bin glücklich und zufrieden. Ich genieße mein Leben größtenteils. Ich bin zufrieden und lebe ein Leben voller Sinn und Zweck. Ich stelle mir vor, wie ich zu meiner Frau sage: »Weißt du was? Ich muss sagen, ich bin an diesem Punkt meines Lebens wirklich glücklich.« Dann denke ich an die Kräfte in diesem zukünftigen Leben, die am meisten zu diesem Glück beitragen: mein Glaube, meine Familie, meine Freundschaften, meine Arbeit, die vom Wesen her befriedigend und sinnvoll ist und anderen nützt.

Als Nächstes wende ich mich meiner Bucket List zu. Ich denke darüber nach, wie meine Wünsche mit den Quellen meines Glücks um Zeit, Aufmerksamkeit und Ressourcen konkurrieren. Ich denke daran, wie leer sie im Vergleich dazu sind. Ich stelle mir vor, wie ich meine Beziehungen zugunsten der Bewunderung von Fremden opfere und welche Auswirkungen das haben würde. Mit diesen Gedanken im Kopf gehe ich die Wunschliste durch. Bei jedem Punkt sage ich mir: »Das ist an sich nichts Schlechtes, aber es wird mir nicht das Glück und den Frieden bringen, die ich suche, und ich habe einfach nicht die Zeit, mir diese Sache zum Ziel zu machen. Ich beschließe daher, mich von diesem Verlangen zu lösen.«

Schließlich wende ich mich wieder der Liste mit den Dingen zu, die mich wirklich glücklich machen. Ich nehme mir vor, diesen Dingen mit all meiner Zeit, Hingabe und Energie nachzugehen.

Diese Übung hat mein Leben nachhaltig verändert. Sie hilft vielleicht auch Ihnen.

3. Auf die kleinen Dinge achten

Die Gewohnheit, einer bereits vollen Leinwand Pinselstriche hinzuzufügen, lässt sich noch auf eine dritte Weise ablegen, und zwar indem man sich auf kleinere Dinge im Leben konzentriert. Voltaires satirischer Roman *Candide* aus dem Jahr 1759 erzählt die Erlebnisse des jungen und naiven Helden mit seinem Tutor, dem unermüdlichen Optimisten Professor Pangloss.[23] Es ist eine Geschichte voller Schrecken: Krieg, Vergewaltigung, Kannibalismus, Sklaverei. Im Laufe der Geschichte wird Pangloss sogar eine Pobacke amputiert. Am Ende ziehen sich die beiden auf einen kleinen Bauernhof zurück und stellen fest, dass das Geheimnis des Glücks nicht im Glanz der Welt liegt, sondern in den kleinen Zufriedenheiten, in der »Pflege unseres Gartens«.

Zufriedenheit kommt nicht daher, dass man immer größeren Zielen hinterherjagt, sondern dass man auf immer kleinere Dinge achtet. Der buddhistische Meister Thich Nhat Hanh erklärt dies in seinem Buch *Das Wunder der Achtsamkeit*: »Während des Geschirrspülens sollte man nur das Geschirr spülen. Das bedeutet, dass man sich beim Geschirrspülen vollkommen bewusst sein sollte, dass man das Geschirr spült.«[24] Warum? Wenn wir über die Vergangenheit oder die Zukunft nachdenken, »leben wir nicht, während wir das Geschirr spülen«. Wir durchleben entweder eine Vergangenheit, die schon tot ist, oder »werden in die Zukunft gesaugt«, die nur als Vorstellung existiert. Nur indem wir achtsam sind, sind wir also wirklich lebendig.

Einmal waren meine Frau und ich bei engen Freunden zu Gast und aßen und tranken in ihrem Garten. Als es dämmerte, baten sie uns zu einer Pflanze mit kleinen, geschlossenen Blüten. »Schaut auf eine der Blüten«, wiesen sie uns an. Wir taten dies ungefähr zehn Minuten lang in vollkommener Stille. Auf einmal sprangen alle Blüten auf, was sie, wie wir erfuhren, jeden Abend taten.

Wir schnappten vor Staunen und Freude nach Luft. Es war ein Augenblick intensiver Befriedigung.

Aber das Interessante ist: Anders als bei dem meisten Zeug auf meiner alten Bucket List hielt diese Befriedigung an. Die Erinnerung daran erfreut mich noch immer – mehr als viele meiner irdischen »Errungenschaften«. Nicht weil das Erlebnis der Gipfel eines großen Vorhabens war, sondern weil es ein kleiner und zufälliger Augenblick der Wonne war. Es war ein winziges Wunder, das sich wie ein großzügiges, freigiebiges Geschenk anfühlte.

Vorschau

Ich habe in diesem Kapitel gründlich mit der Vorstellung aufgeräumt, dass Ihnen eine Bucket List irgendetwas anderes als Unzufriedenheit bringt. Lassen Sie mich jedoch eine gute Sache über die herkömmliche Bucket List sagen: Sie lenkt unsere Aufmerksamkeit auf die Grenzen der Zeit und auf die Frage, wie man die Zeit gut nutzt. Die Bucket List soll sicherstellen, dass Sie nicht an Ihr Ende kommen und sagen: »Ich bin noch nicht bereit zu sterben! Ich bin noch nie in einem Heißluftballon geflogen!« (Das Beispiel habe ich mir nicht einfach ausgedacht, es ist laut einer Umfrage von 2017 die Nummer sechs auf der durchschnittlichen Bucket List.)[25]

Obwohl der Tod das Normalste und Natürlichste im Leben ist, sind wir erstaunlich gut darin, so zu tun, als wäre er anormal und eine große Überraschung. Wenn ich meine Doktoranden, die meistens Ende zwanzig sind, daran erinnere, dass ihnen noch fünfzig oder sechzig Thanksgivings bleiben und nur zwanzig oder dreißig mit ihren Eltern, gucken sie ziemlich schockiert. Und das geht nicht nur jungen Menschen so. Erinnern wir uns, dass der durchschnittliche Amerikaner den *Beginn* des »Alters« sechs Jahre nach dem durchschnittlichen Todesjahr ansetzt. Wir denken ungern realistisch über die Länge unseres Lebens und unsere verbleibende Zeit nach. Wir wiegen uns lieber in dem falschen Glauben, alle Zeit der Welt zu haben. Das macht Lebensveränderungen, wie zum Beispiel den Sprung auf die zweite Kurve, weniger dringlich.

Die Planung unseres Endes ist also die nächste Herausforderung – und Chance.

Kapitel 5

Den Tod im Sinn

Vor ein paar Jahren aß ich mit einem alten Freund zu Mittag, einem Firmenchef, der fast genauso alt ist wie ich. Ich erzählte ihm von den Forschungsergebnissen, die ich für dieses Buch recherchiert hatte: vom unweigerlichen Nachlassen unserer fluiden Intelligenz und von den Problemen, die viele erfolgreiche Menschen damit haben. »Mein Problem wird das nicht sein«, sagte er.

»Warum nicht?«, fragte ich.

»Ich werde nicht nachlassen«, antwortete er. »Ich werde einfach immer mehr Gas geben, bis mir die Räder abfallen.«

Mit anderen Worten: schuften, schuften, schuften, *ächz*. Keine zweite Kurve, weil keine nötig ist.

Diese Strategie im Umgang mit dem Rückgang der fluiden Intelligenz erinnert an Dylan Thomas' bekanntes Gedicht *Geh nicht gelassen in die gute Nacht* aus dem Jahr 1951, in dem er uns Lesende anstachelt: »Verfluch den Tod des Lichts mit aller Macht.«[1] Thomas bezog sich damit auf den Tod eines bestimmten Menschen – er schrieb das Gedicht für seinen sterbenden Vater. Und tatsächlich verfluchen die Menschen seit jeher den Tod.

Ich weiß, was Sie denken: »Ich habe keine Angst vor dem Sterben!« Vielleicht, vielleicht auch nicht. Viele Psychologen würden sagen, dass Sie sich etwas vormachen, wenn Sie sagen, dass Sie keine Angst hätten.

Aber egal, darum geht es mir nicht, sondern eher um dies: Haben Sie jemals gesagt: »Meine Arbeit ist mein Leben«? Wenn ja, dann ist Ihre Angst vor dem beruflichen Abstieg eigentlich eine Art Todesangst. Wenn Sie leben, um zu arbeiten, wenn die Arbeit Ihr Leben ist oder zumindest die Quelle Ihrer Identität, dann sind Ihre beruflichen Fähigkeiten und Leistungen der Beweis dafür, dass Sie wirklich am Leben sind. Sobald sie also abnehmen, beginnt der Sterbeprozess.

Als Strebender haben Sie es nur durch Willensstärke und unermüdliche Arbeitsmoral auf den Gipfel Ihrer fluiden Intelligenz – und Ihrer Karriere – geschafft. In der Auflehnung gegen das Schicksal sind Sie geübt. Aber Auflehnung gegen die Biologie funktioniert nicht. Die auf fluider Intelligenz basierenden Fähigkeiten nehmen in jedem Beruf erst zu und dann wieder ab. In manchen früher, in manchen später, da gibt es wesentliche Unterschiede. Aber es ist ein Irrglaube, dass der Abstieg in einem Beruf auf unbestimmte Zeit hinausgezögert werden kann, nur weil er keine Körperkraft erfordert. Wir haben gesehen, dass auch in »Kopfberufen« ein Niedergang eintritt – meist Jahrzehnte bevor Demenz oder Senilität beginnen.

Nur wenn Sie der Unausweichlichkeit Ihres beruflichen Niedergangs – einer Art Tod – ins Auge sehen, können Sie den Schritt zur zweiten Kurve machen. Wenn Sie das nicht tun, werden Sie wie mein Freund werden und gegen das Unvermeidliche ankämpfen oder zumindest *hoffen*, dass es irgendeinen Ausweg gibt. Und sich dieser Wahrheit zu stellen bedeutet, die Furcht vor dem eigenen körperlichen und beruflichen Niedergang zu besiegen. Diese Furcht fesselt Sie an die Kurve Ihrer fluiden Intelligenz. Wenn Sie sie besiegen, ist die Belohnung unbezahlbar: Sie werden frei.

Aber dafür müssen Sie ihr entgegentreten.

Die Furcht vor dem Verfall

»Der Gedanke an den Tod und die Furcht davor verfolgen das menschliche Tier wie nichts anderes«, schrieb der Anthropologe Ernest Becker 1973 in seinem Klassiker *The Denial of Death*[2]. Die meisten Menschen fürchten den Tod mehr oder weniger, und die meisten Umfragen offenbaren bei etwa zwanzig Prozent ein hohes Maß an Todesfurcht.[3] Manche Menschen haben eine so extreme Angst, dass sie pathologische Ausmaße erreicht. Dann spricht man von »Thanatophobie«.

Egal ob lähmend oder mild, die Todesangst hat acht verschiedene Dimensionen: die Angst, zerstört zu werden, die Angst vor dem Sterbeprozess, die Angst vor Toten, die Angst um geliebte Menschen, die Angst vor dem Unbekannten, die Angst vor dem bewussten Tod, die Angst um den Körper nach dem Tod und die Angst vor vorzeitigem Tod.[4]

Die erste dieser Ängste ist einzigartig menschlich – es ist die Angst vor der Nichtexistenz, die Furcht davor, vollständig ausgelöscht und vergessen zu werden. Mein Hund kann Furcht empfinden, wenn er bedroht wird, aber soweit ich weiß, hat er keine Vorstellung von Nichtexistenz, weil er gar nicht weiß, dass er überhaupt »existiert«. Existenzangst ist also kein Thema für Biologen, sondern für Philosophen. Zwar ist der Tod unvermeidlich, aber er scheint uns auch unmöglich, weil wir uns nicht vorstellen können, nicht zu existieren. Dadurch entsteht eine unauflösliche, unerträgliche kognitive Dissonanz. Der Philosoph Stephen Cave von der Universität Cambridge nennt sie das »Sterblichkeitsparadoxon«.[5]

In der Furcht vor dem Verfall steckt ebenjene Angst vor der Nichtexistenz. Wenn meine Existenz in der Beziehung zu anderen von meiner beruflichen Leistung oder meinem Ansehen abhängt, wird mich mein beruflicher Abstieg effektiv auslöschen. Da überrascht es nicht, dass Menschen mit dem beruflichen Abstieg genauso umgehen wie mit der Krise der Nichtexistenz. Denken wir an Walt Disney, dessen Angst vor Tod und Niedergang legendär war. Eines Tages im Jahr 1909 spielte der siebenjährige Walt allein im Garten der Farm seiner Familie in Missouri. Er erblickte eine große braune Eule, die ihm den Rücken zukehrte. Wie es junge Burschen eben tun – meine Jungs hätten mit sieben Jahre ebenso gehandelt –, schlich er sich an, um sie zu fangen. Was er tun würde, wenn es ihm gelingen sollte, darüber dachte er nicht nach. Kaum hatte er den Vogel geschnappt, geriet dieser natürlich in Panik und schrie und kratzte. Walt verlor auch die Beherrschung, warf die Eule zu Boden und trampelte sie tot.

In der Antike hielt man die Eule für ein schlechtes Omen. Im Jahr 77 nach Christus schreibt Plinius der Ältere: »Wenn sie erscheint, sagt sie nichts als Böses voraus.« Auf Walt Disney traf das zu: Die Eule drang in seine Träume ein und bedrückte ihn jahrelang. Sie erweckte in ihm eine krankhafte Todesangst und prägte sogar seine vielen beruflichen Erfolge.

Disneys erster großer Hit als junger Trickfilmer war sein Zeichentrickfilm mit Micky Maus als »Steamboat Willie«, im Alter von sechsundzwanzig Jahren. Der Film hatte nicht nur bewegte Bilder, sondern auch eine synchrone Tonspur. Er beendete damit effektiv das Stummfilmkino und sicherte Disneys Zukunft als Unterhaltungspionier. Aber Disney legte sogleich einen weiteren Kurzfilm mit dem Titel *The Skeleton Dance* nach, an dessen Anfang eine verängstigte Eule auf einem Baum sitzt, woraufhin Skelette aus ihren Gräbern steigen. Disneys Verleiher beschwerte sich bei Walts Bruder Roy: »Will er uns denn ruinieren? [...] Gehen Sie zu Ihrem Bruder und sagen Sie ihm, dass die Kinobetreiber so einen schaurigen Mist nicht wollen [...]. Mehr Mäuse, sagen Sie ihm das. Mehr Mäuse!«[6]

Dies war nur ein Vorgeschmack darauf, was noch kommen sollte. Ein Autor sagt es so: »Wenn Disney ein Sprachrohr für den *American way of life* war, dann lag in seiner lauten Stimme doch eine seltsame Obsession mit dem Tod.«[7] Praktisch jeder seiner berühmtesten Filme, von *Schneewittchen* zu *Pinocchio*, thematisiert den Tod.

Auch sein Privatleben drehte sich um Nieder- und Untergang. Laut seiner Tochter Diane dachte er so viel darüber nach, dass er sich mit Anfang dreißig von einer Wahrsagerin vorhersagen ließ, wann er sterben würde. Sie erzählte ihm, er würde ums fünfunddreißigste Jahr herum sterben – offensichtlich hätte sie ihm nichts Schlimmeres sagen können. Arbeits- und erfolgssüchtig, wie er war, stürzte er sich voll und ganz in seine Arbeit, um den Gedanken zu verdrängen. Solange er beschäftigt blieb, konnte er sich *und* den Sensenmann vielleicht ablenken. Er überlebte die fünfunddreißig, vergaß die Prophezeiung aber nie. Kurz vor seinem fünfundfünfzigsten Geburtstag kam ihm der Gedanke, dass er sich womöglich verhört hatte, dass die Wahrsagerin *fünfundfünfzig* gesagt haben könnte, nicht fünfunddreißig.

Wirklich immer weitermachen?

Immer wenn jemand meinen Vater fragte: »Na, wie ist das Leben so?«, antwortete er fröhlich: »Besser als die Alternative!« Wer lebt, um zu arbeiten, gibt vielleicht die gleiche Antwort auf die Frage: »Wie ist's bei der Arbeit?«

Denkt man näher darüber nach, ist der Tod jedoch nicht unbedingt die schlechtere Alternative. Jonathan Swift hat dies in seinem Roman *Gullivers Reisen* von 1726 deutlich gemacht. Im Lande Luggnagg trifft der Held Gulliver auf eine kleine Gruppe Menschen, die »Struldbrugs«. Sie wirken ganz normal, sind aber durch Zufall unsterblich geboren. Was für ein Glück! Das denkt Gulliver, bis er erfährt, dass sie zwar nicht sterben, aber doch alt werden und unter den typischen Alterserkrankungen leiden. Der einzige Unterschied besteht darin, dass die Krankheiten nicht tödlich sind. Sie verlieren ihr Seh- und Hörvermögen und werden senil, sterben aber nie. Mit achtzig erklärt die Regierung sie für offiziell tot und verwehrt ihnen Eigentum und Erwerbsarbeit. Sie leben ewig weiter als unproduktive, unmündige Almosenempfänger, furchtbar deprimiert und praktisch unsichtbar.[8]

Was die körperliche Unsterblichkeit angeht, ist dies reine Fantasie, zeichnet aber ein ziemlich genaues Bild von Menschen im beruflichen Niedergang. Kennen Sie Leute, die hartnäckig leugnen, dass sie ihre besten Jahre hinter sich haben, und die fest entschlossen sind, »weiter Gas zu geben, bis die Räder abfallen«? Sie liefern sich der Frustration aus und verpassen jede Gelegenheit für Veränderung und Wachstum. Manche entgehen der Demütigung, aus dem Job gedrängt zu werden, und enden als »professionelle Struldbrugs«: unnütz und von den anderen mit einer seltsamen Mischung aus Mitleid und Verachtung behandelt.

Na gut, werden Sie vielleicht sagen, also ist es keine so gute Idee, zu lange dranzubleiben. Was, wenn ich ein beachtliches Vermächtnis hinterlasse, um wenigstens nicht vergessen zu werden? Das ist der »Achilles-Effekt« aus der *Ilias* von Homer. Achilles muss sich entscheiden, ob er im Trojanischen Krieg mitkämpft, was den sicheren Tod, aber ein glorreiches Vermächtnis verspricht, oder ob er in die Heimat zurückkehrt, um dort ein langes und glückliches Leben zu führen, aber in Vergessenheit zu sterben. So beschreibt er seine Entscheidung:

> [...] mich führe zum Tod' ein zweifach endendes Schicksal.
> Wenn ich allhier verharrend die Stadt der Troer umkämpfe;
> Hin sei die Heimkehr dann, doch blühe mir ewiger Nachruhm.

Aber wenn heim ich kehre zum lieben Lande der Väter,
Dann sei verwelkt mein Ruhm.[9]

Achilles wählt die erste Option und gewinnt dadurch eine mythische Unsterblichkeit, die ihm weder physischer Tod noch Niedergang jemals nehmen können.

Der Achilles der *Ilias* ist eine Erfindung von Homer, aber im wirklichen Leben denken viele so. Eine der häufigsten Strategien, um der Qual des Vergessenwerdens zu entgehen, ist der Versuch, ein berufliches Vermächtnis aufzubauen. In meinen Gesprächen für dieses Buch haben mir viele Menschen in der Endphase ihrer Karriere beschrieben, wie sie in Erinnerung bleiben möchten.

Aber es funktioniert nicht: *Man wird vergessen.* Die anderen machen weiter. In dem erfolgreichen Jack-Nicholson-Film *About Schmidt* ist die Hauptfigur ein erfolgreicher Versicherungsmathematiker, der in den Ruhestand geht und verblüfft feststellt, dass niemand seinen Rat einholt. Als er ein paar Tage nach seiner Pensionierung im Büro vorbeischaut, um auszuhelfen, muss er mitansehen, wie seine alten Arbeiten in den Müllcontainer geworfen werden. Es ist eine Szene voller Pathos, aber sie basiert auf der Wirklichkeit. Wie mir bei der Recherche für dieses Buch ein Manager im Ruhestand sagte: »Ich hab nur sechs Monate gebraucht für den Übergang von ›Der ist wer‹ zu ›Wer ist der?‹.«

Der stoische Philosoph und römische Kaiser Marcus Aurelius erinnert uns daran, dass unser Buhlen um die Nachwelt immer scheitert und daher die Mühe nicht wert ist. »Von einigen hat sich nicht einmal auf kurze Zeit ein Andenken erhalten. Aus anderen wurden Helden der Fabel; andere wiederum verschwanden bereits aus dieser Reihe. Gedenke also dessen, dass auch dein Körperbau sich auflösen, sein Lebensgeist erlöschen oder auswandern oder sich versetzen lassen muss.«[10] Bemerkenswert ist, dass Marcus' Worte seit fast zweitausend Jahren Bestand haben – er ist also eine Ausnahme von seiner Regel. Aber sein Argument ist trotzdem stichhaltig, denn Sie und ich sind kein Marcus Aurelius. Und früher oder später wird auch Marcus verschwinden.

Und glauben Sie wirklich, dass Ihr Vermächtnis so großartig sein wird, selbst wenn man es künftig in Ehren hält? Denken Sie an den Helden im

Flugzeug! Gerade der krasse Kontrast zu seinem in der Vergangenheit genossenen Ruhmesglanz machte seine gegenwärtige Stellung so bitter.

Zu guter Letzt verschwendet die Fixierung auf die Zukunft die Gegenwart. Ich hatte einen Bekannten, der vor seinem Tod sehr um sein berufliches Renommee besorgt war. Als in den letzten Monaten seines Lebens klar war, dass er bald sterben würde, kümmerte er sich die meiste Zeit darum, dass er wegen seiner Leistungen auf jeden Fall in Erinnerung bleiben würde. Wenn Sie Ihre Arbeit so sehr lieben, sollten Sie sie lieber genießen, während Sie sie tun. Wenn Sie Zeit und Gedanken für Ihr Vermächtnis erübrigen, sind Sie bereits fertig.

Das einzig wahre Vermächtnis

Es gibt eine Möglichkeit, ein Vermächtnis zu hinterlassen, die nebenbei hilft, in der Gegenwart besser zu leben. In seinem Buch *Charakter: Die Kunst, Haltung zu zeigen* unterscheidet der Schriftsteller David Brooks (befreundet, nicht verwandt) zwischen »Lebenslauf-Tugenden« und »Nachruf-Tugenden«.[11] Lebenslauf-Tugenden sind auf den beruflichen, den irdischen Erfolg ausgerichtet. Sie erfordern den Vergleich mit anderen. Nachruf-Tugenden sind ethisch und spirituell und brauchen keinen Vergleich. Von den Nachruf-Tugenden wünscht man sich, dass sie bei der eigenen Beerdigung erwähnt werden: »Er war freundlich und tiefgläubig« und nicht: »Er fuhr immer die tollsten Autos«.

Uns Ehrgeizigen fällt es schwer, auf die Nachruf-Tugenden zu schauen. Natürlich wollen wir gute Menschen sein, aber auf die Nachruf-Tugenden zu achten fühlt sich einfach mies an … und gar nicht *besonders*. Wir haben unser ganzes Berufsleben lang immer alles besser gemacht als alle anderen – und jetzt sollen wir das bleiben lassen und einfach nett sein, was doch *jeder* kann?

Aber der Punkt ist: Wie jeder, der dieses Buch liest, entweder weiß oder befürchtet, können Sie bei den Lebenslauf-Fähigkeiten ohnehin nur verlieren. Dahingegen können Ihre Nachruf-Tugenden immer stärker werden, bis hin zur Kurve der kristallinen Intelligenz und darüber hinaus. Wenn sie es richtig anstellen, haben ältere Menschen einen Vorteil gegenüber jüngeren, weil sie mehr Erfahrung im Leben und in Beziehungen haben.

Außerdem lohnt es sich schon an und für sich, die Nachruf-Tugenden zu pflegen und zu üben. Sie werden nicht mehr da sein, um die Grabreden zu hören – oder die Gespräche über Sie nach Ihrer Pensionierung. Aber Sie werden ein wirklich erfülltes Leben führen, wenn Sie den Tugenden nachgehen, die Ihnen persönlich am wichtigsten sind. Denken Sie daran, wie kurzlebig ein beruflicher Erfolg, eine Beförderung zum Beispiel, im Vergleich zu den Früchten der Großherzigkeit gegenüber einem Freund oder Familienmitglied ist. Was verschafft Ihnen mehr Befriedigung, eine Extrastunde im Betrieb oder eine Stunde, in der Sie jemandem in Not helfen – oder die Sie vielleicht im Gebet verbringen?

Selbst wenn Sie fest entschlossen sind, Ihre Nachruf-Tugenden auszubilden, stehen Sie vor dem Problem, dass alte Gewohnheiten und Alltagstrott Sie immer wieder davon ablenken. Wegen dieser ach so dringend nötigen Überstunde haben Sie irgendwie nie diese eine Stunde, in der sie einem Freund zuhören.

Wie das zu lösen ist, können uns vielleicht die Weisen sagen. Laut Leo Tolstoi »ist das Schlimmste am Tod die Tatsache, dass es nach dem Dahinscheiden eines Menschen unmöglich ist, den Schaden, den man ihm zugefügt hat, wiedergutzumachen oder ihm das Gute zu tun, das man ihm hat zuteilwerden lassen. Es heißt: Lebe so, dass du jederzeit bereit bist zu sterben. Ich würde sagen: Lebe so, dass jeder andere sterben kann, ohne dass du etwas zu bereuen hast.«[12]

Kurz gesagt: Sie sollten so tun, als wäre es Ihr letztes Lebens- und Arbeitsjahr. Am Sonntagnachmittag vor dem ersten Arbeitstag jedes Monats sollten Sie folgende Fragen bedenken: Wenn ich in meiner Karriere und meinem Leben nur noch ein Jahr übrighätte, wie würde ich dann den kommenden Monat strukturieren? Was würde auf meiner To-do-Liste stehen? Worüber würde ich mir keine Sorgen machen? Ich schätze, dass danach die Punkte »noch eine Dienstreise auf Kosten meines Ehepartners« und »später Schluss machen, um die Chefin zu beeindrucken« nicht mehr in Ihrem Terminkalender stehen werden, sondern stattdessen »Wochenendausflug« und »alten Freund anrufen«.

Diese Übung hilft uns, an der *Achtsamkeit* zu arbeiten und in der Gegenwart zu leben statt in der Vergangenheit oder Zukunft. Studien zufolge macht uns das zu glücklicheren Menschen. Aber es hilft uns auch, Entscheidungen zu treffen, die wirklich unsere beste Seite zum Vorschein bringen.

Dem Niedergang entgegen

Über die eigene Grabrede nachzudenken ist allerdings der einfache Teil der Übung. Jetzt der schwierigere: dem eigenen Tod und Niedergang direkt ins Auge schauen. Nur das löscht die Angst wirklich aus.

An diesem Ratschlag ist eigentlich nichts Neues. Wenn man mit krankhafter Angst vor Schlangen in Therapie geht, ist die wahrscheinlichste Behandlungsmethode: eine Schlange. Die Konfrontationstherapie hat sich als die beste Methode zur Bewältigung von Ängsten und Phobien etabliert.[13] Sie wirkt aufgrund der in der Psychologie sogenannten Desensibilisierung, bei der etwas Abstoßendes oder Beängstigendes durch wiederholte Konfrontation zu etwas Gewöhnlichem, Alltäglichem und gewiss Ungefährlichem wird.

Was mit Schlangen funktioniert, kann auch mit Tod und Niedergang funktionieren. Im Jahr 2017 wies ein Forscherteam an mehreren amerikanischen Universitäten Studienteilnehmer an, sich vorzustellen, sie seien unheilbar krank oder säßen im Todestrakt. Dann sollten sie fiktive Blogbeiträge über ihre imaginierten Gefühle schreiben. Diese Beiträge verglichen die Forscher anschließend mit Texten von Personen, die tatsächlich im Sterben lagen oder denen die Todesstrafe drohte. Die im Fachblatt *Psychological Science* veröffentlichten Ergebnisse sind eindeutig: Was Menschen schreiben, die sich ihren Tod nur vorübergehend vorstellen, ist dreimal so negativ wie die Äußerungen von Menschen, die tatsächlich damit konfrontiert sind. Das deutet darauf hin, dass der Tod entgegen der Vermutung mehr Angst einflößt, wenn er abstrakt und fern ist, als wenn er eine konkrete Realität ist.[14]

Die Forschungsergebnisse sind modern, die Idee dahinter nicht. Um es mit den Worten des französischen Essayisten Michel de Montaigne aus dem 16. Jahrhundert zu sagen: »Um dem Tod seinen größten Vorteil über uns zu nehmen, sollten wir den Tod seiner Fremdheit berauben, sollten wir ihn besuchen, sollten wir uns an ihn gewöhnen; wir sollten nichts häufiger im Sinn haben als den Tod.«[15]

Aber Konfrontation bewirkt mehr als nur die Überwindung von Ängsten. Der Gedanke an den Tod kann dem Leben sogar mehr Sinn geben. Wie der Romanautor E. M. Forster es ausdrückt: »Der Tod zerstört den Menschen, die Vorstellung des Todes rettet ihn.«[16] Wie das? Einfach ausgedrückt: Knappheit lässt uns Dinge kostbarer erscheinen. Wenn wir uns daran erinnern, dass das Leben nicht ewig dauert, genießen wir es heute umso mehr.

Es ist eine Ironie des Erfolgs in unserer Welt, dass gerade diejenigen, die sich darauf spezialisiert haben, ihre Angst zu beherrschen, die sich jeder Herausforderung stellen, keine Schwächen zugeben und jedem Feind die Stirn bieten, oft eine verzweifelte Furcht vor dem Niedergang haben. Aber genau in dieser Ironie verbirgt sich eine wunderbare Gelegenheit, die Angst ein für alle Mal zu besiegen und wirklich der Mensch zu werden, der man sein möchte.

Wer die Klöster des Theravada-Buddhismus in Thailand und Sri Lanka besucht, wird feststellen, dass dort oft Fotos von Leichen in unterschiedlichen Verwesungszuständen hängen. Auf den ersten Blick wirkt das morbide und verstörend. Wie wir heute wissen, ist es jedoch einfach psychologisch geschickt: Es ist Konfrontationstherapie. »Auch dieser Körper«, lernen die buddhistischen Mönche über ihren eigenen Körper zu sagen, »wie es seine Natur ist, wie es seine Zukunft ist, wie es sein unabwendbares Schicksal ist.«

Die folgende Meditation nennt sich *maranasati* (»Bewusstmachung des Todes«). Dabei stellt man sich neun Zustände des eigenen toten Körpers vor:

1. Aufgedunsene Leiche, blau angelaufen und zu faulen beginnend
2. Leiche, die von Aasfressern und Würmern gefressen wird
3. Von Fleischfetzen und Sehnen zusammengehaltene Gebeine
4. Blutige Gebeine ohne Fleisch, aber von Sehnen zusammengehalten
5. Von Sehnen zusammengehaltene Gebeine
6. Lose Gebeine
7. Gebleichte Knochen
8. Knochen, die älter als ein Jahr sind, auf einem Haufen
9. Knochen, die zu Staub zerfallen sind

Wie der Widerstand gegen den Tod ist der Widerstand gegen den Niedergang der eigenen Fähigkeit zwecklos. Und zweckloser Widerstand bringt Unglück und Frustration. Wer sich gegen seinen Niedergang wehrt, erntet Elend und verpasst die Chancen des Lebens. Wir dürfen der Wahrheit nicht aus dem Weg gehen. Wir sollten ihr ins Auge blicken, sie berücksichtigen, sie reflektieren, darüber meditieren. Ich praktiziere eine Variante von *maranasati*, bei der ich mir jeden der folgenden Zustände bewusst vorstelle:

1. Ich spüre, dass meine Kompetenz nachlässt.
2. Mein Umfeld bemerkt, dass ich nicht mehr so schlau bin wie früher.
3. Die Aufmerksamkeit, die ich früher im Privat- und Berufsleben erhalten habe, erhalten nun andere.
4. Ich muss mein Arbeitspensum reduzieren und gebe Aufgaben des täglichen Betriebs ab, die ich einst mit Leichtigkeit erledigt habe.
5. Ich bin nicht mehr arbeitsfähig.
6. Viele, die ich treffe, erkennen mich nicht wieder oder kennen meine frühere Arbeit nicht.
7. Ich lebe noch, aber beruflich bin ich ein Niemand.
8. Ich verliere die Fähigkeit, meinen Mitmenschen meine Gedanken und Ideen mitzuteilen.
9. Ich bin tot, und man erinnert sich überhaupt nicht mehr an mich und meine Errungenschaften.

Im Zen-Buddhismus gibt es eine berühmte Geschichte über eine Gruppe von Samurai, die durch die Landschaft reiten und Verwüstung und Schrecken verbreiten. Als sie sich einem Kloster nähern, laufen die Mönche vor Angst davon. Nur der Abt, der die Angst vor dem eigenen Tod gründlich besiegt hat, bleibt. Als die Samurai eintreten, finden sie ihn in vollkommenem Gleichmut im Lotussitz vor. Der Anführer zieht sein Schwert und knurrt: »Siehst du nicht, dass ich jemand bin, der dich, ohne mit der Wimper zu zucken, durchbohren könnte?« Der Meister antwortet: »Siehst du nicht, dass ich jemand bin, der sich, ohne mit der Wimper zu zucken, durchbohren ließe?«

Wenn das eigene Ansehen aufgrund des Alters oder der Umstände bedroht ist, kann der wahre Meister sagen: »Siehst du nicht, dass ich jemand bin, der sich, ohne mit der Wimper zu zucken, der Vergessenheit anheimgibt?«

Der Unterschied zwischen Tod und Niedergang

»Es gibt kein größeres Unglück, als allein zu sterben«, schreibt der kolumbianische Schriftsteller Gabriel García Márquez.[17] Natürlich meinte er damit das Sterben ohne Begleitung, was in der Tat eine Tragödie ist. Aber natürlich machen wir alle das Sterben an sich allein durch. Über den Besitz wird gerne gesagt, man könne ihn nicht mitnehmen. Aber genauso wenig können wir, soweit wir wissen, Freunde und Familie mitnehmen. Das ist einer der Gründe, warum viele den Tod beängstigend finden.

Aber hier hört die Parallele zwischen Tod und Niedergang auf. Denn den beruflichen Abstieg muss man nicht allein durchleben. Man sollte es auch nicht. Das Problem ist, dass viele Menschen für sich allein absteigen. Auf dem Weg nach oben haben sie ihre Beziehungen verdorren lassen, und auf dem Weg nach unten haben sie kein zwischenmenschliches Auffangnetz. Das lässt jede Veränderung in der zweiten Lebenshälfte noch schwieriger und riskanter erscheinen.

Es gibt jedoch auch dafür eine Lösung, und zwar im nächsten Kapitel.

Kapitel 6

Ein Espenhain

> Von sämtlichen Gedichten, allen
> Will keins mir wie ein Baum gefallen.
>
> JOYCE KILMER, 1913[1]

Es war ein wunderschöner Sommertag in Colorado im Jahr 2018. Ich hatte gerade erst begonnen, über dieses Buch nachzudenken, und saß unter einer stattlichen Espe, deren Blätter in der Junibrise schimmerten.

Ein Baum ist eine perfekte Metapher für einen wirklich erfolgreichen Menschen, so schien es mir. Bäume sind stark, langlebig, zuverlässig und solide. So beschreibt das Buch der Psalmen einen Menschen, der Rechtschaffenheit erlangt hat: »Er ist wie ein Baum, gepflanzt an Wasserbächen, der seine Frucht bringt zu seiner Zeit und dessen Laub nicht verwelkt; alles, was er tut, gelingt.«[2]

Stark, produktiv – und absolut individuell. Ob ein Baum unter Millionen in einem Wald steht oder allein in weiter Savanne, immer wächst er still und eigenständig, erreicht seine eigene Höhe und stirbt am Ende allein. Richtig?

Falsch. Tatsächlich ist die Espe keine einsame Majestät. Das erfuhr ich durch puren Zufall später an diesem Tag von einem Freund, der viel mehr über Bäume weiß als ich. Er erklärte mir, dass jeder »einzelne« Baum einen Teil eines riesigen Wurzelsystems bildet. Tatsächlich ist der größte lebende Organismus der Welt »eine« Espe: In Utah erstreckt sich eine Espenkolonie namens Pando über 43,6 Hektar und wiegt *6000 Tonnen*.

Der »einzelne« Espenbaum, unter dem ich gesessen hatte, war gar keiner. Er war nur ein Spross aus einem riesigen Wurzelsystem – einer von vielen Auswüchsen derselben Pflanze.

Das brachte mich auf die Frage, ob die Espe ein Sonderfall war. Später im Sommer fand ich mich in Nordkalifornien zwischen Riesenmammutbäumen wieder. Mammutbäume (*Sequoiadendron giganteum*) sind die größten einzelnen Bäume der Erde. Sie verbindet kein großes Wurzelsystem wie die Espen; sie sind somit wohl eine bessere Metapher für das trutzige Individuum?

Wieder nein. Mammutbäume, die über achtzig Meter hoch werden können, haben bemerkenswert flache Wurzeln – oft nur anderthalb Meter tief. Dass sie Hunderte, ja Tausende von Jahren stehen bleiben, scheint gegen die Gesetze der Physik zu verstoßen. Zumindest bis man erfährt, warum: Mammutbäume wachsen in dichten Hainen, weil sich ihr flaches Wurzelwerk miteinander verflicht und im Laufe der Zeit miteinander verschmilzt. Sie beginnen als Individuen und werden durch Reifung und Wachstum eins mit den anderen.

Die Espe und der Mammutbaum sind fast perfekte Metaphern für die buddhistische Überzeugung, dass das »Selbst« in Wirklichkeit eine Illusion ist. Wir sind aus buddhistischer Sicht alle miteinander verflochten, und unsere »individuellen« Leben sind schlichtweg Manifestationen einer ganzheitlicheren Lebensenergie. Dies zu ignorieren führt nach Ansicht der Buddhisten zu einem Leben voller Illusion und Leid. Der buddhistische Mönch und Schriftsteller Matthieu Ricard drückt es so aus: »Unser Festhalten an der Wahrnehmung eines ›Selbst‹ als einer separaten Entität führt zu einem zunehmenden Gefühl der Verwundbarkeit und Unsicherheit. Es fördert auch Egozentrik, Grübelei, bringt Gedanken der Hoffnung und der Furcht hervor und trennt uns von anderen. Dieses eingebildete Selbst wird zu einem Opfer, das ständig von Lebensereignissen geplagt wird.«[3]

Unabhängig davon, wie man zum Buddhismus steht, ist diese Idee hilf- und lehrreich: Menschen sind von Natur aus miteinander verbunden – biologisch, emotional, psychologisch, intellektuell und spirituell. Von einem isolierten Selbst auszugehen ist gefährlich und schädlich, weil es unnatürlich ist. So wie wir beim Blick auf die einzelne Espe nicht das wahre Wesen erkennen, sind wir im Irrtum, wenn wir den einzelnen Menschen – egal wie stark, kompetent und erfolgreich – sehen.

Wir mögen wie Einzelpersonen aussehen, aber uns verbindet ein riesiges Wurzelsystem aus Familien, Freundeskreisen, Gemeinschaften, Nationen und sogar der ganzen Menschheit. Die unvermeidlichen Veränderungen in meinem Leben – und Ihrem – sind keine Tragödie, die man bereuen müsste. Sie sind nur Änderungen an einem eingebundenen Mitglied der Menschheitsfamilie – ein Trieb im Wurzelsystem. Ich ertrage – nein, genieße – meinen Niedergang deshalb so gut, weil mir die Wurzeln bewusster werden, die mich mit anderen verbinden. Wenn ich mit anderen Menschen in Liebe verbunden bin, wird mein Rückgang durch den Zuwachs bei anderen mehr als ausgeglichen, denn es sind ja Zuwächse bei anderen Facetten meines wahren Selbst.

Außerdem macht meine Verbindung mit anderen meinen Sprung zur zweiten Kurve noch natürlicher und normaler. Denn die Kurve der kristallinen Intelligenz basiert auf Vernetzung. Ohne sie hat meine Weisheit keinen Zweck.

Die Schaffung eines Wurzelsystems ist jedoch nicht immer einfach. Viele Ehrgeizige haben während ihres Erwachsenenlebens die Illusion ihrer Eigenständigkeit gehegt und leiden nun unter den Folgen. Ihre Wurzelsysteme sind verdorrt und kränklich. Weniger metaphorisch gesprochen: Sie sind schlichtweg *einsam*. In diesem Kapitel lernen Sie deshalb, wie man ein ordentliches Wurzelsystem aufbaut – oder restauriert. Als Erstes sehen wir uns die Forschungslage in Sachen Liebe und Glück in der zweiten Lebenshälfte an. Dann befassen wir uns mit der Einsamkeit, die so viele erfolgreiche Menschen empfinden, und mit den besten Mitteln dagegen.

Omnia vincit amor

1938 hatten Forscher der Harvard Medical School eine verrückte, aber visionäre Idee: Sie würden eine Gruppe von Männern anwerben, die damals in Harvard studierten, und sie ihr ganzes Erwachsenenleben lang untersuchen, bis sie starben. Jahr für Jahr würden sie sie nach ihrer Lebensweise befragen, nach ihren Gewohnheiten und Beziehungen, ihrer Arbeit und ihrem Lebensglück. Auch wenn die ursprünglichen Forscher in ein paar Jahrzehnten längst tot wären, würden nachfolgende Wissenschaftler erkennen können, wie das, was Menschen früh im Leben tun, damit zusammenhängt, wie gut – oder schlecht – sie altern.[4]

Und damit war die »Harvard Study of Adult Development« geboren. Der ursprünglichen Kohorte von 268 Männern gehörten Menschen unterschiedlicher Herkunft an. Einige wurden später bekannt, beispielsweise John F. Kennedy und Ben Bradlee, Chefredakteur der *Washington Post*. Allerdings wurde die Studie im Laufe der Jahrzehnte als demografisch zu isoliert befunden – alles männliche Harvard-Studenten! –, um verallgemeinerungsfähige Ergebnisse zu liefern. Also wurde sie mit einem anderen Datensatz aus der sogenannten Glück-Studie kombiniert, die ungefähr zur gleichen Zeit einsetzte und 456 benachteiligte Jugendliche aus Boston untersuchte. Die zusammengeführten Daten werden seit mehr als achtzig Jahren kontinuierlich aktualisiert. Weniger als sechzig der ursprünglichen Teilnehmer leben noch, und die Studie verfolgt nun Kinder und Enkelkinder der ersten Generation.

Das Ergebnis dieser Studie ist wie eine Kristallkugel der Glücksforschung: Man kann nachschauen, wie Menschen in ihren Zwanzigern und Dreißigern gelebt, geliebt und gearbeitet haben, und dann erkennt man, wie sich ihr Leben in den folgenden Jahrzehnten entwickelt hat. Der langjährige Studienleiter, der Harvard-Psychiatrieprofessor George Vaillant, hat drei Bestseller über die Ergebnisse geschrieben. Sein Nachfolger, der Psychiater Robert Waldinger, hat die Studie durch einen viralen TED-Talk noch mehr popularisiert: »What Makes a Good Life? Lessons from the Longest Study on Happiness« wurde fast vierzig Millionen Mal abgerufen.

Mit das Interessanteste, was das Forschungsteam im Laufe der Jahre getan hat, ist die Kategorisierung der alternden Teilnehmer in Bezug auf Glück und Gesundheit. Die, denen es am besten ging, heißen »Glücklich-Gesunde« und genießen sechs Dimensionen guter körperlicher Gesundheit sowie eine gute geistige Gesundheit und eine hohe Lebenszufriedenheit. Am anderen Ende des Spektrums stehen die »Traurig-Kranken« mit unterdurchschnittlicher körperlicher und seelischer Gesundheit und geringer Lebenszufriedenheit.[5]

Was führt dazu, dass man in der einen oder anderen Kategorie landet? Das ist die Millionen-Frage für uns alle, nicht wahr? Die Forscher fanden heraus, dass einige der Faktoren steuerbar sind, andere nicht. Zu den – zumindest individuell – nicht steuerbaren Faktoren gehören die Schichtzugehörigkeit der Eltern, eine glückliche Kindheit, langlebige Vorfahren und die Abwesenheit klinischer Depression. Also nichts Überraschendes oder Nützliches.

Viel nützlicher sind die Faktoren, die wir als Einzelne beeinflussen *können* und die für unser Wohlbefinden im späteren Leben von großer Bedeutung sind. Es gibt sieben wichtige Früherkennungszeichen dafür, dass jemand glücklich wird, die wir ziemlich direkt kontrollieren können:[6]

1. Rauchen. Ganz einfach: lieber nicht rauchen – oder zumindest früh damit aufhören.
2. Trinken. Alkoholmissbrauch ist einer der auffälligsten Faktoren in der Grant-Studie, der »traurig-krank« macht und »glücklich-gesund« unerreichbar werden lässt. Falls es *irgendeinen* Hinweis auf Alkoholprobleme in Ihrem Leben gibt oder falls in Ihrer Familie Alkoholprobleme vorliegen, sollten Sie nicht lange überlegen und lieber kein Risiko eingehen. Hören Sie sofort auf zu trinken.
3. Gesundes Körpergewicht. Vermeiden Sie Fettleibigkeit. Halten Sie ohne Übereifer Ihr Körpergewicht im normalen Bereich, ernähren Sie sich maßvoll und gesund, ohne Jo-Jo-Diäten oder verrückte Einschränkungen, die Sie auf lange Sicht nicht aufrechterhalten können.
4. Sport. Bleiben Sie körperlich aktiv, auch wenn Sie einem Schreibtischjob nachgehen. Das wohl beste und bewährteste Training ist, jeden Tag zu Fuß zu gehen. (Dazu später mehr.)
5. Adaptive Problembewältigung. Das bedeutet, dass man Probleme direkt angeht, sie ehrlich einschätzt und direkt mit ihnen umgeht, ohne übermäßiges Grübeln, ungesunde emotionale Reaktionen oder Vermeidungsverhalten.
6. Bildung. Mehr Bildung führt langfristig zu einem aktiveren Geist, und das bedeutet ein längeres, glücklicheres Leben. Man muss dazu nicht nach Harvard gehen; es geht einfach um lebenslanges, zielgerichtetes Lernen und viel Lesen.

7. Stabile, langfristige Beziehungen. Für die meisten ist dies eine stabile Ehe, aber auch andere Beziehungen können diese Bedingung erfüllen. Es geht darum, Menschen zu haben, mit denen man zusammenwächst und auf die man sich verlassen kann, egal was geschieht.

Auch wenn sieben Ziele nicht übermäßig viel sind, wäre es doch praktisch zu wissen, welches *eine* man sich unbedingt merken soll. Eine solche Reduktion kann äußerst hilfreich sein, um den Geist zu fokussieren. Ist es das Rauchen, das Trinken oder der Sport?

Nein. Laut George Vaillant ist das wichtigste Merkmal von »glücklich-gesunden« Senioren ein gesundes Beziehungsleben. Wie er es ausdrückt: »Glück ist Liebe. Punkt.«[7] Er führt aus: »Es gibt zwei Säulen des Glücks. [...] Die eine ist die Liebe. Die andere ist, mit dem Leben so umzugehen, dass die Liebe nicht verdrängt wird.«[8] Und zur Sicherheit zitiert er Virgil: »*Omnia vincit amor*« – Die Liebe besiegt alles.

Vaillants Nachfolger Robert Waldinger formuliert es so: »Unsere Ergebnisse sagen nichts über Reichtum oder Ruhm oder harte Arbeit aus. Die klarste Botschaft, die wir aus der [...] Studie ziehen, lautet: Gute Beziehungen machen uns glücklicher und gesünder. Punkt.« Des Weiteren: »Die Menschen, die im Alter von fünfzig am zufriedensten in ihren Beziehungen waren, waren im Alter von achtzig am gesündesten.«

All die Einsamen

Hauptsache, Liebe! Klingt einfach, oder? Einfach ist das nicht, für die meisten nicht, und schon gar nicht für uns Ehrgeizige, die wir unser ganzes Leben auf weltlichen Erfolg hingearbeitet haben. Dabei sind unsere Beziehungen im Laufe der Jahre verdorrt, und jetzt stehen wir ziemlich allein da. Einsamkeit ist natürlich nicht dasselbe wie Alleinsein, denn man kann emotional und sozial mit anderen verbunden sein, während man allein ist. Tatsächlich ist Alleinsein unerlässlich für das emotionale Wohlbefinden und den Seelenfrieden. Manche Menschen – ich nicht, aber zum Beispiel eines meiner Kinder – sind allein am glücklichsten, solange sie gesunde soziale und emotionale Verbindungen haben. Der Theologe und Philosoph Paul Tillich hat es in seinem Klassiker *Das Ewige im Jetzt* so ausgedrückt: »Im Wort Alleinsein ist die Herrlichkeit der Vereinzelung ausgedrückt, wohingegen sich im Wort Einsamkeit der Schmerz der Vereinzelung ausdrückt.«[9]

Einsamkeit ist die Erfahrung emotionaler und sozialer Isolation. Sie hat die seltsame Eigenschaft, absolut allgegenwärtig zu sein und sich dennoch völlig einzigartig anzufühlen. Der Romanautor Thomas Wolfe schreibt in seinem Aufsatz *Gottes einsamer Mann*: »Die Grundüberzeugung meines Lebens beruht inzwischen auf dem Glauben, dass die Einsamkeit alles andere ist als ein seltenes und merkwürdiges Phänomen, sondern vielmehr die zentrale und unausweichliche Tatsache der menschlichen Existenz.«[10] Einsame Menschen haben das Gefühl, dass sie die Einzigen sind, die sich einsam fühlen. Sogar in ihrer Einsamkeit fühlen sie sich einsam.

Dass Einsamkeit so häufig vorkommt, heißt jedoch nicht, dass sie harmlos ist. Untersuchungen haben ergeben, dass der Stress, den sie erzeugt, die Immunabwehr schwächt und zu Schlaflosigkeit, kognitiver Trägheit und höherem Blutdruck führt.[11] Einsame Menschen neigen zu einer kalorien- und fettreichen Ernährung und führen ein bewegungsärmeres Leben als die nicht einsamen. In ihrem Buch *Das Zeitalter der Einsamkeit* erklärt Noreena Hertz, dass Einsamkeit bezüglich der Folgen für die Gesundheit dem Rauchen von fünfzehn Zigaretten pro Tag entspricht und schlimmer als Fettleibigkeit ist.[12] Einsamkeit korreliert auch stark mit kognitivem Verfall und Demenz.

Da überrascht es nicht, dass die Gesundheitsbehörden die Einsamkeit als Bedrohung für die öffentliche Gesundheit erkannt haben. Vivek Murthy, Surgeon General der USA, hat ein Buch darüber geschrieben, das mit den Worten beginnt: »In meinen Jahren als praktizierender Arzt war die häufigste Erkrankung, mit der ich zu tun hatte, nicht Herzkrankheit oder Diabetes, es war Einsamkeit.«[13] Und auch ein Arzt, den ich für dieses Buch interviewt habe, sagte mir, dass er Patienten hat – oft sehr erfolgreiche Menschen –, die seit Jahren im Grunde nur zu ihm kommen, um einen Gesprächspartner zu haben, dem gegenüber sie ganz ehrlich sein können.

Die U.S. Health Resources and Services Administration hat eine »Einsamkeits-Epidemie« ausgerufen und als Ursache vor allem das zunehmende

Phänomen »keine Teilnahme an sozialen Gruppen, weniger Freundschaften und angespannte Beziehungen« ausgemacht.[14] Im Gesundheitswesen treibt Einsamkeit die Kosten in die Höhe. Die Krankenversicherung Cigna hat mit erheblichem Ressourceneinsatz versucht herauszufinden, warum die soziale Isolation zunimmt, und festgestellt, dass sich 2018 sechsundvierzig Prozent der Amerikaner allein fühlten und dreiundvierzig Prozent das Gefühl hatten, ihre Beziehungen seien nicht erfüllend.[15]

Natürlich leiden nicht alle gleichermaßen unter Einsamkeit. Manche haben eine natürliche Neigung dazu. Bei anderen wirken die Lebensumstände besonders isolierend. Geschlecht und Alter sind keine starken Faktoren, aber der Familienstand spielt eine Rolle: Verheiratete sind weniger einsam als Geschiedene, Verwitwete und Unverheiratete. Am einsamsten sind jedoch diejenigen, die verheiratet sind, aber einen »abwesenden« Ehepartner haben. (Achtung, Arbeitssüchtige: Ihr Ehepartner ist wahrscheinlich einsam – und leidet darunter.)

Und der Ruhestand? Ich habe nachgeschaut, ob Menschen nach der Pensionierung einsamer werden, und festgestellt, dass dies bei manchen der Fall ist, aber nur bei solchen, die von vornherein zur Einsamkeit neigen.[16] Demnach wird die Sorte Mensch, die sich mit sozialen Interaktionen außerhalb der Arbeit schwertut, mit dem Renteneintritt einsamer. Die Beschreibung passt auf viele erfolgreiche Menschen, die ich kenne.

Sie fragen sich vielleicht, welche Berufe und Branchen am einsamsten sind. Erwartbarerweise finden sich einsame Menschen in den Berufen, in denen man viel Zeit allein verbringt. Ich denke da zum Beispiel an Bauern. Nach der Schule jobbte einer meiner Söhne auf einer Weizenfarm in Idaho, und ich weiß noch, dass er bei der Ernte vierzehn Stunden am Tag allein auf dem Mähdrescher saß. Auch zu anderen Zeiten, wenn er Zäune reparierte oder Felsbrocken aus dem Acker holte, war er den ganzen Tag allein. Er war fast immer allein. Aber mein Sohn – der sehr gesellig ist – hat nie über Einsamkeit geklagt. Und tatsächlich verbrachte er seine Freizeit fast immer mit Freunden und mit der Familie, der die Farm gehörte.

Als Nächstes fallen mir die Leute im außendienstlichen Vertrieb ein. Von Hotel zu Hotel, von Flughafen zu Flughafen – das muss schrecklich einsam sein, oder? Es stellt sich heraus, dass weder Landwirte noch Handelsreisende auf der Liste der einsamsten Berufe stehen. Die zwei einsamsten Berufe sind laut *Harvard Business Review* Anwalt und Arzt.[17] Beides sind Berufe mit hoher Qualifikation, hohem Lohn und hohem Prestige … ähnlich vielleicht wie Ihr Beruf.

Der einsame Anführer

Wir haben bereits darüber gesprochen, dass erfolgreiche Aufsteiger am meisten darunter leiden, wenn ihre Kompetenz nachlässt. Das zu hören mag viele überraschen, aber es müsste einleuchten: Je höher der Flug, desto tiefer der Sturz.

Ähnlich verhält es sich mit der Einsamkeit, die besonders hart diejenigen trifft, die viel Erfolg in der Welt genossen haben. Manchmal betrifft sie Prominente, die uns allen bekannt, die aber niemandem nahe sind. Nehmen wir als Beispiel den Starkoch Anthony Bourdain. Ich war schon immer ein Fan von ihm. Nicht weil ich mich sehr fürs Essen interessiere, sondern weil ich seine Fernsehsendungen *Eine Frage des Geschmacks* und *Parts Unknown* einfach außerordentlich schön fand und darüber staunte, wie er dem Publikum anhand von etwas so Prosaischem wie dem Essen die Welt näherbrachte. »Was muss er für ein lustiges Leben haben«, dachte ich. Und tatsächlich: »Ich habe den besten Job der Welt«, hat er in einem Interview mit dem *New Yorker* gesagt. »Wenn ich unglücklich bin, liegt das an meiner mangelnden Fantasie.«[18]

Sie wissen wahrscheinlich, worauf ich hinauswill. Am 8. Juni 2018 erhängte sich Bourdain in einem Hotelzimmer in Frankreich, wo er eine Folge seiner Sendung drehte. Ich wusste nicht viel über Bourdains Privatleben. Aus beruflichem Interesse (nicht aus Sensationsgier) las ich Artikel darüber, was die Selbstzerstörung von jemandem, der alles zu haben schien, herbeigeführt haben könnte. In den Erklärungen – er hatte ein Alkoholproblem, er hatte Beziehungsprobleme und so weiter – fielen mir immer wieder zwei Merkmale auf: seine Arbeitssucht und das, was ein Journalist seine »unergründliche Einsamkeit«[19] nannte. Bourdain arbeitete unfassbar viel, Jahr für Jahr. Er war immer von Menschen umgeben, aber allem Anschein nach nur mit sehr wenigen auf einer tiefen zwischenmenschlichen Ebene verbunden.

Aber nicht nur weltberühmte Persönlichkeiten fühlen sich isoliert und einsam. Vielen gewöhnlichen Leistungsträgern geht es genauso. Von der Angst umwölkt, ins Hintertreffen zu geraten, lassen erfolgssüchtige Workaholics – wie alle von Suchtverhalten gesteuerten Menschen – in ihrem Leben wenig Platz für Freunde oder Familie. Der selige John Cacioppo, Sozialneurowissenschaftler an der Universität von Chicago und Pionier in der Erforschung der Einsamkeit, hat es so ausgedrückt: »Einsamkeit spiegelt wider, wie sich jemand in Bezug auf seine Beziehungen fühlt.«[20] Arbeitssüchtige können sich also inmitten ihrer Familie oder am voll besetzten Arbeitsplatz ganz allein *fühlen*, nur ihre schreckliche geliebte Arbeit ist immer für sie da.

Führungskräfte sind besonders anfällig für Einsamkeit, nicht zuletzt, weil echte berufliche Freundschaft mit Menschen, die man beaufsichtigt oder denen gegenüber man Weisungsbefugnisse ausübt, unmöglich ist. Arbeitsfreundschaften sind so wichtig, dass siebzig Prozent aller Menschen die Freundschaft am Arbeitsplatz als die wichtigste Voraussetzung für ein glückliches Arbeitsleben ansehen. Achtundfünfzig Prozent geben an, dass sie einen besser bezahlten Job ablehnen würden, wenn dies bedeutete, dass sie nicht mehr mit ihren Kollegen auskommen.[21] Laut einer von Gallup im Jahr 2020 durchgeführten Datenanalyse genießen Angestellte, die angeben, einen besten Freund bei der Arbeit zu haben, ihren Arbeitstag fast doppelt so häufig wie andere und haben mit fast fünfzig Prozent höherer Wahrscheinlichkeit ein hohes soziales Wohlbefinden.

Aber denen an der Spitze entgehen oft die echten Freundschaften am Arbeitsplatz, und darunter leiden sie sehr. Laut *Harvard Business Review* erfährt beispielsweise die Hälfte aller CEOs Einsamkeit am Arbeitsplatz, und die meisten davon fühlen sich durch Einsamkeit in ihrer Arbeitsleistung beeinträchtigt.[22] Studien haben auch ergeben, dass Einsamkeit bei Führungskräften mit Burn-out zusammenhängt.[23]

Die Einsamkeit in der Geschäftsleitung entsteht nicht durch soziale Isolation – schließlich macht niemand mehr Besprechungen mit als die Chefin. Sie entsteht aus der eigenen Führungsrolle und der damit einhergehenden

Unfähigkeit, bei der Arbeit tiefe zwischenmenschliche Beziehungen aufzubauen. Bei der Arbeit sind erfolgreiche Menschen einsam im Getümmel.

Der Psychologe Daniel Kahneman und seine Kollegen in Princeton liefern in einer Studie eine Erklärung dafür, warum Führungskräfte vereinsamen. Die Forscher baten eine große Gruppe berufstätiger Frauen, ihren Tag zu rekonstruieren und die Augenblicke mit den stärksten positiven und negativen Emotionen zu ermitteln.[24] Die positive Seite des Tagesberichts brachte nur wenige Überraschungen: Die drei schönsten Betätigungen waren der Reihe nach: Sex, Geselligkeit und Entspannung. Die drei wichtigsten glücksfördernden Interaktionspartner waren Freunde, Verwandte und der Ehepartner (was im Hinblick auf die Rangliste der Tätigkeiten nicht richtig erscheint, aber vernachlässigbar ist). Die Top Drei der Aktivitäten, die negative Gefühle hervorriefen, waren Arbeit, Kinderbetreuung und Pendeln (tut mir leid, Kinder). Die zweit- und drittnegativsten Interaktionspartner waren Kunden und Kollegen. Aber die Nummer eins in Sachen negative Interaktion? Der Chef. Niemand will mit dem einsamen Chef zu tun haben.

Das erklärte vieles, besonders nachdem ich mir die Gründe dafür näher angesehen hatte. Eine bekannte Studie aus dem Jahr 1972 hat ergeben, dass Angestellte im freundlichen Umgang mit Vorgesetzten am Arbeitsplatz das Gefühl von Freiwilligkeit verlieren, denn ihnen gegenüber unfreundlich zu sein kann gefährlich werden. Das macht den ganzen Umgang unbehaglich und gezwungen.[25] Neuere Forschungen haben gezeigt, dass Angestellte ihre Vorgesetzten objektifizieren, indem sie sie nicht als Menschen sehen, sondern als Verteiler von Macht, Informationen und Geld.[26]

Aber selbst wenn Angestellte ihren Vorgesetzten keine negativen Eigenschaften zuschreiben, wird die Beziehung für sie manchmal unangenehm und freudlos. Eine Studie aus dem Jahr 2003 hat ergeben, dass Angestellte ihre Vorgesetzten am Arbeitsplatz oft wie Autoritätspersonen aus der eigenen Kindheit behandeln, etwa wie Eltern oder Lehrer. Auch wenn sie die Chefin natürlich nicht »Mama« nennen, macht dies eine Freundschaft auf Augenhöhe unmöglich und isoliert die Chefin, die womöglich eine ehemalige Kollegin ist.[27]

Autoritätspersonen isolieren sich ebenfalls. Die Autoren des berühmten Buches *The Lonely Crowd* aus dem Jahr 1950 behaupteten, Führungskräfte seien deshalb einsam, weil ihr Erfolg die Manipulation und Überzeugung anderer erfordert.[28] Somit objektifizieren sie ihre Mitarbeiter genauso, wie die Mitarbeiter sie objektifizieren. Spätere Untersuchungen haben ergeben, dass sich Führungskräfte oft bewusst von den Mitarbeitern distanzieren, um deren Leistung fairer einschätzen zu können.[29] Einfach ausgedrückt: Man baut eher keine enge Bindung zu jemandem auf, den man gegebenenfalls feuern muss.

Liebe und Freundschaft

Die Beziehungen, die am besten gegen Einsamkeit wirken, also die uns am nächsten stehenden Espen, mit denen wir uns verflechten müssen, sind Liebesbeziehungen und enge Freundschaften. Lassen Sie uns beide näher betrachten und herausfinden, warum ehrgeizige Menschen sie so oft vernachlässigen.

Es gibt viele Untersuchungen darüber, warum manche Liebesbeziehungen stabil sind und andere nicht. Bekanntlich endet ein großer Prozentsatz aller Ehen in den Vereinigten Staaten mit einer Scheidung oder Trennung (nach den neuesten Daten ungefähr neununddreißig Prozent).[30] Aber zusammenbleiben ist nicht das, worauf es ankommt. Eine Analyse der Daten aus der Harvard-Studie belegt, dass das schiere Verheiratetsein nur zwei Prozent des subjektiven Wohlbefindens im späteren Leben ausmacht.[31] Das Wichtigste für Gesundheit und Wohlbefinden ist die Beziehungszufriedenheit.

Die Populärkultur möchte uns weismachen, das Geheimnis hinter dieser Zufriedenheit sei leidenschaftliche Liebe, aber das ist falsch. Im Gegenteil, die frühen Stadien einer Liebesbeziehung können viel Unglück mit sich bringen. So haben Forscher herausgefunden, dass die Anfangszeit oft mit Grübelei, Eifersucht und »Überwachungsverhalten« einhergeht – nicht gerade das, was wir uns unter Liebesglück vorstellen. Darüber hinaus kann der Glaube an Schicksalhaftigkeit, an Seelenverwandtschaft und an ein Füreinander-bestimmt-Sein gepaart mit Bindungsangst zu einer geringen Vergebungsbereitschaft führen.[32] Die Liebe kapert unser Gehirn oft auf eine Weise, die höchste Ekstase ebenso wie tiefste Verzweiflung hervorrufen kann.[33]

Man könnte durchaus sagen, dass die Verliebtheit eine Art Anzahlung auf das Glück ist – eine aufregende, aber anstrengende Phase, die wir durchmachen müssen, um zu einer tatsächlich erfüllenden Beziehung zu finden.

Das Geheimnis des Glücks ist nicht, dass man sich *ver*liebt. Vielmehr geht es darum, sich *weiter*zulieben. Das hängt von der, wie Psychologen sagen, »kameradschaftlichen Liebe« ab, einer Liebe, die weniger auf leidenschaftlichen Höhen und Tiefen basiert und mehr auf stabiler Zuneigung, gegenseitigem Verständnis und Verlässlichkeit.[34] »Kameradschaftliche Liebe« mag für Sie ein wenig, nun ja, enttäuschend klingen. Ich fand ihn jedenfalls enttäuschend, als ich den Begriff zum ersten Mal hörte, nachdem ich große Anstrengungen unternommen hatte, um das Herz meiner zukünftigen Frau zu erobern. Aber in den letzten dreißig Jahren hat sich herausgestellt, dass wir uns nicht nur lieben; wir *mögen* uns auch. Sie ist meine große Liebe und wird es immer bleiben, sie ist aber auch meine beste Freundin.

Kameradschaftliche Liebe schafft deshalb wahres Glück, weil sie in Freundschaft wurzelt.[35] Die auf Anziehung beruhende leidenschaftliche Liebe hält normalerweise nur so lange, wie die Beziehung von Neuheit bestimmt ist. Die kameradschaftliche Liebe beruht auf Vertrautheit. Im *Journal of Happiness Studies* hat ein Forscher die Ergebnisse so auf den Punkt gebracht: »Eine Ehe fördert das Wohlbefinden viel stärker, wenn man den Ehepartner auch als besten Freund betrachtet.«[36] Dies ist die Art von Liebe, die über Lebenskrisen und lange Zeit hinweg bestehen bleibt und »glücklich-gesund« macht.

Beste Freunde ziehen Freude, Befriedigung und Sinn aus dem Beisein des anderen. Sie bringen das Beste ineinander zum Vorschein, necken einander sanft, haben Spaß zusammen. Präsident Calvin Coolidge und seine Frau Grace hatten bekanntlich eine solche Freundschaft. Laut einer (vielleicht nicht ganz wahren) Geschichte besichtigten der Präsident und die First Lady einmal eine Geflügelfarm. Mrs. Coolidge sagte – so laut, dass der Präsident es hören konnte – zum Farmer, es sei doch erstaunlich, dass so viele Eier von nur einem Hahn befruchtet würden.[37] Der Bauer erklärte ihr, dass die Hähne jeden Tag wieder und wieder ihre Arbeit verrichteten. »Können Sie das bitte Mr. Coolidge erklären?«, sagte sie lächelnd. Der Präsident hörte ihre Bemerkung und erkundigte sich, ob der Hahn jedes Mal dieselbe Henne beglücke. Nein, sagte der Bauer, auf jeden Hahn kämen viele Hennen. »Können Sie das bitte Mrs. Coolidge erklären?«, sagte der Präsident.

Bei aller Promiskuität der Hähne scheint die kameradschaftliche Liebe uns Menschen am glücklichsten zu machen, wenn sie monogam ist. Ich sage dies als Sozialwissenschaftler, nicht als Moralist: Im Jahr 2004 hat eine Umfrage unter sechzehntausend amerikanischen Erwachsenen ergeben, dass bei Männern und Frauen gleichermaßen »die glücksmaximierende Anzahl von Sexualpartnern im Vorjahr eins beträgt«.[38]

Ihre Liebesbeziehung ist wahrscheinlich Ihre wichtigste Beziehung. Sie ist jedoch weder notwendig noch hinreichend, um Einsamkeit zu verhindern. Robert Waldinger hat mir gesagt, dass er zwischen verheirateten und ledig gebliebenen Senioren tatsächlich keinen Unterschied hinsichtlich ihres Glücks festgestellt hat, der der Ehe an sich zuzuschreiben ist. Man kann alleinstehend und glücklich sein, solange man andere enge, erfüllende familiäre Bindungen und Freundschaften hat.

Aber ebenso wichtig ist, dass die Ehe nicht Ihre einzige wahre Freundschaft sein darf. Im Jahr 2007 haben Forscher der University of Michigan verheiratete Menschen im Alter von zweiundzwanzig bis einundsiebzig Jahren untersucht, die angaben, enge Freunde zu haben.[39] Mindestens zwei zu haben – also mindestens einen, der nicht der Ehepartner ist – ist laut der Studie mit höherer Lebenszufriedenheit, einem höheren Selbstwertgefühl und einem geringeren Auftreten von Depressionen verbunden. Bei denjenigen, die keine zwei Freundschaften nennen können, ist die eheliche Beziehung für die Erfüllung emotionaler Bedürfnisse viel wichtiger, und das kann problematisch werden. Eine Ehe gerät unter großen Druck, wenn sie fast jede emotionale Rolle auszufüllen hat. Schwierige Phasen in einer Ehe werden dadurch umso katastrophaler und isolierender.

Die einzige wirklich enge Freundschaft meines Vaters war die mit meiner Mutter. Weil er introvertiert war, kamen enge Freundschaften nur unter großen Schwierigkeiten zustande. Also war dies der Weg des geringsten Widerstands. Und sie hatten eine gute Ehe: Ihre Hochzeit fand vier Tage nach ihrem College-Abschluss statt und hielt vierundvierzig Jahre bis zu seinem Tod im Alter von sechsundsechzig Jahren an. Aber neben der Gattin oder Partnerin keinen engen Freund zu haben ist ebenso unklug wie ein überhaupt nicht diversifiziertes Anlageportfolio. Wenn in der Ehe etwas schiefgeht, steht man ohne Partner *und* ohne Freunde da. Dies tritt oft ein, wenn sich ein Paar scheiden lässt oder wenn ein Ehepartner stirbt.

Viele ältere Erwachsene merken dies, wenn sie älter werden, und bauen außerhalb der Ehe ein Freundesnetzwerk auf. Besonders Frauen tun dies. Sie schaffen sich größere, dichtere und unterstützendere Freundesnetzwerke als Männer.[40] Dabei handelt es sich um streng nach Geschlecht sortierte Netzwerke: Abgesehen von ihren Ehemännern betrachten ältere Frauen Männer nur selten als *Freunde*: Nur ein Fünftel der älteren Frauen hat auf der Liste der Vertrauten einen männlichen Freund stehen.

All das müssen ältere Männer verstehen, wenn sie merken, dass sich ihre Frauen außerhalb Freundschaften suchen. Die eheliche Bindung wird für Männer mit zunehmendem Alter emotional wichtiger als für alternde Frauen, denn bei vielen Männer hat der Beruf alle Freundschaften verdrängt. Die noch bestehenden Freundschaften drehen sich mehr um Golf beispielsweise als um Gefühle.[41] Ihre Frauen haben woanders investiert, um sich emotionale Unterstützung zu sichern, und das ist ehrlich gesagt umsichtig und weise.

Manche Menschen glauben, dass sie ihre engen Beziehungen im Alter um ihre erwachsenen Kinder herum bauen werden. Schließlich sind dies die Beziehungen, in die sie am meisten investiert haben – buchstäblich und im übertragenen Sinne. Unsere Kinder kennen uns, und wir kennen sie. Ich schaue meine Kinder an, und es ist, als würde ich in meine eigene zwanzigjährige Seele blicken! Müssten sie nicht meine besten Freunde sein, wenn ich älter werde?

Wahrscheinlich nicht. Ich merke, dass die meisten Konflikte, die ich mit meinen erwachsenen Kindern habe, von meiner eigenen fehlerhaften Erinnerung an mein Verhältnis zu meinen Eltern herrühren. Sie waren gute Eltern, aber ich wollte meine Unabhängigkeit. Eine gewisse Distanz war mir wichtig, nicht aus irgendeinem Ärger, sondern weil ich mein eigenes Leben aufbauen wollte. Und mit meinen Kindern ist es genauso: Unser Verhältnis ist großartig, aber sie kümmern sich um ihr eigenes Leben, nicht um meines – so, wie es sein sollte. Aus diesem Grund hat der Kontakt mit nicht verwandten Freunden Forschungen zufolge eine stärkere positive Wirkung auf das Wohlbefinden als der Kontakt mit den erwachsenen Kindern.[42] Zwei Freundschaftsforscher haben es so ausgedrückt: »Die Interaktion mit Familienmitgliedern wird oft durch ein Pflichtgefühl diktiert, während die Interaktion mit Freunden in erster Linie durch Vergnügen motiviert ist.«[43]

Richtige oder wichtige Freundschaft?

Ich erinnere mich, dass ich vor Jahren mit meinem Sohn Carlos auf einem Angelausflug in Florida war. Er war zwölf oder dreizehn Jahre alt, und der Ausflug war sein Weihnachtsgeschenk – er wünschte sich jedes Jahr das Gleiche: nach Florida fahren und dort jagen und angeln, nur wir beide. Ein Jahrzehnt lang haben wir das jedes Jahr gemacht, bis er zu den Marines ging (und mir versprach, dass wir nach seinem Militärdienst wieder damit anfangen – als mein Weihnachtsgeschenk).

Als wir am frühen Samstagmorgen gerade auf den Lake Okeechobee wollten, um Forellenbarsche zu fangen, klingelte mein Handy. Ich schaute aufs Display und sah, dass der Chef einer großen Stiftung anrief, mit der ich als Vorsitzender einer gemeinnützigen Organisation gerade einen Deal verhandelte. »Ich muss rangehen«, sagte ich zu Carlos, setzte mich ins Auto und unterhielt mich mit dem Anrufer. In den ersten fünf Minuten hielten wir Small Talk über seine Familie und meine, obwohl wir uns persönlich nicht nahestanden. Dann kamen wir zur Sache. Nachdem ich aufgelegt hatte, fragte Carlos, wer das gewesen sei. »Ein Freund«, antwortete ich. Was theoretisch stimmte: Wir mochten einander und waren per Du. Ich hatte einmal in Gesellschaft mit ihm zu Abend gegessen. Carlos schaute mich so an, wie er mich immer anschaut, wenn er mich nicht für voll nimmt.

»Ein richtiger Freund oder ein *wichtiger* Freund?«, fragte er.

Schlauer Junge. Ich schluckte. Er hatte mich natürlich durchschaut – die eigenen Kinder kennen einen erschreckend gut. Aber ich fragte ihn trotzdem, was er meinte. »Du hast nicht viele richtige Freunde«, sagte er. »Aber du kennst viele wichtige Leute, und ihr tut euch gegenseitig Gefallen. Das sind wichtige Freunde, keine richtigen Freunde.«

Ohne es zu wissen, unterschied Carlos auf eine Weise zwischen Beziehungen, wie es Aristoteles vor mehr als zweitausend Jahren in seiner *Nikomachischen Ethik* getan hatte. Aristoteles schreibt, dass es eine Art Freundschaftsleiter gibt, von der niedrigsten zur höchsten Stufe. Ganz unten, wo die emotionale Bindung am schwächsten und die Wirkung am geringsten ist, stehen die Freundschaften, die auf Nutzen basieren: wichtige Freundschaften, um es mit Carlos zu sagen. Man ist auf eine instrumentelle Weise befreundet, die beiden Seiten hilft, ein äußeres Ziel zu erreichen, zum Beispiel beruflichen Erfolg.

Weiter oben sind Freundschaften, die zum Vergnügen gepflegt werden. Man ist wegen etwas befreundet, das man an der anderen Person mag und bewundert. Sie ist zum Beispiel unterhaltsam oder lustig oder schön oder klug. Mit anderen Worten, man mag an ihr eine inhärente Eigenschaft. Das erhebt die Freundschaft über die rein nützliche Beziehung, aber sie ist im Grunde immer noch instrumentell.

Auf der höchsten Ebene befindet sich Aristoteles' »perfekte Freundschaft«, bei der man für das Wohlergehen des anderen sorgt und eine gemeinsame Liebe für etwas gutes und tugendhaftes Drittes hegt. Eine solche Freundschaft kann auf einem religiösen Bekenntnis oder der Leidenschaft für ein gesellschaftliches Anliegen gründen. Keinesfalls ist sie *utilitaristisch*. Man hat eine gemeinsame Leidenschaft, die intrinsisch und nicht instrumentell ist.

Natürlich können unsere Freundschaften eine Mischform sein. Ich kann einen Geschäftspartner haben, den ich bewundere und der meine Liebe für etwas Gutes und Tugendhaftes teilt. Aber ich habe festgestellt, dass ich meine Freundschaften in den meisten Fällen ziemlich gut in die drei Kategorien des Aristoteles einsortieren kann, und diejenige mit den nützlichen Freundschaften ist generell die vollste.

Carlos' Frage hat mich zu der Einsicht gebracht, dass ich wie viele andere fleißige, ehrgeizige Menschen viele, viele »wichtige« Freunde hatte, aber nicht so viele richtige Freunde – und dass ich deswegen ziemlich einsam war. Ich schwor mir, meine wenigen richtigen Freundschaften viel besser zu pflegen.

Und Sie? Haben Sie richtige Freunde – oder nur wichtige? Das ist entscheidend für Ihr Glück. Im Jahr 2018 haben Forscher der University of California in Los Angeles eine Umfrage zum Thema Einsamkeit durchgeführt, in der die Frage vorkam: »Wie oft haben sie das Gefühl, dass niemand Sie wirklich kennt?«[44] Vierundfünfzig Prozent gaben an, dass sie sich »immer« oder »manchmal« so fühlen. Gehören Sie dazu? Bevor Sie antworten, nennen Sie zwei oder drei richtige Freunde. Falls Sie verheiratet sind, zählt Ihr Ehepartner nicht. Seien Sie ehrlich: Wann haben Sie das letzte Mal ausführlich mit jedem dieser »richtigen Freunde« gesprochen? Würden Sie sie ohne Vorbehalt anrufen, wenn Sie in Schwierigkeiten sind?

Falls es ihnen schwerfällt, zwei oder drei zu nennen, haben Sie ein Problem. Und wenn Sie seit ein paar Monaten nicht mehr mit ihnen gesprochen haben oder sie im Krisenfall nicht anrufen würden, verwechseln Sie höchstwahrscheinlich richtige Freunde mit wichtigen Freunden. Nicht, dass Sie unaufrichtig wären – vielleicht haben Sie einfach schon seit zu langer Zeit keine echten Freundschaften mehr gepflegt.

Echte Freundschaften aufzubauen kann schwierig sein für Menschen, die das seit vielen Jahren nicht mehr getan haben – vielleicht seit ihrer Kindheit. Forschungen zufolge fällt es Männern oft schwerer als Frauen.[45] Darüber hinaus bauen Frauenfreundschaften im Allgemeinen auf sozialer und emotionaler Unterstützung auf, während sich Männerfreundschaften eher um gemeinsame Aktivitäten drehen, Arbeit inklusive. Mit anderen Worten, Frauen haben mehr richtige Freundschaften; Männer haben mehr wichtige Freundschaften.[46]

Dies ist sehr wichtig für das Wohlbefinden, besonders im späteren Leben. Zahlreiche Studien haben ergeben, dass es eines der wichtigsten Anzeichen für Glück in der Lebensmitte und danach ist, wenn man die Namen einiger authentischer, enger Freunde nennen kann.[47] Man muss nicht unbedingt viele haben, um glücklich zu werden. Tatsächlich gehen Menschen mit zunehmendem Alter selektiver mit Freundschaften um und verringern eher die Zahl der echten Vertrauten.[48] Aber die Anzahl der richtigen Freundschaften muss größer als null sein und darf den Ehepartner nicht einschließen.

Als ich dieses Muster erkannte, beschloss ich, engere Freundschaften zu knüpfen, und meine Frau sagte mir ihre Hilfe zu. Es ist für niemanden einfach, für mich aber besonders schwierig, weil wir viel umgezogen sind und meine Freundschaften an unserem Wohnort keine Jahre zurückreichenden Wurzeln haben. Also heckten wir einen Plan aus: Wir organisierten unsere

Sozialkontakte bewusst so, dass Gespräche über tiefgreifende Themen im Mittelpunkt standen. Auf die Gefahr hin, als Mr. und Mrs. Tiefgründig zu gelten, lenkten wir die Unterhaltung beim Abendessen mit Freunden weg von Trivialitäten wie Urlaubsplänen und Hauskäufen hin zu Themen wie Glück, Liebe und Spiritualität. Dies vertiefte einige unserer Freundschaften und offenbarte in anderen Fällen, dass ein erfüllenderer Austausch nicht möglich sein würde – und dass wir dorthinein weniger Energie stecken sollten.

Was Liebe verhindert

Ich fasse einmal zusammen, was wir über Beziehungen gelernt haben – die wichtigsten Tipps für die Hege und Pflege Ihres Espenhains:

- Sie brauchen starke zwischenmenschliche Bindungen, um erfolgreich auf die zweite Kurve zu gelangen.
- Egal wie introvertiert Sie sind, Sie können nicht erwarten, ohne gesunde, enge Beziehungen glücklich alt zu werden.
- Für Verheiratete ist ein liebevolles, kameradschaftliches Eheleben der Schlüssel zum Glück.
- Ehe und Familie sind kein adäquater Ersatz für enge Freundschaften. Letztere sollten nicht dem Zufall überlassen werden.
- Freundschaft ist eine Fähigkeit, die Übung, Zeit und Entschlossenheit erfordert.
- Arbeitsfreundschaften sind kein Ersatz für echte Freundschaften, auch wenn sie bei zweckgemäßer Ausgestaltung befriedigend sein können.

In den Interviews und Gesprächen, die ich in den letzten Jahren geführt habe, stieß ich auf überraschend viel Widerstand gegen diese Erkenntnisse und gegen den Rat, sofort mit dem Aufbau von Freundschaften zu beginnen. Hier sind drei häufige Einwände.

»Ich habe einfach keine Zeit.«

Liebe und Freundschaft sind enorm zeitaufwendig, das stimmt. Sie nehmen allen möglichen anderen Dingen Raum, zum Beispiel … Ach, seien wir ehrlich: Bei vielen Lesern dieses Buches nehmen sie meistens der Arbeit Raum. Wenn das bei Ihnen der Fall ist und Ihre Arbeit die Zuwendung zu Liebe, Elternschaft und echten Freundschaften stört, dann sind Ihre Prioritäten falsch gewichtet.

Sie wissen ja: Ein typisches Anzeichen für Suchtverhalten ist, wenn etwas Nichtmenschliches beginnt, menschliche Beziehungen zu verdrängen. Daher der bereits erwähnte Begriff »Arbeitssucht« – das alles verzehrende Bedürfnis, zu arbeiten, etwas zu erreichen, zu verdienen und erfolgreich zu sein. Wenn bei Ihnen das Verhalten eines Workaholics vorliegt, brauche ich Ihnen gar nicht dazu raten, Freunde zu finden. Sie werden nie die Zeit oder Energie für enge Beziehungen haben. Sie müssen vor allem anderen Ihr Suchtproblem angehen.

Um dieser Tatsache ins Auge zu schauen, müssen Sie erkennen, was der Workaholic in Ihnen mit jeder Überstunde *vermeidet*. Wenn es sich dabei um gestörte Beziehungen handelt, die möglicherweise durch jahrelange Vernachlässigung geschädigt wurden, wird es nur noch schlimmer, wenn Sie sich der Sucht hingeben. Es sei daran erinnert, dass das Klischee des alten Mannes, der auf dem Sterbebett zu seiner Familie sagt: »Ich wünschte, ich hätte mehr Zeit bei der Arbeit verbracht«, ein *Witz* sein soll. Um der Sucht zu entkommen, müssen Arbeitssüchtige ihre Zeit neu einteilen, um Freundschaften und Familienleben aufzubauen oder wiederherzustellen.

Das führt zu der zweiten Klage, die ich oft höre, sobald das Problem erkannt wird:

»Meine Beziehungen sind so verkümmert, ich weiß gar nicht, wo ich anfangen soll.«

Manche Leute verbringen Jahr um Jahr, ohne enge Beziehungen zu anderen zu pflegen. Nach Jahren der Vernachlässigung ist die Bindung zu Familienmitgliedern und »Freunden« nicht das einzige Problem. Die größere Schwierigkeit besteht eher darin, dass menschliche Nähe Übung erfordert. Man kann die »Liebeskompetenz« verlieren, wenn man sie längere Zeit vernachlässigt.

Wenn Sie sich darin wiedererkennen, müssen Sie Ihre schlummernde Beziehungsfähigkeit wiedererwecken. Der erste Schritt wäre, Ihren Wunsch nach tieferem Kontakt zu artikulieren. Dadurch signalisieren Sie anderen Ihre Bereitschaft zur Veränderung, aber was noch wichtiger ist: Damit signalisieren Sie diese Bereitschaft auch sich selbst. Oft bleibt Veränderung nur eine Idee in unserem Kopf, solange wir sie nicht laut verkünden. Ich kenne Menschen, die seit Jahrzehnten über eine Lebensveränderung »nachdenken«. Das Nachdenken darüber, weniger zu arbeiten und mehr Zeit mit Familie und Freunden zu verbringen, ist nicht viel wert. Aber wenn Sie Ihren Lieben dies verbindlich ankündigen, wird das Vorhaben in Ihr Gehirn einprogrammiert, und Sie richten sich innerlich auf dieses Ziel aus.

Aber wie fängt man an, wenn man es nicht mehr draufhat? Soll ein fünfundsechzigjähriger Geschäftsmann einfach einen anderen Kerl anrufen und sich mit ihm zum Spielen verabreden? Wie albern!

Eigentlich ... ist es aber vielleicht gar nicht so albern. Ich weiß noch, dass wir unsere noch ganz kleinen Kinder öfter mit anderen Kindern zusammengebracht haben. Sie spielten dann nicht unbedingt zusammen, sondern betrieben das, was die Experten frühkindliche Entwicklung »Parallelspiel« nennen: Die Kinder spielen einzeln mit ihren eigenen Spielsachen, aber nebeneinander. Dies ist Teil des Prozesses, in dem sie Freundschaftsfähigkeit erlernen. Nach und nach interagieren sie immer mehr miteinander, bis sie nach Monaten mit denselben Spielzeugen zusammen spielen.

Aus dem englischsprachigen Raum kommt das neue Phänomen der *Men's Sheds*, die in Deutschland »Männerschuppen« oder auch »Repair-Cafés« heißen. Dabei handelt es sich im Prinzip um organisiertes Parallelspiel für ältere Männer, die ihre Freundschaftsfähigkeit wieder auffrischen.[49] Einsame Männer – viele davon Ruheständler, aber nicht alle – werden von ihren Angehörigen zu einem buchstäblichen Schuppen voller Werkzeug gebracht, wo sie parallel zu anderen Männern an Holzarbeiten werkeln können. Wir wissen ja, dass Männer dazu neigen, sich während gemeinsamer Betätigungen anzufreunden. Dies wird durch solche Handwerksprojekte möglich, ohne dass eine direkte Zusammenarbeit erforderlich ist – Parallelspiel eben. Nach und nach interagieren die Männer miteinander, bauen ihre Freundschaftsfähigkeit wieder auf und finden neue Freunde. »Ich komme hierher, rede mit den anderen und habe das Gefühl, etwas zu schaffen«, berichtet ein Mann dem Reporter der *Washington Post*, während er an einer footballförmigen Trophäe für einen Freund arbeitet. »Anfangs war ich nervös, aber die Leute sind hier wirklich offen, und jetzt komme ich mindestens einmal die Woche.«[50]

Es spielt keine Rolle, ob es ein Schuppen oder ein Café oder etwas anderes ist. Und für Frauen, die Beziehungen neu aufbauen müssen, sind vielleicht ganz andere Bedingungen optimal. Der Punkt ist, dass das Entfachen einer Freundschaft Taten erfordert, keine guten Absichten.

»Ich weiß nicht, ob mir die anderen vergeben.«

In manchen Fällen weisen gestörte Beziehungen einiges an Böswilligkeit zwischen allen Beteiligten auf. Ehen sind nach Jahrzehnten der Vernachlässigung gekippt, das Verhältnis zu den erwachsenen Kindern ist eisig. Erfolgssüchtige ernten oft enorme Ressentiments von denen, die ihre Liebe und Aufmerksamkeit gebraucht und verdient, aber jahrelang nicht erhalten haben.

Es ist Zeit, Wiedergutmachung zu leisten. Erfolgssüchtige können von Alkoholikern das eine oder andere über Entwöhnung lernen. Wer das Zwölf-Schritte-Programm der Anonymen Alkoholiker befolgt hat, weiß, dass eine Entwöhnung ohne den neunten Schritt nicht gelingt: »Diese Personen entschädigen, wenn irgend möglich, es sei denn, sie oder andere werden dadurch verletzt.« Genesende Alkoholiker erstellen eine Liste der Menschen, die sie infolge ihrer Sucht verletzt oder vernachlässigt haben. Sie müssen möglichst gegenüber jeder Person auf der Liste Wiedergutmachung leisten.

Das ist natürlich kompliziert. »Tut mir leid, dass ich an jenem Abend im Vollrausch dein Auto zu Schrott gefahren habe« zu sagen, lässt eine Wunde vielleicht nicht sofort oder ausreichend verheilen. Aber es ist ein guter Anfang, besonders wenn es durch das Versprechen gestützt wird, dem Trinken zu entsagen und die Schulden zurückzuzahlen. Ebenso verfährt man gegenüber den Opfern der eigenen Erfolgssucht. Mit einem »Tut mir leid, dass ich langweilige Vorstandssitzungen, an die ich mich jetzt nicht einmal mehr erinnere, deinen Ballettaufführungen vorgezogen habe« wird man wahrscheinlich nicht alles richten. Die Worte müssen von neuem Verhalten begleitet werden. In Beziehungen wiegen Taten mehr als Worte, besonders wenn die Worte in der Vergangenheit ziemlich leer waren.

Maßgerecht leben

Weiter vorne in diesem Buch habe ich eine Frage erwähnt, mit der ich gerne die Aufmerksamkeit meiner Studenten gewinne: Wie viele Thanksgivings haben Sie noch? Tatsache ist, dass die Frage auch meine Aufmerksamkeit erregt. Wenn ich meinen Eltern nachfolge, sind es noch ungefähr acht. (Wir Brooks sterben ziemlich jung.) Mir geht es nicht darum, Leute zu deprimieren. Ich möchte nur daran erinnern, dass wir ein viel besseres Gefühl für die Knappheit unserer Zeit bekommen, wenn wir sie in denkwürdigen, seltenen Ereignissen bemessen. Und dann nutzen wir sie klüger. Es ist die gleiche Idee wie der Leitspruch, wir sollten jeden Tag so leben, als wäre es unser letzter.

Wenn wir nach dieser Einsicht lebten, würden wir unsere Probleme mit der Arbeits- und Erfolgssucht wahrscheinlich in den Griff bekommen. Beidem liegt ein Denkfehler zugrunde, nämlich die Vorstellung, dass unsere Zeit endlos ist und dass darum die marginale Entscheidung, was wir mit der nächsten Stunde anfangen sollen, im Großen und Ganzen nicht so wichtig ist. Dieser Fehler fliegt uns um die Ohren, wenn die Zeit abgelaufen und es zu spät ist.

In der Unternehmensberatung könnte man das einen »systematischen Messfehler« nennen. In diesem Sinne habe ich die Methode eines Wirtschaftsexperten für eine Übung adaptiert, um diesen Fehler in meinem Leben zu korrigieren. Der Experte ist Clayton Christensen, der lange Professor an der Harvard Business School war, wo ich unterrichte. Christensen starb ein paar Monate, nachdem ich in Harvard anfing, aber sein Vermächtnis nimmt an der HBS einen wichtigen Platz ein, nicht zuletzt wegen seines berühmten Buches *Wege statt Irrwege*.[51]

Christensen analysiert ein gut gelebtes Leben genauso, wie er ein Unternehmen beurteilen würde, und das Buch ist es wert, in Gänze gelesen zu werden. Aber ein Abschnitt daraus hat mir den Stoff für eine dreiteilige Übung geliefert, deren Ziel es ist, die Fallstricke von Arbeits- und Erfolgssucht zu vermeiden und gleichzeitig in Beziehungen zu investieren, die echte Befriedigung bringen.

1. Zeit im Voraus einteilen

Erfolgreiche Menschen sind gut im marginalistischen Denken (*marginal thinking*): Sie stellen sicher, dass jede Stunde auf die gegenwärtig optimale Weise genutzt wird. Das Problem ist, dass dadurch immer die Dinge im Leben marginalisiert werden, die sich auf kurze Sicht nicht spürbar auszahlen – beispielsweise Beziehungen. Deswegen hängt man bei der Arbeit noch eine Stunde dran, obwohl man schon erschöpft und unproduktiv ist, und verdrängt damit die erste Stunde, die man zu Hause wäre – Tag für Tag, Jahr für Jahr. Das führt zu Einsamkeit und Entfremdung.

Um diesen Fehler zu vermeiden, nehme ich mir jeden Monat an einem Sonntagnachmittag eine Stunde Zeit und stelle mir vor, wie ich am Ende meines Lebens von den Menschen umgeben bin, die ich liebe. Ich male mir aus, was sie über mich sagen.

Dann kehre ich zurück in die Gegenwart. Ich überlege, wie ich meine Zeit in den kommenden Wochen einteilen möchte. Wie kann ich mit meiner Zeit in dieser Woche meine Beziehungen so pflegen, dass das imaginierte Szenario eintritt? Das bringt mich vielleicht zu der Entscheidung, pünktlich Feierabend zu machen, die Arbeit im Büro zu lassen, zum Abendessen nach Hause zu kommen und danach mit der Familie einen Film anzuschauen.

2. Sich auf die Kernkompetenzen fokussieren

Viele Unternehmen scheitern an etwas, das man das »Edsel-Problem« nennen könnte – nach jenem berühmten Auto von 1958, das die Chefetage von Ford liebte, die Autokäufer jedoch hassten. Man verkauft, was *einem selbst* gefällt, und nicht, was die Kunden wollen und brauchen. Auch im Beziehungsleben können wir uns so verhalten, besonders wenn unsere Kompetenz nach Jahren der Vernachlässigung nachgelassen hat. Zeit mit der Familie und dem Freundeskreis verbringen wir nach *unserem* Gusto, und wir unternehmen das, was *uns* interessiert. Das leuchtet ein, denn wenn ich bei der Arbeit der Bestimmer bin, bin ich es auch zu Hause!

So funktioniert das natürlich nicht. Liebesbeziehungen sind nicht hierarchisch, sondern reziprok. Sie erfordern, dass man das gibt, was der andere will und braucht, und nicht das, was für den Gebenden am bequemsten ist.

Ich mache mir regelmäßig eine Liste mit den Menschen, zu denen ich eine stärkere Beziehung brauche. Dann trage ich neben jedem Namen ein, was derjenige von mir braucht, was nur ich bieten kann. Zum Beispiel gibt es Dinge, die nur ich für meine Frau tun kann. Es gibt Dinge, die nur ich für meine erwachsenen Kinder tun kann. Wenn ich diese Dinge vernachlässige, verdorrt die Beziehung.

3. Intelligent investieren

Als einer meiner Söhne in der Highschool war, fragte er mich einmal, welche drei Dingen ich ihm im Leben wünschen würde. Ich dachte ein paar Tage darüber nach, und meine eigene Antwort hat mich überrascht. Ich habe nicht »Glück« genannt, denn auch wenn das wichtig ist, erfordert ein gutes, sinnerfülltes Leben auch Unglück. Wie Sie sich denken können, habe ich gewiss nicht »Geld« oder »Ruhm« geantwortet. Letzten Endes sagte ich ihm: »Ehrlichkeit, Mitgefühl und Glaube.« Das würde ihn meiner Meinung nach zum besten Mann machen, der er werden konnte.

Danach ging ich daran, für jede der Personen, die ich am meisten liebe, drei Dinge aufzuschreiben, die ich ihr wünsche, und mich dann zu fragen: Investiere ich in diese Dinge in ihrem Leben? Investiere ich Zeit, Energie, Zuneigung, Wissen und Geld in die Entwicklung dieser Vorzüge und Qualitäten? Bin ich mit meinem eigenen Verhalten hinsichtlich dieser Dinge ein Vorbild? Brauche ich eine neue Anlagestrategie?

Das Ergebnis

2009 haben Forscher der University of Rochester eine Studie veröffentlicht, für die sie 147 frischgebackene Universitätsabsolventen nach ihren Zielen nach dem Abschluss befragt hatten.[52] Die Ziele ließen sich in zwei Kategorien einteilen: »intrinsische« und »extrinsische«. Intrinsische Ziele betreffen die persönliche Erfüllung durch tiefe, dauerhafte Beziehungen.

Extrinsische Ziele haben damit zu tun, viel Geld zu verdienen, viel Eigentum zu besitzen, Macht auszuüben oder Ansehen und Ruhm zu erlangen. Mit anderen Worten: genau die Wünsche, die den Nenner der Zufriedenheitsgleichung ausmachen. Genau das, was man von der Lebenswunschliste streichen sollte.

Ein Jahr später fragten die Forscher nach, wie es den Teilnehmern ging. Zunächst einmal hatten sie im Allgemeinen ihre Ziele erreicht: Diejenigen, die gute zwischenmenschliche Beziehungen wollten, hatten sie, während diejenigen, die Geld und Macht anstrebten, auf dem richtigen Weg dorthin waren. Dies ist eine ziemlich wichtige Erkenntnis: Man wird wahrscheinlich das bekommen, was man sich im Leben wünscht. Umso mehr gilt das alte Sprichwort »Pass auf, was du dir wünschst«.

Die wirklich tiefgreifende Erkenntnis ist jedoch die zweite: Die Teilnehmer mit intrinsischen Zielen waren nach einem Jahr glücklicher. Dagegen erlebten die Menschen, die extrinsische Ziele verfolgten, mehr negative Emotionen wie Scham und Angst. Sie litten auch an mehr körperlichen Krankheiten. Kurz gesagt: Wer Lebensziele hat, die sich um Reichtum, Prestige und andere weltliche Dinge drehen, muss sich auf ein wucherndes Wollen und eine geringe Lebenszufriedenheit einstellen.

Das wussten Sie eigentlich schon, oder? Vielleicht sind Sie seit vielen Jahren absolut süchtig nach extrinsischen Zielen und haben bis zum Scheitelpunkt Ihrer fluiden Intelligenz dieser Sucht gefrönt. Aber wenn Sie reif und voller Lebenserfahrung sind (ein netter Ausdruck dafür, dass Sie in die Jahre gekommen sind, wie ich), dann wissen Sie inzwischen, dass extrinsische Belohnungen törichte Ziele sind. Aber in dieser Erkenntnis steckt die Frustration des Lebens. In der Jugend hegt man die Hoffnung, dass all das Haben irgendwann zufrieden macht. Im Laufe der Jahre lernt man, dass es das nicht tut. Aber die Gewohnheiten sind dann so fest verwurzelt, und man ist so geschickt darin, den alten Belohnungen nachzujagen … Man jagt der schwindenden Hoffnung hinterher, endlich die ersehnte Zufriedenheit zu erreichen, wenn man nur dieses oder jenes materielle Ziel erreicht. Dies ist ein vergebliches Unterfangen und hält Sie auf der absteigenden Kurve der fluiden Intelligenz fest. Dass auch anderswo Belohnungen zu finden sind, können Sie somit gar nicht wissen.

Nur ein Wechsel zu intrinsischen Zielen kann Ihnen geben, was Sie wirklich wollen, und Sie auf den Übergang zur zweiten Kurve vorbereiten. Denn das erfordert Beziehungen und liebevolle Wissensweitergabe. Aber kann man sich neue Ziele setzen, auch noch später im Leben? Man kann es zwar, muss aber dazu die intrinsischen Werte offener artikulieren.

Hier ist ein Trick, um damit anzufangen: Stellen Sie sich vor, Sie sind auf einer Party. Jemand fragt: »Was machst du?« Sie nennen daraufhin nicht irgendetwas Extrinsisches wie etwa Ihre Berufsbezeichnung, sondern das, was Ihnen am meisten Nutzen, Sinn und Freude bringt. Beziehen Sie Ihr spirituelles Leben, Ihre Beziehungen und Ihren Dienst an anderen mit ein. Stellen Sie sich vor, Sie sagen nicht: »Ich bin Anwältin.« Stellen Sie sich vor, Sie sagen stattdessen: »Ich bin Ehefrau und Mutter von drei erwachsenen Kindern.« Kümmern Sie sich nicht darum, dass Sie vielleicht erst einmal selbst nicht ganz glauben können, dass es das ist, was Sie wirklich sind und was Sie tun. Sie werden diese Tatsache in Ihrem Leben durch Worte wahr werden lassen.

Es ist schwer zu beschreiben, wie tiefgehend der Lohn ist, den man erhält, wenn die eigenen Beziehungen zur »offiziellen« Quelle von Sinn und Erfüllung werden. Manche vergleichen es mit dem Fund eines verborgenen Schatzes, wobei das einzig Traurige darin besteht, dass dieser nicht früher im Leben passiert ist. Autoren haben die Wonnen der Liebe und der Freundschaft beschworen. In seinem fröhlichen Essay *Freundschaft* schreibt Ralph Waldo Emerson:

> Ich erwachte heute Morgen mit inniger Dankbarkeit für meine Freunde, die alten wie die neuen. Soll ich nicht Gott für seine Schönheit preisen, der sich mir täglich so in seinen Gaben zeigt? Ich ächte die Gesellschaft und genieße die Einsamkeit, und doch bin ich nicht so undankbar, die Weisen, Guten und Edlen nicht zu empfangen, die von Zeit zu Zeit an meinem Tor vorbeiziehen. Wer mich anhört, wer mich versteht, wird mein – wird Eigentum für alle Zeit.

Eine innige Freundschaft, sei es die kameradschaftliche Liebe des Ehepartners oder ein nach Aristoteles »perfekter Freund«, ist besser als jeder berufliche Erfolg. Sie kann die Wunden des beruflichen Abstiegs heilen wie nichts anderes.

Denken wir an J. S. Bach, den wir bereits kennengelernt haben. Er liebte seine Arbeit und genoss seinen frühen Erfolg, aber er wusste, was am wichtigsten war.

Man wird nicht ohne erhebliche Investitionen zum liebevollen Vater von zwanzig Kindern, und die nachweislich herzlichen Beziehungen, die er sowohl zu seinen Frauen als auch zu den überlebenden Kindern hatte, lassen ahnen, dass diese Investitionen enorm waren. Er liebte sie, und sie liebten ihn. Bach fand einen Ausgleich zwischen Arbeit und Leben teilweise dadurch, dass die Grenze zwischen beidem verwischt wurde. Seine »Inventionen und Sinfonien« schrieb er als Übungen für die musikalische Ausbildung der Kinder; seine zweite Frau war seine Kopistin; er war ein wichtiger Förderer der Karrieren seiner Kinder. Dass Bach als glücklicher Mann starb, lag nicht an seinem Erfolg als Komponist, der in seinen letzten Lebensjahrzehnten stark abgenommen hatte. Es lag an den von ihm gepflegten Beziehungen, die seinen beruflichen Wandel vom bahnbrechenden Komponisten zum Lehrmeister vorantrieben.

Eine höhere Liebe

Ich glaubte an jenem Tag unter der Espe, eine wirklich originelle Einsicht gehabt zu haben. Aber natürlich hatten bereits viele vor mir das Gleiche erkannt. Der Berühmteste von ihnen ist wohl Henry David Thoreau, der schreibt:

> Seit an Seit zwei feste Eichen stehen
> Im Drang des Wintersturms.
> Sind trotz des Windes Wehen
> Wunderschön anzusehen,
> Beide sind stark.
>
> Kaum streifen ihre Äste sich, doch unten
> An ihrem tiefsten Quell …

Hast staunend du gefunden:
Die Wurzeln sind verwunden
Untrennbar.[53]

In Beziehungen und in der magischen Art und Weise, wie sie uns, so wir es zulassen, der materiellen Plackerei entheben, steckt etwas vom Wesen her Transzendentes. Wir Ehrgeizigen finden darin die einmalige Gelegenheit, uns vom Kampf gegen den unaufhörlichen beruflichen Niedergang abzuwenden und mit dem Wechsel von der ersten zur zweiten Kurve jenen Quell der Freude zu entdecken, der Menschenliebe heißt.

Englisch ist wahrlich eine arme Sprache in Sachen Liebe. Im Griechischen zum Beispiel gibt es mehrere Wörter für sie: *philia* (Liebe zwischen Freunden), *eros* (romantische Liebe), *storge* (elterliche Liebe), *philautia* (Selbstliebe) und *xenia* (Gastfreundschaft oder Fremdenliebe).

Aber der transzendenteste aller griechischen Liebesbegriffe ist *agape*: die Liebe des Menschen zum Göttlichen. Sie gilt den alten Griechen als die höchste, glückseligste Art der Liebe. Sie zu erreichen ist eine Art Ekstase. Uns Ehrgeizigen fällt sie allerdings nicht so leicht, denn wir verlassen uns zu gerne auf uns selbst und auf die Belohnungen der Welt. Unsere nächste Lektion befasst sich damit, wie wir alle diese Liebe erreichen können – egal wo wir uns auf unserer Lebensreise befinden – und wie sie uns das Zutrauen schenkt, dass es im Leben weiter vorangeht.

Kapitel 7

Auf ins Vanaprastha

An einem klebrig-schwülen Morgen im Februar 2018 brach ich ins südindische Hinterland auf. Mein Ziel war eine kleine Stadt namens Palakkad, nahe der Grenze zwischen den Bundesstaaten Kerala und Tamil Nadu.

Ich muss ein wenig weiter ausholen. Seit ich vor Jahren als junger Mann über die Schriften des Hindu-Lehrers Paramahansa Yogananda gestolpert war, wusste ich von der alten indischen Theorie der *ashramas*, die lehrt, wie man glücklich und erleuchtet durch das mittlere Lebensalter gelangt. Viel mehr wusste ich allerdings nicht. Ich hatte danach gegoogelt, nach Büchern auf Englisch gesucht und indische Freunde nach Einzelheiten gefragt, aber nichts Tiefergehendes herausgefunden. Das ist gar nicht allzu überraschend. Ein großer Teil der tiefgreifenden hinduistischen Lehren hat sich der Globalisierung der Ideen und Informationen widersetzt. Um zu finden, was ich suchte, müsste ich einen Lehrer finden, hieß es.

Nicht, dass mich eine solche Suche überfordert hätte, wohlgemerkt. Ich bin seit Langem indiophil. Seit meiner ersten Indienreise im Alter von neunzehn Jahren liebe ich die Kultur, die Musik, das Essen, die Philosophie, aber vor allem die Inder selbst. Dank ihrem Sinn für Humor und ihrer unbeschwerten Spiritualität fühle ich mich dort immer wie zu Hause. Jedes Jahr finde ich einen Vorwand, um mindestens einmal auf den Subkontinent zu reisen, und ich habe dort schon zu Füßen einiger spiritueller Lehrer gesessen.

An jenem Morgen im Jahr 2018 stand ich um vier Uhr morgens auf und fuhr mehrere Stunden mit dem Auto zu einem kleinen, nicht weiter gekennzeichneten Haus, wo ich den Guru Sri Nochur Venkataraman zu treffen hoffte. Ich wusste aus sicherer Quelle, dass mir Venkataraman, den seine Schüler einfach *acharya* (»Lehrer«) nannten, die *ashramas* erklären können würde und dass er mir konkret sagen könnte, woran ich mich in der zweiten Hälfte des Lebens orientieren solle.

Einen Termin bei Acharya zu bekommen war keine Kleinigkeit. Anders als viele der nach Reichtum und Ruhm strebenden Guru-Unternehmer in Indien ist Acharya nicht reich, strebt keine Medienpräsenz an und war noch nie im Westen. Er ist ein ruhiger, demütiger Mann, der es sich zur Aufgabe gemacht hat, Menschen bei ihrem spirituellen Wachstum zu helfen. Er hat nichts übrig für IT-Fritzen, die Klarheit über ihre neue Start-up-Idee erlangen wollen, oder für westliche Dilettanten, die vor der eigenen Religion davonlaufen. Aber mit etwas Schmeichelei überzeugte ich seine Gefolgschaft davon, dass ich weder einen neuen Glauben suchte noch hinter Geld her war.

Unser Treffen war filmreif, obwohl keine Kameras da waren. Ich zog meine Sandalen aus und betrat das unauffällige Haus. Drinnen fand ich den Guru umgeben von einem Kreis stiller Verehrer. Er machte den traditionellen Namasté-Gruß mit den Händen und sagte: »Ich habe auf dich gewartet.« Wir setzten uns, und ich war sofort von einem vollkommenen Gefühl des Friedens erfüllt. Ein paar Minuten lang wusste ich nicht mehr, warum ich dort war.

Als ich wieder zu mir kam, erklärte ich Acharya, dass ich gekommen sei, um herauszufinden, wie man das Leben in jedem Stadium richtig leben könne. Mit zunehmendem Alter litten viele Menschen, weil sie Fähigkeiten verlören, die sie sich in vielen Jahren harter Arbeit angeeignet hätten. Der Übergang in eine neue Lebensphase sei schwierig, ja beängstigend. Ich hätte gehört, er könne mir in dieser Hinsicht Einblicke gewähren.

In den nächsten zwei Stunden erläuterte mir Acharya die uralte indische Lehre, dass ein richtiges Leben in vier Phasen gelebt werden muss – den *ashramas*. Idealerweise dauern *ashramas* jeweils fünfundzwanzig Jahre. Natürlich ist das in der Regel eher unrealistisch, denn in den USA liegt die Wahrscheinlichkeit, hundert Jahre alt zu werden, heutzutage nur bei etwa eins zu sechstausend, und in Indien ist die Chance noch geringer. Aber der eigentliche Sinn der Lehre besteht nicht darin, möglichst hundert zu werden und das Leben in gleiche Teile zu zerlegen. Er besteht darin, in jeder einzelnen Stufe ausreichend Zeit zu verbringen.

Der erste *ashrama* ist *brahmacharya*, die Zeit der Jugend und des jungen Erwachsenenalters, die dem Lernen gewidmet ist. Der zweite ist *grihastha*, der Abschnitt, in dem man Karriere macht, Reichtum anhäuft und die Familie versorgt. Diese zweite Phase scheint ziemlich unproblematisch, aber die Hindu-Philosophen erkennen darin eine der häufigsten Fallen im Leben: Menschen haften sich an die irdischen Belohnungen – Geld, Macht, Sex, Prestige – und versuchen infolgedessen, diese Phase ihr Leben lang fortzusetzen. Klingt das für Sie bekannt? Hier wird beschrieben, wie jemand auf der fluiden Intelligenz hängen bleibt und den vier Aquin'schen Götzen Geld, Macht, Vergnügen und Ehre nachjagt, die zu Selbstobjektifizierung führen, aber niemals befriedigen können.

Um die Anhaftung an die Götzenbilder zu lösen, muss man mit einer Reihe neuer spiritueller Fähigkeiten in eine neue Lebensphase eintreten. Diese Veränderung kann schmerzhaft sein, sagte mir Acharya, so als würde man zum zweiten Mal erwachsen werden. Und sie setzt voraus, dass man Dinge loslässt, über die man sich nach außen hin definiert hat. Mit anderen Worten: Wir müssen über die weltlichen Belohnungen hinwegkommen, um den Übergang zu schaffen und in einem neuen *ashrama* zu neuer Weisheit zu finden und so die Geißel der Anhaftung zu besiegen. Das passiert normalerweise, wenn wir gewissenhaft leben, im Alter von etwa fünfzig Jahren.

Und diese neue Stufe? Ihr Name ist *vanaprastha* und setzt sich aus zwei Sanskrit-Wörtern zusammen, die »in den Wald« und »zurückziehen« bedeuten.[1] Es ist die Phase, in der man bewusst von alten persönlichen und beruflichen Pflichten ablässt und sich mehr und mehr der Spiritualität und der tiefen Weisheit, der kristallinen Intelligenz, der Lehre und dem Glauben hingibt. Es bedeutet nicht, dass ein perfektes Leben verlangt, dass man sich im Alter von fünfzig Jahren in den Wald zurückzieht, sondern dass man die eigenen Lebensziele neu ausrichtet. *Vanaprastha* ist der metaphysische Kontext der zweiten Kurve.

Aber *vanaprastha* ist nicht die letzte Station, erklärte mir Acharya. Das wäre nämlich *sannyasa*, die letzte spirituelle Stufe, die im hohen Alter kommt. Dieses Stadium ist ganz den Früchten der Erleuchtung gewidmet.

Früher verließen manche Hindu-Männer im Alter von etwa fünfundsiebzig Jahren buchstäblich ihre Familie, legten heilige Gelübde ab und verbrachten den Rest ihres Lebens zu Füßen ihres Meisters, im Gebet und im Studium der heiligen Schriften. In Acharyas Worten: »In dem Moment, in dem man das Selbst erkennt, weiß man, dass man das Selbst ist und nicht der Körper. Man weiß, dass man die unendliche Wahrheit ist. Dieses Erkennen, dieses Begreifen ist *sannyasa*.«

Auch wenn es nicht Ihr Ding ist, mit fünfundsiebzig in einer Höhle zu sitzen, sollte doch klar sein, was gemeint ist. Das Ziel der letzten Lebensphase ist, vom Kelch der tiefsten Geheimnisse des Lebens zu kosten. Aber um dazu in der Lage zu sein, bedarf es des Studiums und der Arbeit an philosophischen und theologischen Themen, und das geschieht in den Jahren des *vanaprastha*. Sie können nicht erwarten, einfach so erleuchtet zu werden. Das wäre, als würden Sie bei den Olympischen Spielen antreten, ohne überhaupt für den betreffenden Sport trainiert zu haben.

Ich denke, das ist etwas, was wir intuitiv verstehen – dass wir, wenn wir reifer werden, nach spirituellem Wachstum streben und auf ein Alter voller Erleuchtung hinleben sollten. Das ist der Grund, aus dem so viele Menschen zu ihrem alten oder einem neuen Glauben, zu einem vertieften oder einem erneuerten Glauben hingezogen werden.

Aber manche wehren sich auch mit aller Kraft gegen diese Veränderungen. Indem sie sich gegen den Abstieg sperren und die Tatsache des Wandels leugnen, verdrängen sie auch ihr Bedürfnis nach dem Metaphysischen. Während ihrer letzten Jahrzehnte starren sie erschrocken aus dem Heckfenster des Autos, wo ihre glorreiche Vergangenheit dahinschwindet. Sie sind nicht bereit, in die Zukunft mit ihren neuen Verheißungen und transzendenten Abenteuern zu blicken. Wie der Mann im Flugzeug.

Ich erzählte Acharya von jenem Mann. Er hörte aufmerksam zu und dachte eine Weile nach. »Er hat *grihastha* nicht hinter sich gelassen«, erklärte er mir. »Er war süchtig nach den Belohnungen der Welt.« Er erklärte mir, dass sich der Selbstwert des Mannes wahrscheinlich immer noch aus den Erinnerungen an vergangene berufliche Erfolge speiste und trotz noch bestehender Anerkennung an längst verlorenen Fähigkeiten hing. Aller heutiger Ruhm war nur ein Schatten des vergangenen Glanzes. Unterdessen hatte er die spirituelle Weiterentwicklung von *vanaprastha* vollständig ausgelassen und verpasste nun die Glückseligkeit von *sannyasa*.

Diejenigen von uns, die unter dem Prinzip der psychoprofessionellen Gravitation leiden, können sich daraus einen Wegweiser ableiten. Angenommen, Sie sind ein hartnäckiger Anwalt, tougher Journalist, arbeitswütiger Manager oder – wie ich es war, als ich Acharya traf – Vorstand einer Denkfabrik. Vom frühen Erwachsenenalter bis in die mittleren Jahre stehen Sie beruflich auf dem Gaspedal. Sie suchen die weltlichen Belohnungen des Erfolgs, einige (oder viele) davon erringen Sie, und Sie hängen möglicherweise sehr an diesen Belohnungen. Aber Sie müssen sich darauf gefasst machen, solche Errungenschaften und Belohnungen hinter sich zu lassen, noch bevor Sie sich dazu bereit fühlen. Der Rückgang Ihrer fluiden Intelligenz ist ein Zeichen dafür, dass jetzt nicht die Zeit für Gegenwehr ist, denn das würde unbefriedigende Anhaftungen nur verstärken und zu Frustration führen. Vielmehr ist es an der Zeit, Ihre kristalline Intelligenz zu erweitern, Ihre Weisheit zu nutzen und sie an andere weiterzugeben.

Ich fragte Acharya, welchen einen Ratschlag er Männern und Frauen in meinem Alter geben würde, die arbeits- und erfolgssüchtig sind, die besonders statt glücklich sind und die bei dem Gedanken an das Ende von *grihastha* erschauern. Er hielt lange inne. »Erkenne dich selbst«, sagte er schließlich. »Das ist alles. Nichts anderes. Nichts anderes kann erlösen.«

»Wie?«, fragte ich.

»Indem du nach innen gehst«, erwiderte er. »Wenn der Geist ruhiger wird, wirst du den Schatz finden, der in dir auf dich wartet.«

Mit dem Alter wächst der Glaube

Viele Menschen stellen fest, dass in einem Übergangsstadium in der Lebensmitte ihr Interesse an Religion und Spiritualität unerwartet zunimmt. Wenn wir uns ins mittlere Erwachsenenalter bewegen, wächst im Herzen der Glaube, die Religiosität oder Spiritualität oder vielleicht einfach nur das Interesse am Transzendenten. Vielleicht kommt Ihnen das seltsam vor, weil man doch eigentlich nach und nach skeptischer gegenüber »magischen« Dingen wird. Niemand über zehn, geschweige denn über vierzig, glaubt noch an den Osterhasen, aber auffallend häufig schleichen sich in den Vierzigern und Fünfzigern oder danach religiöse Sehnsüchte ein. Für viele von uns fühlt sich das Metaphysische real an, wenn wir älter werden und Veränderungen an uns selbst wahrnehmen, die wir nicht erklären können.

Der Theologe James Fowler hat dieses Muster in seinem berühmten Buch *Stufen des Glaubens* von 1981 erklärt.[2] Fowler stellt nach der Befragung Hunderter Menschen fest, dass viele als junge Erwachsene von religiösen Vorstellungen abgeschreckt werden, die ihnen willkürlich oder moralisch rückschrittlich erscheinen, etwa hinsichtlich der Sexualität. Manche werden auch dadurch desillusioniert, dass die Religion die Widersprüche des Lebens nicht zu erklären vermag – etwa die Idee eines liebenden Gottes in einer Welt voller Leid.

Mit zunehmendem Alter sieht man jedoch ein, dass nichts im Leben wirklich ordentlich ist. Infolgedessen hält man laut Fowler die Zweideutigkeiten und Widersprüche der Religion besser aus und erkennt die Schönheit und Transzendenz in Religion und Spiritualität – sei es im Glauben der Kindheit oder in einem anderen. Fowlers spätere Forschung geht der Frage nach, ob sich die Glaubensstufen, die er in den 1970er- und 1980er-Jahren ausgemacht hat, mit neueren Entwicklungen decken (etwa mit der sinkenden Religionszugehörigkeit in den USA), und kann dies bestätigen.[3]

Wir Ehrgeizigen sind jedoch in vielen Fällen am schlechtesten auf diese Veränderung vorbereitet, denn viele von uns haben wenig oder gar keine Investitionen in diesen Lebensbereich getätigt. Auf dem beruflichen Weg nach oben sind Religion und Spiritualität vielleicht ein Plus, aber kein Muss, also fallen sie unter den Tisch.

Aber alle, die in diesem Lebensstadium zu neuer Frömmigkeit finden, erleben eine freudige Offenbarung. Ganze Stapel von Forschungsergebnissen belegen, dass religiöse und spirituelle Erwachsene im Allgemeinen glücklicher sind und weniger unter Depressionen leiden als solche ohne Glauben.[4] Und wer als Erwachsener den Glauben für sich entdeckt, hat laut Forschung noch mehr Vorteile als Lebenszufriedenheit: Religion und Spiritualität gehen auch mit einer besseren körperlichen Gesundheit einher.[5] Das mag zum Teil darauf zurückzuführen sein, dass Drogen- und

Alkoholmissbrauch bei religiös Aktiven den meisten Studien zufolge seltener ist.[6]

Forscher spekulieren manchmal halbherzig darüber, warum das so ist. Sie verweisen dann auf eine gesunde Lebensweise oder vermehrte soziale Interaktionen etwa durch den Gottesdienstbesuch. Aus jahrelanger Erfahrung in diesem Bereich kann ich sagen, dass das stimmt, aber die beste Erklärung für den Glücksschub durch Gläubigkeit ist viel einfacher als diese zweitrangigen Effekte. Wer ernsthaft Zeit und Mühe auf die Beschäftigung mit transzendenten Themen verwendet, stellt seine eigene kleine Welt in einen größeren Zusammenhang und lenkt den Fokus von sich selbst ab. Die meiste Zeit denkt man nur: *ich, ich, ich*, als würde man den ganzen Tag lang dieselbe öde Fernsehsendung schauen. Es ist so *langweilig*. Der Glaube bringt mich hinaus in den Kosmos und richtet meinen Blick auf die Quelle der Wahrheit, den Ursprung des Lebens und das Wohl meiner Nächsten. Dieser Perspektivwechsel bringt Erfrischung und Erleichterung.

Ich werde häufig gefragt, ob dieser Perspektivwechsel religiös oder spirituell sein muss. Oder ob es etwa auch ein Interesse an Philosophie sein kann. Die Antwort lautet Ja. Ein perfektes Beispiel ist das gegenwärtig wachsende Interesse junger Menschen am antiken griechischen Denken, insbesondere an der epikureischen und stoischen Philosophie. Viele Menschen haben sich in den letzten Jahren mit den Werken von Epikur, Epiktet, Seneca und Marcus Aurelius auseinandergesetzt. Und das nicht aus intellektuellem Interesse – sie finden darin Enthüllungen über den Sinn ihres Lebens, und das bringt ihnen Glück.

Fazit: Wenn Sie sich in einer Übergangsphase ihres Lebens befinden und merken, dass Ihr Interesse am Transzendenten zunimmt, auch wenn Sie diesen Teil des Lebens in der Vergangenheit an den Rand gedrängt haben, dann liegen Sie im Zeitplan. Widerstehen Sie nicht der Versuchung.

Mein Glaube und mein Guru

Religion und Spiritualität sind heikle Themen – sie sind immer persönlich und daher manchmal kontrovers. Aus gutem Grund raten viele Benimmbücher von Politik und Religion als Gesprächsthemen ab: Glaubenszwist hat schon Freundschaften beendet und Kriege ausgelöst. Diskussionen über Religion führen viele Leute nur mit Argwohn, weil sie das Gefühl haben, dass sie »einen Gebrauchtwagen angedreht bekommen«, also missioniert werden, statt dass Thesen und Einwände fair und offen verhandelt werden. Ich habe daher überlegt, dieses Kapitel wegzulassen.

Diese Probleme lassen sich unmöglich ganz umgehen, aber es hilft, wenn das Gegenüber im Gespräch über Glaubensfragen seine Karten auf den Tisch legt. Argumente lassen sich besser einschätzen, wenn man zumindest weiß, woher jemand kommt. Man muss dann nicht mehr über verborgene Absichten mutmaßen.

Lassen Sie mich in diesem Sinne von meiner eigenen Glaubensreise erzählen. Ich bin römisch-katholischer Konvertit und kam als Teenager zur Kirche, nachdem ich in einem praktizierenden protestantischen Elternhaus aufgewachsen war. Mein christlicher Glaube spielte im Leben meiner Eltern eine wichtige Rolle und tut das bis heute auch in meinem Leben, auch wenn ich ihn anders ausübe als sie damals.

Meine spirituellen Inspirationen kommen aus vielen Richtungen, aus meinem Studium anderer Religionen, aus meiner Liebe zur Mathematik ebenso wie aus der Musik von J. S. Bach, den ich in einem vorigen Kapitel als Idealbeispiel für den Sprung von der fluiden zur kristallinen Intelligenz porträtiert habe.

Auch Bachs Religiosität inspiriert mich. Sein beruflicher Richtungswechsel ist nicht einmal der auffälligste Aspekt seiner persönlichen Entwicklung, es ist seine Beziehung zu Gott. Die Bach'sche Familienbibel war dank täglicher Lektüre voller Eselsohren, ihre Ränder waren gefüllt mit seinen Danksagungen und Lobpreisungen. Er unterzeichnete jede seiner Partituren mit den Worten *Soli Deo gloria*: »Gott allein sei Ehre.« Er glaubte, dass jede Note, die er schrieb, geheiligt und von Gott inspiriert sei: Er spiele die Noten so, wie sie geschrieben seien, aber es sei Gott, der die Musik mache. Auf die Frage, warum er komponierte, war seine Antwort einfach, aber tiefgründig: »Endlich soll auch die Endursache aller Musik [...] seyn nichts anderes als nur Gottes Ehre und Recreation des Gemüths.«[7]

Ich wollte in Bezug auf mein eigenes Wirken so antworten können wie Bach und es der Ehre Gottes und dem Dienst am Menschen widmen.

Tatsächlich ist dies einer der Gründe, dass ich von der Musik zur Sozialwissenschaft gewechselt habe, so absurd das auch klingen mag.

Meine Frau hatte einen anderen Weg zum Glauben. Sie wuchs im ultrasäkularen Barcelona auf. (Wenn Sie denken: »Aber Spanien ist doch erzkatholisch«, dann sind Sie nicht mehr auf dem Laufenden. Spanien ist heute praktisch ein post-christliches Land, etwa wie Dänemark.) Sie war in ihrem ganzen Leben nur ein paarmal zur Messe gegangen. Sie war nicht gläubig und stand jeder Religion eher ablehnend gegenüber – besonders dem Katholizismus. Nach unserer Heirat ging ich in die Kirche, aber meine Frau begleitete mich nicht. Als unsere Kinder auf der Welt waren, nahm ich sie sonntagmorgens mit zur Messe, während meine Frau ausschlafen konnte. Das ging lange so, und es war für mich eine Quelle der Betrübnis.

Als ich den Wunsch, sie möge ihren eigenen Glauben finden, fast aufgegeben hatte, keimte plötzlich ein Interesse an katholischer Spiritualität in ihr auf. Ich weiß nicht wirklich, wie das passiert ist. In den folgenden zehn Jahren praktizierte, studierte und lernte sie und wurde immer gläubiger. Die Kirche wurde zum Mittelpunkt ihres Lebens, und sie war bald die religiös Gebildetere von uns beiden.

Als ich dann vor einigen Jahren mit diesem Projekt begann, verspürte ich den Drang, meinen eigenen Glauben zu steigern und ernster zu nehmen, woran ich glaube. Das war auch die Motivation hinter meiner Reise ins südindische Hinterland im Jahr 2018. Acharyas Lehren über *vanaprastha* haben mein Bewusstsein stark erweitert und eine Verbindung hergestellt zwischen meiner spirituellen Reise, der Kurve der kristallinen Intelligenz und dem Wegmeißeln alles Unwesentlichen.

Ich erzählte Acharya von Ester – wie wir uns vor dreißig Jahren kennengelernt hatten, als ich auf einer Kammermusiktournee durch Europa war; wie ich nach wenigen Stunden merkte, dass ich verliebt war, obwohl wir kein Wort derselben Sprache sprachen; wie ich meinen Job in New York kündigte und nach Barcelona zog, um sie zu überzeugen, mich zu heiraten. Acharya fragte nach ihrem religiösen Leben. Ich sagte ihm die Wahrheit: dass Ester spät darauf gestoßen war, mir aber inzwischen auf dem Pfad der Tugend vorangeht. Sie lehrt mich die Bibel lesen. Sie hilft mir in meinen Gebeten. Sie nimmt mich jeden Tag mit zur Messe. Acharya dachte einen

Augenblick lang schweigend darüber nach. Dann sagte er wie selbstverständlich: »Sie ist dein Guru.«

In der hinduistischen heiligen Schrift *Uddhava Gita* lehrt der Herr Krishna: »Wer den Wunsch hat, die dritte Lebensordnung, *vanaprastha*, anzunehmen, sollte friedlichen Geistes in den Wald ziehen und die Frau bei den reifen Söhnen zurücklassen.« Aber dann fügt er hinzu: »Oder sie mitnehmen.«[8]

Ich hätte gern Letzteres, bitte.

Nikodemus in der Nacht

Mit der Entwicklung ihres spirituellen Lebens fühlen sich manche überfordert. Sie wissen nicht, wo sie anfangen sollen. Anderen widerstrebt es, nach einem ehrgeizigen, eigenständigen Leben auch nur zuzugeben, dass sie es versuchen wollen. Den letzteren Fall nenne ich das »Nikodemus-Syndrom«.

Nikodemus ist ein Pharisäer und gehört in den frühen Jahren unserer Zeitrechnung in Palästina einer mächtigen Gruppe von religiösen Führern an, den Sanhedrin. Er riskiert also viel, als er sich eines Nachts zu einem verbotenen Treffen schleicht. Aber sein Herz zieht ihn einfach zu stark dorthin, tagelang hat er an kaum etwas anderes gedacht. Das Objekt seiner Begierde ist keine Geliebte, sondern ein spiritueller Lehrer, der anders ist als alle, die Nikodemus je gehört oder gesehen hat. Der Lehrer vollbringt Zeichen und Wunder, aber vor allem scheint er Nikodemus genau zu kennen, obwohl sie sich gerade erst kennengelernt haben. »Ach, wie wahrhaftig / Erkennt er, was in meinem Herz geschieht!«, legt ihm der Dichter Henry Wadsworth Longfellow in den Mund.[9]

In einer dunklen Gasse trifft Nikodemus den Lehrer, der ihn mit ebenso durchdringendem wie friedlichem Ausdruck erwartet. Aber er schweigt. Der Moment ist gekommen, an dem der Pharisäer sein Herz ausschüttet. »Rabbi, wir wissen, dass du ein Lehrer bist, den uns Gott gesandt hat«, sagt Nikodemus. »Denn die Zeichen, die du vollbringst, könnte niemand je vollbringen, wenn Gott nicht mit ihm wäre.«

Der Lehrer ist natürlich Jesus von Nazareth. Monatelang haben Nikodemus' Pharisäerkollegen gegen Jesus gewettert, weil er ihre Schabbatregeln offen missachtet und die Dreistigkeit hat, sie als Heuchler anzuprangern. Nikodemus müsste ihn eigentlich auch hassen, aber ihn hat der Lehrer mit seiner Botschaft von Gottes zärtlicher Liebe an einem Wendepunkt in seinem Leben erwischt – gerade als er begonnen hat, seine lang gehegten Überzeugungen infrage zu stellen.

Als Nikodemus vier Kapitel später im Johannesevangelium wieder auftaucht, erleben wir ihn in einem Übergangszustand zwischen seinen alten Überzeugungen und den faszinierenden neuen. Er gehört zu einer Gruppe von Pharisäern, die Jesus wegen seiner ketzerischen Lehren verhaften wollen, ist also immer noch auf der Seite des »Establishments«. Dennoch ergreift Nikodemus gegenüber seinen Kollegen offen für Jesus Partei und fragt sie: »Unser Gesetz urteilt nicht über einen Menschen, ohne dass er vorher angehört wird, um herauszufinden, was er tut, oder?«

Wie sich erahnen lässt, wenden sich die anderen Pharisäer gegen Nikodemus. »Du bist nicht zufällig auch aus Galiläa?«, fragen sie spöttisch, denn Jesus' Heimat Galiläa ist im Vergleich zur Weltstadt Jerusalem tiefste Provinz, ein »Durchfahrtsland«, würde man heute sagen. »Suche und du wirst sehen, dass kein Prophet je aus Galiläa kommen wird.« Nikodemus ist jetzt in einer misslichen Lage. Stellen Sie sich vor, Sie verteidigen bei einer Kundgebung der Republikaner einen unbeliebten Demokraten – oder umgekehrt. Dann bekommen Sie eine Ahnung davon, was Nikodemus durchgemacht haben muss.

Dass er Jesus verteidigte, gefährdete seine Stellung, und zwischen zwei Lagern zu stehen bringt gar nichts. Wie entscheidet er sich? Erst zwölf Kapitel später erfahren wir es, als nämlich Nikodemus ein letztes Mal auftaucht, unmittelbar nach Jesus' Hinrichtung am Kreuz. Anders als viele andere Anhänger, die lieber davonlaufen, als ihr Lehrer getötet wird, kümmert sich Nikodemus um Jesus' leblosen Körper und balsamiert ihn mit »einer Mischung aus Myrrhe und Aloe, ungefähr fünfundsiebzig Pfund« ein. Jetzt ist er eindeutig »voll dabei« und dient seinem Herrn Jesus sogar noch nach dem Tod.

Heute ist Nikodemus ein katholischer und orthodoxer Heiliger und charmanterweise der offizielle Schutzpatron der Neugier. Ganz gleich, was Ihre spirituellen Vorlieben sind, vielleicht können Sie aus seiner Verwandlung eine Lehre ziehen.

Hürden auf dem Weg

Das Nikodemus-Syndrom ist nur eine Barriere von vielen. Es gibt noch weitere Hindernisse, die einen Menschen mit spirituellem Hunger zur Umkehr bewegen können, wenn er keinen Weg um sie herum erkennen kann – besonders wenn alles ganz neu ist.

1. Unglaube als Identität

Nikodemus kommt in der Nacht zu Jesus, weil er nicht will, dass jemand seine Begegnung mitansieht. Als mächtiger, erfolgreicher Mann hat er Angst, dabei gesehen zu werden, wie er seine festen Überzeugungen infrage stellt und etwas Neues in Betracht zieht.

Ich treffe oft Menschen mittleren Alters, die zum ersten Mal religiöse Regungen haben, oder zumindest zum ersten Mal seit ihrer Jugend. Aber viele von ihnen finden wie Nikodemus solche Regungen verwirrend und sogar beunruhigend, besonders wenn sie Religiosität immer als unwichtig abgetan haben oder früher im Leben vom Glauben abgerückt sind und sich selbst als religionslos – oder sogar als Religionsgegner – neu definiert haben. Sie haben dann oft das Gefühl, dass andere sie schwach oder wankelmütig finden, wenn sie von dieser Haltung abrücken.

Außerdem kann ein Perspektivwechsel das Selbstbild aus dem Gleichgewicht bringen, was äußerst unangenehm ist. Der Psychologe Carl Rogers hat bekanntlich behauptet, dass wir immer eine Antwort auf die Frage »Wer bin ich?« brauchen.[10] Wir entwickeln unser Selbstbild, während wir wachsen und altern. Rogers definiert ausgeglichene Menschen als Menschen mit einem Selbstbild, das zu ihren Lebenserfahrungen passt. Im Gegensatz dazu definierte er einen neurotischen Menschen als jemanden, der seine eigenen Erfahrungen nicht gelten lassen kann und daher ein verzerrtes Selbstbild hat.

Wir wehren uns gegen jede Abweichung vom bestehenden Selbstbild, weil sie ein Gefühl von Unsicherheit hervorruft. Deshalb ist die Pubertät so schwierig. Teenager wissen buchstäblich keine Antwort auf die Frage »Wer bin ich?«, und das bringt sie etwas durcheinander. Deshalb kommen sie ihren

Eltern auch so verändert vor, wenn sie zum ersten Mal vom College nach Hause kommen.

Die Pubertät ist nicht die einzige Zeit, in der das Selbstbild ins Fließen kommt: Eine weitere Krise des Selbstbilds tritt typischerweise dann ein, wenn wir als Erwachsene auf einmal unsere erklärte Identität als Ungläubige – oder als »Konfessionslose«, wie es im Behördendeutsch heißt – infrage stellen. Konfessionslosigkeit erscheint zunächst nicht wie ein Hindernis auf der Suche nach Glauben, denn sie ist doch nur ein Freiraum, den man noch ausfüllen kann, oder? Aber tatsächlich steckt darin auch ein Bekenntnis, eine ebenso starke Identität wie die eines Christen oder einer Buddhistin.

Die eigene Identität als »Konfessionsloser« zu ändern ist verwirrend und greift den Stolz an. Der Stolz friert uns in unserem Selbstbild, unseren Überzeugungen und Haltungen ein. Von der Position des erklärten Freidenkers abzurücken kann sich wie eine Demütigung anfühlen, wie ein Eingeständnis von Schwäche. Ich kenne Leute, die Religion und Spiritualität jahrelang als Dummheit abgetan haben und sich dann in die Kirche schleichen, als wäre es eine verbotene Liebesaffäre. Wie Nikodemus in der Nacht.

Aber auch wenn die Beschreibung »ohne Bekenntnis« zurzeit auf Sie zutrifft, muss dies Ihre Offenheit für Religiosität und Spiritualität nicht beeinträchtigen. Der Trick ist eine winzige Änderung am Selbstbild: von »konfessionslos« zu »momentan konfessionslos« oder vielleicht »konfessionslos, aber offen für Vorschläge«.

Das fügt Ihrem Selbstverständnis das Element der Verwundbarkeit hinzu, was eine starke Wirkung hat. Auch wenn Sie im Moment vielleicht keinen Glauben haben, steht die Tür dafür einen Spaltbreit offen. Es kann möglicherweise etwas hereinspazieren.

2. Wohnt hier der Weihnachtsmann?

Als meine Kinder noch klein waren, fuhren wir einmal an einer Kirche in unserer Nachbarschaft vorbei. Mein älterer Sohn, damals etwa vier Jahre alt, fragte, ob dort der Weihnachtsmann wohne. Meine Frau und ich fanden das urkomisch, aber es verdeutlicht auch ein typisches Problem bei der Glaubensbildung: Unser erster Eindruck von Glaube und Spiritualität ist meist kindlich geprägt, und dieser Eindruck kann uns bis ins Erwachsenenalter verfolgen. Wir tun Religion oft als einen Mischmasch aus Mythen und Kinderkram ab, den vernünftige Erwachsene logischerweise hinter sich lassen.

Viele Religionsgegner nutzen diese Erinnerungen als Angriffspunkt. So sah ich einmal kurz vor Weihnachten 2010 an der Mündung des Lincoln Tunnels (der täglich Zehntausende von Pendlern von New Jersey nach New York City bringt) eine Reklametafel mit der Silhouette der Heiligen Drei Könige auf dem Weg nach Bethlehem. Die Bildunterschrift lautete: *You KNOW It's a Myth. This Season, Celebrate REASON!* – »Ihr WISST, dass es nur ein Märchen ist. Lasst uns dieses Jahr die VERNUNFT feiern!«

Ich gebe zu, dass ich lachen musste, als ich das sah (obwohl ich ein gläubiger Mensch bin), denn es war ein so cleverer Trick vonseiten der Religionsgegner. Aber diese Tafel war kein Appell an die Vernunft – ganz im Gegenteil. Sie war ein Appell an uns, den Glauben auf eine Bibelgeschichte zu reduzieren, die viele von uns als Kinder gehört haben, und ihn rundheraus abzulehnen, weil uns Erwachsenen die Geschichte nicht bis ins kleinste Detail plausibel erscheint. Das ist ungefähr so vernünftig, wie sich scheiden zu lassen, weil der Ehepartner dem Kindermärchen von der ewigen Liebe nicht gerecht wird. Das wäre kindisch.

Wenn spirituelle Bedürfnisse aufkommen, besteht die angemessene, erwachsene Vorgehensweise darin, eben nicht auf naive Vorstellungen aus der Kindheit zurückzugreifen – das würde man in keinem anderen Bereich des Lebens tun. Vielmehr gilt es, auf größere Geister als den eigenen zu schauen. Jede große religiöse, spirituelle und philosophische Tradition verfügt über ein breites Schrifttum von Gelehrten und Denkern, die weit über den Horizont unseres eigenen Lebens hinausreichen. Zum Beispiel war Thomas von Aquin ein beispielloses Genie, das Berichten zufolge fünf Bücher auf einmal schrieb, allesamt hochgelehrt. Seine wichtigste Schrift ist das lehrreiche Standardwerk *Summa theologica*, ein Meisterwerk der Philosophie, in dem fast jeder ernsthafte Einwand gegen den Glauben vorweggenommen wird.

Wenn Sie zugeben, dass Ihr Bild von der Religion Ihrer Kindheit naiv war, können Sie sich erlauben, nach transzendentalen Wahrheiten zu suchen, aber nicht so, wie Sie sie ursprünglich kennengelernt haben, sondern aus einer reiferen, kritischen Perspektive. Das erfordert, dass Sie sich von der cartoonartigen Version in Ihrem Kopf freimachen und sie hinter sich lassen. Dann erst können Sie sich offen auf das Denken und Schreiben von Gelehrten und ernsthaft Praktizierenden einlassen.

3. Die Tyrannei der Zeit

Den Glauben zu leben erfordert Zeit und Mühe; daran führt kein Weg vorbei. Daher konkurriert der Glaube mit den Verpflichtungen unseres Alltagslebens. Die Geheimnisse des Universums lassen sich nicht wirklich in ein paar Stunden erfassen; das reicht gerade, um einen Film anzuschauen. Der regelmäßige Gottesdienstbesuch erfordert schon jede Woche ein paar Stunden, und wenn Sie lesen, beten oder meditieren und etwas davon haben wollen, kostet das jeden Tag Zeit. Und das ist nur der Mindestverzehr. Wer in der religiösen oder spirituellen Praxis fortgeschritten ist, verbringt so viel Zeit damit wie ein Fitnessfan im Sportstudio, denn das ist eben notwendig, um Fortschritte zu machen. Es ist dann auch etwas, was man tun will, weil es zutiefst befriedigend ist.

Aber zumindest am Anfang ist es ein enormer Zeitaufwand. Und so finden viele Menschen, die sich nach einem Glauben sehnen, einfach nie die Zeit dafür oder stecken nie die Mühe hinein, um etwas Sinnvolles aufzubauen. Sie schieben den Glauben auf die lange Bank des Lebens und äußern sich dann am Ende so wie ein älterer Freund von mir (der inzwischen verstorben ist): »Das Einzige, was ich wirklich bereue, ist, dass ich nicht zu meinem Glauben gekommen bin.«

Die Lösung wäre, spirituelle Entwicklung nicht mehr als Hobby zu sehen, sondern sie zum Hauptanliegen zu machen. Wenn ich Ihnen sagen würde, dass Sie eine ernste Erkrankung haben, die erfordert, dass Sie eine halbe Stunde am Tag Sport treiben und Medikamente einnehmen, würden Sie es tun. Nicht jeder würde sich daran halten, aber *Sie* schon – ich weiß das, weil niemand, der so weit in dieses Buch hineingelesen hat, ein Faulpelz in Sachen Selbstentwicklung ist. Ihre spirituelle Entwicklung ist kein bisschen weniger wichtig. Sie müssen sich Zeit dafür freimachen, indem Sie Meditation, Gebet, Lektüre und Gottesdienst einplanen. Jeden Tag.

Der Weg in die Transzendenz

Viele brauchen einfach nur eine Ausrede, um zu beginnen. Sie brauchen eine kleine Störung im Gleichgewicht des Lebens, die ihnen die Chance verschafft, etwas Neues auszuprobieren. Ich habe dafür einen Vorschlag: Gehen Sie spazieren.

Als ich bei Acharya war, wurden meine spirituellen Sinne geschärft, und mir fiel etwas auf, das ich bei meinen vielen früheren Reisen nach Indien nicht gesehen hatte: wie viele Menschen tief ins Gebet versunken die Straße entlanggingen. An Orten wie der heiligen Stadt Mathura (der Stadt, in der mutmaßlich der Herr Krishna geboren wurde und in der heute fünftausend Tempel stehen) waren diese betenden Wanderer überall. Ich habe einen indischen Freund nach diesem Brauch gefragt. »Das sind *yatris*«, sagte er mir – Pilger. Im Hinduismus werden solche »Wanderer«, oft mittellose Bettelmönche, verehrt. Eine Pilgerfahrt gilt als unerlässlich für das spirituelle Erwachen gewöhnlicher Menschen.

Nahezu alle großen Religionen kennen Pilgerreisen, die man allgemein als »physisches Zurücklegen einer gewissen Distanz vom Wohnort zu einer heiligen Stätte« definieren kann. Die Motivation dazu kann aus dem Glauben heraus oder durch ein Gefühl erfolgen. Das Pilgern selbst ist ein Akt der Hingabe.[11] Beispiele wären der muslimische Hadsch nach Mekka oder die buddhistische Reise zum Feigenbaum von Bodhgaya, unter dem der Buddha die Erleuchtung erlangt haben soll. Für Katholiken gibt es den berühmten Camino de Santiago oder Jakobsweg, der quer durch Nordspanien führt.

Seit ich Acharya getroffen habe, bin ich zwei einwöchige Etappen des Camino gewandert, jedes Mal auf einer anderen Route durch kleine Dörfer und über Römerstraßen, hin zur berühmten Kathedrale von Santiago de Compostela, wo die Gebeine des Apostels Jakobus (auf Spanisch Santiago) liegen. Seit ihrer Erbauung im 9. Jahrhundert hat sie Millionen von Pilgern angezogen. Im 20. Jahrhundert geriet der Pilgerweg in Vergessenheit, ehe er durch Bücher und Filme, in den USA zum Beispiel *Dein Weg* (Originaltitel: *The Way*, 2010) mit Martin Sheen in der Hauptrolle, wieder populär wurde. Seitdem ist die Zahl der Pilger auf dem Jakobsweg explodiert und von 145 877 im Jahr 2009 auf 347 578 im Jahr 2019 angestiegen.[12]

Warum pilgern so viele Menschen? Zum einen ist Gehen eine hervorragende Fitnessübung, ja sogar mit das Beste, was man für Gesundheit und Glück tun kann. Manche erhoffen sich ein Abenteuer, und als solches wird der Jakobsweg von der spanischen Tourismusbehörde beworben. Ich finde das verblüffend, denn ein Abenteuer ist der Weg gewiss nicht, es sei denn, man hält eine monotone, den ganzen Tag sich wiederholende Aktivität für Nervenkitzel. Außer einigen Straßenhunden hier und da gibt es keine Gefahren, und eine große Herausforderung ist es auch nicht, wenn man von dem Muskelkater und den Blasen nach zwanzig Kilometern Tagesmarsch absieht.

Das Geheimnis des Camino ist ganz im Gegenteil der völlige Mangel an Nervenkitzel. Zu Beginn der Reise quält den Pilger, der Eintönigkeit und Langeweile nicht gewohnt ist, ein inneres Stimmengewirr. Tausend Gedanken über die Nöte des Lebens sitzen einem im Nacken, und man ist versucht, an jedem Café mit WLAN Rast zu machen, um Nachrichten von der Außenwelt einzuholen. Aber etwa am dritten Tag lässt dies nach, und das Gehen bringt nicht nur den Körper in einen natürlichen und ungezwungenen Schritt, sondern auch den Geist. Die Wanderung wird zu einem langen Musikstück – natürlich im Andante –, das weder zögert noch eilt und so ein Gefühl von Leichtigkeit vermittelt.

Der Jakobsweg ist eine Art ausgedehnte Gehmeditation, wie sie in vielen Religionen praktiziert wird. »Jeder achtsame Atemzug, jeder achtsame Schritt erinnert uns daran, dass wir auf diesem wunderschönen Planeten am Leben sind«, erklärt der buddhistische Meister Thich Nhat Hanh. »Nichts anderes brauchen wir. Es ist schon herrlich, einfach am Leben zu sein, einzuatmen und einen Schritt zu machen.«[13] Der japanische Theologe Kosuke Koyama vermischt in seinem Buch *Three Mile an Hour God* die asiatische Idee der Gehmeditation mit seinem christlichen Glauben. Drei Meilen pro Stunde – das ist Schritttempo und damit auch die Geschwindigkeit, mit der die Liebe Gottes voranschreitet.[14]

Die transzendenten Wirkungen einer Pilgerreise offenbaren sich nach einigen Tagen in Wellen der Wahrnehmung. In der Tat klingen meine Erfahrungen fast wie das, was andere von halluzinogenen Drogen berichten. So genieße ich beim Wandern zum Beispiel eine Befreiung aus der hedonistischen Tretmühle. Beim Camino dreht sich alles ums Gehen, nicht ums

Ankommen, und das macht einem das Dilemma der Befriedigung bewusst: Erfüllung kann nicht eintreten, wenn die unmittelbare Gegenwart kaum mehr ist als eine Mühsal, die man um der Zukunft willen erträgt. Denn diese Zukunft wird auch nur eine neue mühselige Gegenwart, und der ersehnte Endzustand tritt nie ein. Stattdessen gilt es, den Blick auf die Wanderung des Lebens zu richten, auf die Abfolge all seiner gegenwärtigen Augenblicke.

Jeder gegenwärtige Augenblick bietet wiederum kleine Befriedigungen, die wir verpassen, wenn wir ständig etwas Größeres oder Besseres im Sinn haben. Zum Beispiel erspähten meine Frau und ich eines Morgens die seltsamste Blume, die wir je gesehen hatten, die Blaue Passionsblume (Passiflora caerulea), die ursprünglich in Südamerika heimisch ist, sich aber inzwischen auch in Galizien zu Hause fühlt. Außerirdisch anmutende Pollenträger sitzen auf einem Strahlenkranz aus dreifarbigen Blütenblättern, die aus perfekt symmetrischen Blättern hervorblühen. Zehn Minuten lang starrten wir die Blume wie gebannt an – eine unmögliche Trödelei im Tagesgeschäft der hedonistischen Tretmühle, auch wenn deren Belohnungen im Vergleich mit der Blauen Passionsblume buchstäblich verblassen.

Die erzwungene Distanzierung von den alltäglichen Ambitionen setzt das Leben vorübergehend ins richtige Maß. Der Dalai-Lama hat mich oft daran erinnert, dass ich »einer von sieben Milliarden« bin. Damit meint er nicht etwa, ich sei unbedeutend oder so wie alle anderen. Vielmehr ermutigt er mich, meinen engen, erdnahen Blick auf *mein* Leben, *meine* Arbeit, *meine* Beziehungen und *mein* Geld zu erweitern. Das ist unter normalen Umständen schwierig, aber auf dem Camino ist es leicht. Beim Wandern sehe ich mich als einen von sieben Milliarden Menschen, die ganz kurz auf einer über Jahrmillionen von der Vergangenheit in die Zukunft reichenden Zeitachse existieren. Ich merke, wie bedeutungslos vieles ist – nicht mein Leben, sondern all die weltlichen Kleinigkeiten, mit denen ich mich gerne von metaphysischen Wahrheiten ablenke. Ich merke zum Beispiel, wie egal es im Großen und Ganzen wäre, wenn ich mein Smartphone verlieren oder mein Auto beschädigen würde.

Während jeder Schritt einen gegenwärtigen Augenblick markiert, ist der Tag die perfekte Zeitspanne, um eine andere Absicht ins Auge zu fassen und sich im Gebet oder in der Meditation auf das Wohl der anderen zu konzentrieren.

An manchen Tagen steht Persönliches im Mittelpunkt: mein Sohn bei den Marines. An anderen Tagen geht es ums Ganze: um die Menschen auf der Welt, die unter Armut und Krieg leiden. Die Gehmeditation schafft ein Gefühl von Liebe und Mitgefühl für das in den Blick Genommene und endet mit einem konkreten Entschluss, einer entsprechenden Handlungsabsicht.

Am Ende bleibt Dankbarkeit. Vieles wurde schon über den sogenannten *gratitude walk* geschrieben – zu Deutsch etwa »Dankesgang« oder »Dankwanderung«. Hierbei denkt man während des Gehens an die positiven Ereignisse im eigenen Leben. Indem man Dankbarkeit hervorruft, macht man sich das eigene Glück bewusst. Ich habe dies während aller Corona-Lockdowns jeden Abend nach dem Abendessen in meiner Nachbarschaft getan. Es bleibt eine der schönsten Erinnerungen, die ich an diese Zeit habe, und es hat mich unbeabsichtigt auf meinen Pilgerweg im Jahr 2021 vorbereitet. Praktisch mit Reiseantritt begann meine Dankbarkeit zu sprudeln – für meine Familie, meinen Glauben, meine Freundschaften und meine Arbeit, aber auch für ein Glas kühles Wasser, für das Abstreifen der Schuhe und für das weiche Kissen zur Nacht.

Ich werde meine Zeit auf dem Jakobsweg noch jahrelang verarbeiten. Sie hat mir geholfen, die Veränderungen und Turbulenzen in meinem eigenen Leben zu verstehen, und sie bringt mich für ein fruchtbares *vanaprastha* in Stellung. Obwohl ich mich hier nach besten Kräften bemühe, es zu beschreiben, ist das Pilgern im Grunde eine unbeschreibliche Erfahrung und auch eine sehr persönliche. »Es ist dein Weg und nur deiner«, schreibt der Sufi-Dichter Rumi.[15] »Andere mögen ihn mit dir gehen, aber niemand kann ihn für dich gehen.« Ich kann nur sagen, dass Sie danach nicht mehr derselbe Mensch sein werden. Eine Pilgerfahrt wird Ihr *vanaprastha* unter Strom setzen. Womöglich wandern Sie geradewegs hinüber zur zweiten Kurve.

Kraft für den Sprung

Wer die eigene Identität als festgelegt und unveränderlich sieht – *ich bin so jemand, nicht so jemand* –, verbaut sich viele Möglichkeiten im Leben. Nur indem wir fortwährend bereit sind, unsere Vorstellung von uns selbst umzubilden, verhindern wir, dass wir in Mustern stecken bleiben, die unserem sich wandelnden Selbst nicht mehr entsprechen. Und wie ich bereits ausgeführt habe, *ändern* viele Menschen im Alter ihre Haltung gegenüber Glaubensfragen. Diesen Sinneswandel zuzulassen und das eigene Innenleben weiterzuentwickeln hilft beim Übergang zur zweiten Kurve.

Wie im Fall von Nikodemus lassen sich viele Menschen durch das Gefühl hemmen, es sei eine Art Schwäche, nach so vielen Jahren der geistigen Selbstständigkeit die Stütze der Spiritualität zu brauchen. Und wenn es eines gibt, das wir Ehrgeizigen hassen, dann ist es Schwäche. Wie ich jedoch in diesem Kapitel dargelegt habe, ist der Wunsch nach spirituellem Tiefgang keine Schwäche, sondern eine neue Quelle der Kraft. Und Kraft ist nötig, um auf die Kurve der kristallinen Intelligenz zu springen.

Spirituelle Sehnsucht ist einer von vielen Fällen, in denen eine Stärke wie eine Schwäche aussieht. Unser Leben ist voll davon, und das ist die nächste Lektion, die wir lernen müssen, um auf die zweite Kurve zu gelangen.

Kapitel 8

Aus Schwächen werden Stärken

Wer ist der erfolgreichste Unternehmer der Menschheitsgeschichte? Henry Ford? Steve Jobs vielleicht?

Mein Favorit für diesen Ehrentitel wäre zweifellos Saulus von Tarsus, der Christenheit später als der heilige Paulus bekannt. Auch wenn Sie kein Christ sind, sollten Sie meine Gründe für diese Wahl interessieren: Saulus bekehrte sich im 1. Jahrhundert zu den Lehren Christi und gliederte das Wirken eines messianischen Wanderpredigers zu einem Korpus aus kohärenter Theologie, die er dann in der gesamten antiken Welt verbreitete. Paulus kann als Erfinder des Christentums als einer organisierten Religion gelten, die seit zweitausend Jahren wächst und heute mehr als zwei Milliarden Anhänger hat.

Eine Milliarde derzeitige iPhone-Nutzer sind auch kein Pappenstiel, würde ich sagen. Aber warten wir mal ab, wie gut Apple sich im Jahr 4000 schlägt.

Was war nun Paulus' Erfolgsgeheimnis? Er selbst formuliert es um 55 nach Christus in einem Brief an sein kirchliches Start-up in Korinth folgendermaßen:

> Mir wurde ein Dorn für das Fleisch gegeben, ein Engel Satans, dass er mich mit Fäusten schlägt, damit ich mich nicht überhebe. Um dessentwillen habe ich dreimal den Herrn angerufen, dass er von mir ablasse. Und er hat zu mir gesagt: Meine Gnade genügt dir, denn meine Kraft kommt in Schwachheit zur Vollendung. Sehr gerne will ich mich nun vielmehr meiner Schwachheiten rühmen, damit die Kraft Christi bei mir wohnt.

> Deshalb habe ich Wohlgefallen an Schwachheiten, an Misshandlungen, an Nöten, an Verfolgungen, an Ängsten um Christi willen; denn wenn ich schwach bin, dann bin ich stark.[1]

Schriftgelehrte haben ausführlich darüber spekuliert, was genau Paulus mit diesem »Dorn« meinte. Manche nehmen an, es sei eine vorübergehende Erblindung wie die gewesen, die er erlitt, als er auf der Straße nach Damaskus niedergeschlagen wurde. Kehrte diese Blindheit von Zeit zu Zeit zurück? Im Gegensatz dazu glaubten viele mittelalterliche Theologen, dass Paulus von Stigmata gequält wurde. Bei diesem mystischen Phänomen identifiziert man sich so stark mit dem Leiden Jesu, dass einem die Kreuzigungswunden an Händen und Füßen aufbrechen.[2] Einer anderen Erklärung zufolge bezieht sich Paulus auf die ständige Verfolgung durch die jüdischen und römischen Behörden, der er ausgesetzt war. Einige dachten wiederum, er könnte die Versuchungen der Sünde gemeint haben.

In einer neueren Analyse im *Journal of Neurology* stellt der Neurologe David Landsborough die Hypothese auf, dass die Qualen des Paulus höchstwahrscheinlich von einer Schläfenlappenepilepsie herrührten.[3] Das würde auch seine Visionen und ekstatischen Erlebnisse erklären, die er in seinen Briefen erwähnt – etwa dass er sich »ins Paradies entrückt« sah. Es könnte auch den Lichtblitz erklären, der ihn auf der Straße nach Damaskus ereilte und ihn vorübergehend erblinden ließ. Eine solche Erkrankung hätte, wie Landsborough ausführt, im späteren Leben zu Krampfanfällen geführt, die mit Sicherheit wie ein von Satan gesandter Dorn im Fleisch wirken konnten.

Paulus' Wortwahl lässt darauf schließen, dass die meisten seiner Anhänger in der frühchristlichen Kirche über die Art seines Leidens Bescheid wussten. Er muss immer wieder offen darüber gesprochen haben, denn er hält es für unnötig, es im Brief näher zu benennen. Die eigentliche Frage ist, warum er seine Gemeinde an sein Gebrechen erinnert. Will er bei seiner Gefolgschaft Mitleid oder Schuldgefühle wecken? Sicherlich nicht. Seine eindeutige Absicht war es, ihnen zu zeigen, dass er – der große Paulus, der Visionär, der Apostel Christi – fehlerhaft, sterblich und schwach war.

Aber Paulus geht noch weiter: Er behauptet, dass er daraus Stärke zieht! Das sagt ein Mann, der mit seiner Willenskraft und Redegabe – typische Führungsstärken – einer brandneuen Religion ein theologisches Fundament errichtet und viele Tausend Konvertiten zugeführt hatte. Und doch behauptete er, seine wahre Stärke sei sein Leiden und – sofern Landsborough recht hat – sein körperlicher Verfall.

Auf den ersten Blick klingt dies wie ein Managementtipp aus Lewis Carrolls *Alice hinter den Spiegeln*, wo oben unten und rückwärts vorwärts ist. Den meisten von uns wird es ebenso unmöglich wie verrückt vorkommen, Leuten gegenüber, die man beeindrucken muss, den eigenen Niedergang anzupreisen. »Hört mal her, Leute … ich bin krank, ich leide, es wird immer schlimmer! Möchtet ihr meiner Religion beitreten?« Das ist ziemlich schlechtes Marketing. Und weil es kaum vorteilhaft ist, den eigenen Verfall an die große Glocke zu hängen, wenden wir enorm viel Zeit und Geld auf, um die Spuren des Zahns der Zeit zu übertünchen. Hautstraffungen, Haartransplantationen und unsichtbare Hörgeräte sind aus gutem Grund ein gutes Geschäft.

Niemand von uns Ehrgeizigen läuft durch die Gegend und prahlt damit, nicht mehr so viel Energie oder so viele Ideen zu haben wie früher. Die Tatsache, dass Schwäche und Verlust etwas Schlimmes sind, ist vielleicht sogar der Grund dafür, dass Sie dieses Buch überhaupt in die Hand genommen haben.

Niedergang ist Verlust, und Verlust ist schlecht. Also lieber ausgleichen oder verstecken, aber auf keinen Fall darüber sprechen! Richtig?

Falsch. Paulus hatte recht. Um mit neuer Kraft voranzuschreiten, müssen Sie erkennen, dass Ihre Schwäche – ob Verlust oder Verfall – ein Geschenk für Sie und andere sein kann.

Schwäche verbindet

Vor vielen Jahren war ich mit einem klinischen Psychologen befreundet, der eine florierende Praxis in New England hatte. Mit fünfundvierzig war er beruflich auf der Höhe und liebte seine Arbeit. Aber er hatte ein Problem: Sein ganzes Leben lang hatte er an Typ-1-Diabetes gelitten und verlor nun sein

Augenlicht – kein ungewöhnliches Symptom bei Diabetikern in fortgeschrittenem Alter. Seine erste Reaktion war totale Verdrängung. Er bestand darauf, sein Leben so fortzusetzen, wie er es immer geführt hatte, was das Autofahren einschloss. Als sich seine Nachbarn darüber beschwerten, dass er ihre Briefkästen umfuhr, stellte er sich dann doch seiner nahenden Erblindung – und entging einer möglichen Tragödie.

Er haderte noch jahrelang und war wütend auf Gott, weil der ihm dieses grausame Schicksal aufgebürdet hatte. Doch dann erhielt er eines Tages einen Anruf von einer Frau, die eine psychische Krise hatte und Behandlung brauchte, aber aus gewissen Gründen ihre Identität nicht preisgeben wollte. Wie sich herausstellte, war sie ziemlich berühmt und wollte gerne sogar gegenüber ihrem Therapeuten anonym bleiben. Sie benötigte – und fand – einen blinden Psychologen. Mein Freund konnte der Frau helfen und spezialisierte sich fortan auf Prominente, die eine ähnliche Behandlung wünschten.

Dazu musste mein Freund seinen Stolz loslassen und in seiner Schwäche wehrlos werden. Nur so konnte er auf neue Weise Erfolg erlangen. Dies befürwortet auch Brené Brown in ihrem Bestseller *Verletzlichkeit macht stark*. Brown spricht davon, dass wir uns für andere angreifbar machen müssen, wenn wir wirklich glücklich und erfolgreich sein wollen, und dass Abschottung uns nur schadet. Browns Argument lässt sich auch so verstehen, dass Wehrhaftigkeit im Allgemeinen eine sehr ungünstige Einstellung ist und nie wirklich weiterhilft. Das wahre Ziel ist Wehrlosigkeit.

Aber was ich eigentlich sagen will, geht noch ein wenig weiter. Es ist in der Tat wichtig, Risiken einzugehen und das Scheitern in Kauf zu nehmen – eben Verletzlichkeit zu wagen, wie Brown es ausdrückt. Aber der wahre Meister nutzt seine dann unvermeidlichen Misserfolge – einschließlich des Niedergangs, der zwangsläufig auf große Lebensleistungen folgt – als Quelle tiefer zwischenmenschlicher Verbundenheit.

Ich persönlich habe dies eher zufällig gelernt. Ich habe Ihnen bereits gesagt, dass mein Bildungsweg insofern unorthodox war, als ich meinen Abschluss im Alter von etwa dreißig Jahren per Fernstudium gemacht habe. Als Professor habe ich nie groß über diese Tatsache gesprochen, weil alle meine Kollegen teure Universitäten besucht hatten und es mir peinlich war.

Nach einem Jahrzehnt verließ ich die Universität, um Vorstand einer Denkfabrik in Washington, D. C., zu werden – ein wichtiger Karrieresprung in eine extrem herausragende Position, auf der ich mich zeitweise im Zentrum politischer Auseinandersetzungen befand. Da der Erfolg der ganzen Organisation stark von meiner Glaubwürdigkeit abhing, ging ich äußerst behutsam mit meiner Vorgeschichte um, auch mit meinem unkonventionellen Bildungsweg. In einem Umfeld, in dem alle von Harvard oder Princeton kamen, musste ich befürchten, dass irgendjemand meinen Lebenslauf hochhielt und rief: »Leute, guckt euch diesen Stümper an!«

Wie sich zeigte, hätte ich mir keine Sorgen machen müssen. Ein paar Jahre nach meinem Antritt bei der Denkfabrik planten Bill Gates und ein paar andere Philanthropen, einen Bachelor-Studiengang einzurichten, der zehntausend Dollar kosten sollte – einen sogenannten *10K BA*. Die Idee wurde im gesamten Hochschulbetrieb als wertlos geschmäht, denn billig könne ja unmöglich gut sein. Diese elitäre Haltung ärgerte mich so sehr, dass ich mich endlich zu meinem Werdegang bekannte und in der *New York Times* über mein Zehntausend-Dollar-Studium schrieb, das mich gut ausgebildet und mir die Chance auf ein neues Leben und eine Karriere eröffnet hatte.

Ich machte mich darauf gefasst, mit Spott überschüttet zu werden – womöglich sogar mit Kritik, die meine Stellung bedrohen könnte. Aber nichts dergleichen geschah. Stattdessen erhielt ich Hunderte von Briefen und Mails von Leuten, die auf unkonventionellen Wegen studiert hatten, um sich eine Existenz aufzubauen. Sie berichteten, dass es sie bestärkt hätte, von einem zu hören, der nicht begütert und privilegiert angefangen hatte und an den Eliteunis nicht willkommen war. Viele dieser Menschen lernte ich kennen, und ich schrieb über ihre Erfahrungen. Ich wurde ein Verfechter nicht konventioneller Bildungswege und ein Fürsprecher jener Mutigen, die sie beschreiten.

Folgendes habe ich aus diesem Erlebnis gelernt: Meine Schwäche, nicht meine Stärke, hatte mich dazu befähigt, mit Menschen in Kontakt zu treten, die ich sonst nie kennengelernt hätte. Sie waren Strebende, sie waren Außenseiter, die vom Betrieb übergangen wurden, und sie waren *meine Leute!* Ich wäre nie mit irgendeinem von ihnen in Verbindung getreten, wenn ich meinen Werdegang mit all seinen Wendungen nicht offengelegt hätte.

Die Lektion ist, dass man beim Aufbau von tiefen zwischenmenschlichen Verbindungen mit Stärken und weltlichem Erfolg nicht weit kommt. Dafür braucht man Schwächen. Wenn ich auf ein vornehmes College gegangen wäre, hätte es manche vielleicht beeindruckt, aber zu den meisten hätte ich dann keine Verbindung. »Elite« bedeutet, dass nicht viele diese Auszeichnung tragen und dass diese Auszeichnung schwierig zu erreichen ist. Zugehörigkeit zur Elite macht unnahbar. Sie ist eine Barriere für tiefe zwischenmenschliche Verbindung.

Kommen wir zwecks Veranschaulichung kurz auf den heiligen Paulus zurück. Aus heutiger Sicht ist es leicht, Paulus unter den großen Gewinnern der Weltgeschichte zu sehen. Darum kann man sich Paulus kaum als einen Mann im Niedergang vorstellen. Und doch sah er sich selbst mit ziemlicher Sicherheit so. Gegen Ende seines Lebens schrieb Paulus aus einer Gefängniszelle heraus Briefe an Gemeinden, die zu zerfallen schienen. Er fühlte sich von seinen Freunden verlassen. »Demas hat mich verlassen, da er diese Welt lieb gewonnen hat, und ist nach Thessalonich gegangen, Kreszenz nach Galatien, Titus nach Dalmatien«, schreibt er an seinen Schüler Timotheus. »Alexander, der Schmied, hat mir viel Böses erwiesen. [...] Bei meiner ersten Verhandlung stand mir niemand bei, sondern alle verließen mich.«[4] Seine einzige Hoffnung schien im Jenseits zu liegen: »Der Herr wird mich retten von jedem bösen Werk und mich in sein himmlisches Reich hineinretten.« Bei aller Glaubensstärke sah Paulus sein irdisches Wirken sicherlich als gescheitert an, als dazu bestimmt, vergessen zu werden. Den heutigen Stand der Dinge – mehr als zwei Milliarden Christen – hätte er sich nicht vorstellen können.

Daraus können Sie unabhängig von Ihrer religiösen Überzeugung ganz offensichtlich zweierlei lernen. Erstens spielt es, wie ich immer wieder gesagt habe, keine Rolle, wer man ist – wenn man lange genug lebt, erfährt man den Rückgang der fluiden Intelligenz. Zweitens kann man nie wirklich wissen, welche Auswirkungen die eigene Arbeit haben wird. Es lässt sich nicht sagen.

Aber es gibt noch eine wichtigere Lektion: Ausgerechnet Paulus' Hadern mit der Welt – bei gleichzeitigem Festhalten am Glauben – hat seit Tausenden von Jahren Menschen in den Bann gezogen. Ich habe das Kapitel mit der Feststellung begonnen, dass er durch seine Schwäche – den Dorn in seinem Fleisch – mit anderen in Verbindung treten konnte. Aber erst, was er am Ende seines Lebens über die Trauer und das Leid schreibt, hat den christlichen Glauben für alle Zeiten mit echter menschlicher Erfahrung angereichert und anziehend gemacht – als ein Glaube, der den Schmerz des gewöhnlichen Lebens und unsere Reaktion darauf versteht.

Das war zu Paulus' Zeiten nicht üblich. Seine philosophisch interessierten Zeitgenossen bewunderten die Stoiker und folgten ihnen, die jeden Ausdruck emotionalen Leidens aus ihrer Rede zu verbannen suchten.[5] Ein weiser Mensch, lehrten die Stoiker, ist stark und diszipliniert genug, um zu wissen, dass Wut und Trauer sinnlos und destruktiv sind. Leiden sollte man eben *stoisch* ertragen. Im Gegensatz dazu schreibt Paulus an die korinthische Gemeinde »aus viel Bedrängnis und Herzensangst und unter vielen Tränen«[6]. Paulus war im Grunde ein Anti-Stoiker.

Fragen Sie sich also: Welcher Typ Mensch möchten *Sie* sein? Jemand, der den Niedergang mit scheinbarer Gleichgültigkeit hinnimmt, insgeheim aber leidet? Oder jemand, der – wie Paulus – Verluste offen eingesteht und dennoch den Glauben bewahrt, an die Macht der Liebe glaubt und unbeirrt den Mitmenschen dient?

Ihren Niedergang, so schmerzhaft er auch sein mag, sollten Sie bewusst wahrnehmen – und offen kundtun.

Vom Nutzen der Schwäche

Zwar verstößt es gegen unseren Instinkt, aber es gibt unbestreitbare Belege dafür, dass Wehrlosigkeit den Lebenserfolg steigert. Zum Beispiel haben Studien ergeben, dass sich Krankenschwestern, die sich bezüglich des eigenen Privatlebens ihren Patienten gegenüber offen zeigen, mehr in ihre Arbeit vertiefen und dass die Patienten unter ihrer Obhut tapferer und engagierter werden und daher besser genesen.[7] Führungskräfte sind glücklicher und werden von ihren Mitarbeitern als tüchtiger wahrgenommen, wenn sie sich verletzlich und menschlich geben.[8] Umgekehrt verringern Menschen, die defensiv oder distanziert auftreten, das Vertrauen unter denen, die sie führen. Sie sind unglücklicher und ergo weniger erfolgreich.[9]

Verwundbarkeit kann sich in Kleinigkeiten oder in sehr schmerzhaften persönlichen Erfahrungen zeigen. 2019 erntete beispielsweise der Comedian Stephen Colbert enorme öffentliche Bewunderung, als er sich verletzlich zeigte. In einem Interview auf CNN wurde er von Anderson Cooper nach dem Flugzeugabsturz gefragt, bei dem Colberts Vater und zwei seiner Brüder ums Leben gekommen waren, als er zehn Jahre alt war. Cooper hatte zuvor von Colbert gehört, er habe gelernt, »das zu lieben, von dem ich am meisten wünschte, es wäre nicht passiert«. Er bat Colbert, diesen ungewöhnlichen Satz zu erklären. »Es ist ein Geschenk zu existieren, und mit der Existenz kommt Leiden«, erwiderte Colbert. »Ich will nicht, dass das passiert ist [...] aber wenn man für sein Leben dankbar ist [...] dann muss man für alles dankbar sein. Man kann sich nicht aussuchen, wofür man dankbar ist.«[10]

Colbert zeigt hier nicht nur unglaubliche Verletzlichkeit, sondern erklärt auch, dass er Kraft in seiner Tragödie gefunden hat. Der Psychiater Viktor Frankl konstatiert in seinem berühmten Buch *... trotzdem Ja zum Leben sagen*, in dem er seine Zeit im KZ Auschwitz bis ins kleinste Detail wiedergibt, so ziemlich dasselbe: »Wenn ein Mensch feststellt, dass es sein Schicksal ist, zu leiden, muss er das Leiden als seine Aufgabe akzeptieren, seine einzige und einzigartige Aufgabe. Er muss die Tatsache anerkennen, dass er sogar im Leiden einzigartig und im Universum ganz allein ist. Niemand kann ihn von seinem Leiden befreien oder an seiner Stelle leiden. Seine einzigartige Chance liegt in der Art und Weise, wie er seine Bürde trägt.«[11] Frankl war der Meinung, dass Menschen in jeder Art von Leiden ihren Lebenssinn und ihr persönliches Wachstum finden könnten.

Colberts und Frankls Vorstellung steht im Widerspruch zu dem Bild, das wir uns heute normalerweise von Leid und Schwäche machen: etwas, das vermieden und auf keinen Fall offenbart werden sollte. Leid und Schwäche sind zu privat, zu peinlich oder zu schmerzhaft, um davon zu erzählen. Außerdem neigen wir zu der Annahme, dass traumatische Ereignisse – wie Unfälle, Krankheiten und andere Arten von persönlichem Verlust – nur Schmerzen und anhaltende Probleme hervorrufen können, und zwar erst recht, wenn wir mit anderen darüber sprechen. Dies ist jedoch im Allgemeinen nicht der Fall. Der Ausweg, den uns Colbert und Frankl weisen, besteht darin, im Leiden einen *Sinn* zu finden und über diesen Sinn zu sprechen.

Ich habe diese bemerkenswerte Verwandlung miterlebt, und ich möchte wetten, Sie auch. Bei einem lieben Freund von mir wurde Krebs im Spätstadium diagnostiziert, worauf man ihm mitteilte, er hätte nicht mehr länger als ein Jahr zu leben. Er war von Natur aus ein ängstlicher Typ, immer wegen Kleinigkeiten gestresst, und die Prognose hätte ihn logischerweise noch tiefer in seine natürliche Besorgnis hineinsinken lassen müssen. Genau das Gegenteil geschah: Er erkannte, dass er sein eigenes wahres Leben verpasst hatte, und beschloss, sich angesichts seiner knappen Zeit nichts mehr davon entgehen zu lassen. Er nahm sich vor, nie zu vergessen, dass jeder Tag sein letzter sein könnte, das verbleibende Leben so zu leben, wie er wirklich war – mit dem im Mittelpunkt, was er wirklich liebte –, und diese Erkenntnis mit anderen zu teilen.

Durch irgendein Wunder überlebte mein Freund ein Jahr, dann noch eins und dann noch zwei Jahrzehnte. Der Arzt sagte, der Krebs würde irgendwann wiederkommen – der Wolf steht in solchen Angelegenheiten immer vor der Tür. Genau das hielt meinen Freund paradoxerweise davon ab, zu alten Denkmustern zurückzukehren. Er war glücklich und dankbar, dass er vor so vielen Jahren aus seinem Schlaf gerissen worden war und fortan so lebte, als genösse er seine letzten Monate. Letztes Jahr – der Wolf war doch noch hereingeplatzt – starb er in Frieden und von seiner geliebten Familie umgeben. Mit seinen »geschenkten Jahrzehnten« hatte er uns alle beschenkt.

Dies steht weitgehend im Gegensatz zur Lehrmeinung, die ihre verschlungenen Wurzeln in der Freud'schen Psychologie hat. Sigmund Freud glaubte, dass durch Leid und Verlust entstandenes Trauma immer schädlich für den Menschen ist und dass zur Linderung die oft verdeckten negativen Auswirkungen des Traumas überwunden werden müssen.[12] Natürlich gibt es viele Fälle von schädlichen Traumata, etwa unter Missbrauchsopfern und PTBS-Betroffenen. Aber das ist nicht die Norm.[13] Neuere Forschungsergebnisse belegen eindeutig, dass die meisten Menschen resilient sind – mehr noch, dass sie an Verlusten und Schicksalsschlägen wachsen.[14]

Negative Emotionen machen uns bei unseren täglichen Aktivitäten effektiver.

In einem einflussreichen Artikel aus dem Jahr 2009 im Fachjournal *Psychological Review* argumentieren die Evolutionspsychologen Paul W. Andrews und J. Anderson Thomson, dass sich Traurigkeit im Verlauf der Evolution gehalten hat, weil sie kognitive Vorteile mit sich bringt.[15] Es gibt Hinweise darauf, dass sie uns die Realität in sozialen Situationen besser einschätzen lässt, weil wir uns selbst weniger schmeicheln oder traurige Wahrheiten beschönigen. Traurigkeit kann uns sogar produktiver bei der Arbeit machen, indem sie die Konzentration erhöht und uns hilft, aus Fehlern zu lernen.[16] So können Rückschläge durch die negativen Emotionen, die daraus resultieren, zu späteren Erfolgen beitragen.

Psychologen haben festgestellt, dass einige der wichtigsten Erfahrungen im Leben ziemlich schmerzhaft sind.[17] In einer Studie aus dem Jahr 2018 haben beispielsweise zwei Psychologen der Western Illinois University eine große Gruppe von College-Studenten nach den positiven und negativen Gefühlen befragt, die sie mit ihrem Studium und ihren Beziehungen verbinden – und nach deren Bedeutsamkeit.[18] Die Studenten gaben zu Protokoll, dass ihnen beides enorm viel bedeutete, aber dass der Preis dafür hoch sei. Die Forscher fassen ihre Ergebnisse so zusammen: »Bedeutsamkeit geht mit negativen Affekten und Verlustängsten einher.«

Zudem macht uns die Erfahrung negativer Gefühle stärker für echte Krisen. Untersuchungen haben ergeben, dass sich durch sogenanntes Stressimpfungstraining – bei dem man lernt, mit Wut und Ängsten umzugehen, indem man Reizen ausgesetzt wird, die solche Gefühle hervorrufen – effektiv emotionale Belastbarkeit aufbauen lässt.[19] Man kann sich vorstellen, dass die Eliminierung von Schmerz und Schwäche aus dem Alltagsleben zu einer Art emotionaler Allergie führen könnte: Wenn dann schwere Zeiten kommen und man eine unmöglich zu unterdrückende Trauer oder Angst empfindet, hat man nicht die Mittel, um sich diesen Gefühlen zu stellen.

In der Schwäche zu Größe finden

»Er ist bereit, sein Leben zu beenden; nur moralische Redlichkeit hält ihn zurück.«[20] So schreibt ein enger Freund des großen Komponisten Ludwig van Beethoven, dessen Leben zu einer aus der Bahn geratenen Heldenreise geworden war.

Beethoven wurde nach seinem Großvater benannt, der von 1712 bis 1773 lebte und allgemein als der führende Musiker der Stadt Bonn galt. Sein Enkel zeigte schon in jungen Jahren die gleichen erstaunlichen Talente. Als junger Mann arbeitete er in Wien und galt dort gemeinhin als künstlerischer Erbe des kürzlich verstorbenen Wolfgang Amadeus Mozart. Er studierte beim weltberühmten Joseph Haydn sowie bei den Meisterkomponisten Antonio Salieri und Johann Albrechtsberger.

Man konnte mit Fug und Recht davon ausgehen, dass Beethoven der größte Komponist seiner Zeit und obendrein einer der größten Pianisten sein würde. Er war ehrgeizig und fleißig und mit Ende zwanzig bereits berühmt.

Seit einigen Jahren plagte ihn jedoch ein seltsames Summen und Klingeln in den Ohren. »In den letzten drei Jahren ist mein Gehör immer schwächer geworden«, schreibt Beethoven 1801 im Alter von dreißig Jahren an seinen Arzt. »Im Theater muss ich sehr nah ans Orchester heran, um die Darsteller zu verstehen, und … aus der Ferne höre ich die hohen Töne der Instrumente und die Stimmen der Sänger nicht.« Er hielt an der Hoffnung fest, sein Hörproblem könne noch behoben werden. Aber diese Hoffnung schwand von Jahr zu Jahr, und ihm und seinen Mitmenschen wurde klar, dass es keine Hoffnung auf Besserung gab. Beethoven ertaubte.

Kann ein Schicksal grausamer sein als dieses? Ein Pianist und Komponist kann ohne Sehsinn und ohne den Gebrauch seiner Beine arbeiten. Aber ohne Hörvermögen? Keine Chance. Die potenziell größte Musiker- und Komponistenkarriere seiner Generation zerrann vor seinen Augen (und zwar noch auf dem Höhepunkt seiner fluiden Intelligenz). Es war, als zöge David in den Kampf gegen Goliath und würde in der ersten Minute getötet.

Also zürnte Beethoven. Als er längst kaum noch hören konnte, beharrte er darauf, Klavierkonzerte zu geben, mit immer schlechteren Ergebnissen. Er schlug so hart auf die Tasten, dass er Klaviere zerspielte. »In Forte-Passagen hämmerte der arme Taube auf die Tasten, bis die Saiten klirrten«, schreibt sein Freund und Komponistenkollege Ludwig Spohr. »Ich war zutiefst traurig über ein so schweres Schicksal.«[21]

Klingt irgendwie vertraut, nicht wahr? Kennen Sie jemanden im Niedergang, der sich dagegen auflehnt und nicht einsehen will, dass seine oder ihre Fähigkeiten nachlassen? Haben Sie schon einmal das Äquivalent der Zertrümmerung eines Klaviers miterlebt, zum Leidwesen der Zuhörer?

All das klingt nach einem traurigen Ende für Beethoven. Aber tatsächlich ist dies nicht das Ende der Geschichte. Als seine Taubheit zunahm, gab er schließlich das Konzertieren auf, fand aber raffinierte Möglichkeiten, um weiter zu komponieren. Er erspürte die Klangfarbe der Töne auf dem Klavier, indem er einen Bleistift in den Mund steckte und ihn beim Spielen gegen den Resonanzboden hielt. Als sein Hörvermögen noch teilweise vorhanden war, ließ er die Noten weg, deren Frequenzen außerhalb seines Hörbereichs lagen. 2011 publizierten drei niederländische Wissenschaftler eine Analyse im *British Medical Journal*, derzufolge hohe Töne (über 1568 Hertz) achtzig Prozent von Beethovens in den Zwanzigern geschriebenen Streichquartetten ausmachten, aber nur zwanzig Prozent in vergleichbaren Werken aus seinen Vierzigern.[22]

Als Beethovens Taubheit im letzten Lebensjahrzehnt vollkommen war (er starb mit sechsundfünfzig), schuf er Musik allein in seiner Fantasie. Damit war das Ende seiner Komponistenkarriere gekommen, oder? Falsch. In dieser Zeitspanne schrieb Beethoven diejenigen Werke, die seinen einzigartigen Stil ausmachten, die Musikgeschichte dauerhaft prägten und ihm einen Platz unter den größten Komponisten aller Zeiten sicherten. Vollständig ertaubt schrieb Beethoven seine besten Streichquartette (mit mehr hohen Tönen als in den Werken des vorangegangenen Jahrzehnts), seine meisterhafte *Missa solemnis* und seinen größten Triumph überhaupt, die *Neunte Sinfonie*. Er bestand darauf, die Uraufführung der *Neunten* in Wien zu dirigieren (wobei hinter Beethoven ein zweiter Dirigent stand, dem das Orchester eigentlich folgte). Nach der Aufführung nahm Beethoven den Jubel für sein Meisterwerk erst wahr, als ihn einer der Musiker in Richtung Zuschauerraum drehte, wo alles aufgestanden war, um dem vielleicht größten Orchesterwerk zu huldigen, das je geschrieben wurde. Man wusste um Beethovens Taubheit und warf daher Hüte und Kopftücher in die Luft, damit er die Begeisterung sehen konnte.

Es erscheint gelinde gesagt kontraintuitiv, dass Beethoven als Komponist immer origineller und brillanter wurde, und zwar im umgekehrten Verhältnis zu seiner Fähigkeit, die eigene Musik – und die von anderen – zu hören. Aber vielleicht ist es gar nicht so ungewöhnlich. Als sich sein Gehör verschlechterte, beeinflussten ihn die vorherrschenden Kompositionstrends weniger, dafür setzte sich die Musik durch, die sich in seinem Kopf formte. Sein Frühwerk erinnert erfreulich an die Musik seines Lehrers Joseph Haydn. Beethovens Spätwerk dagegen wurde so originell, dass er als Vater der Romantik galt und gilt. »Er hat in der Musik eine neue Welt erschlossen«, sagte Hector Berlioz, der französische Meister der Romantik, der den gehörlosen Komponisten vergötterte. »Beethoven ist übermenschlich.«[23]

Es wäre naiv zu glauben, dass Beethoven die künstlerische Freiheit, die ihm seine Taubheit gewährte, voll und ganz zu schätzen wusste. Ich kann mir vorstellen, dass er im Sterben seinen Hörverlust bedauerte, weil dieser ihn seine heiß geliebte Karriere als Starpianist gekostet hatte. Er konnte nicht wissen, wie sehr sein radikal neuer Kompositionsstil – den nur seine Mitmenschen gehört hatten – noch Hunderte von Jahren nach seinem Tod von seiner überragenden Größe zeugen würde. Vielleicht hatte er aber eine Ahnung. Bezeichnenderweise singt der Chor am triumphalen Ende der *Neunten Sinfonie* Zeilen aus Friedrich Schillers Gedicht *An die Freude*:

> Freude, schöner Götterfunken [...]
> Wir betreten feuertrunken,
> Himmlische, dein Heiligtum.

Sie dürfen sich jetzt entspannen

Schwäche als etwas rein Negatives zu sehen ist ein Fehler. Schwäche betrifft uns alle, und zwar in vielerlei Hinsicht. Gewiss hat sie ihre Unannehmlichkeiten, gewiss bringt sie Verluste mit sich. Aber sie bietet auch die Gelegenheit, tiefer mit anderen in Verbindung zu treten, das Geheiligte im Leiden zu sehen und sogar neue Wachstums- und Erfolgsfelder zu entdecken. Hören Sie auf, Ihre Schwäche zu verbergen und sich dagegen zu wehren.

Für uns Ehrgeizige hat das noch einen weiteren Vorteil – vielleicht den wichtigsten von allen: Sie dürfen sich endlich ein wenig entspannen. Wenn Sie aufrichtig und demütig mit Ihren Schwächen umgehen, fühlen Sie sich wohler in Ihrer Haut. Wenn Sie Ihre Schwächen nutzen, um Verbindung mit anderen aufzunehmen, wächst die Liebe in Ihrem Leben. Und schließlich – *endlich* – dürfen Sie sich entspannen, ohne sich darum zu sorgen, ob jemand meinen könnte, Sie seien schwächer als gedacht. Schwäche ohne Rücksicht auf die Meinung anderer zu offenbaren ist eine Art Superkraft.

Was ich hier empfehle, wird einigen von Ihnen allerdings schwerfallen. Ich weiß, Sie haben Ihr ganzes Leben lang gelernt, das Gegenteil zu tun: Stärke zeigen! Schwäche zeigen ist schwer, weil es die ultimative Unterminierung Ihres besonderen, objektifizierten Selbst ist. Sie werden sich nicht kampflos ergeben!

Wenn es Ihnen noch schwerfällt, Ihre Schwächen anzunehmen, können Sie sich zunächst einmal vorstellen, welcher Frieden in Ihrem Herzen einkehrt, wenn Sie nicht weiter so tun, als wären Sie *nicht* schwach. Stellen Sie sich vor, wie andere Sie als authentische, wehrlose und unerschrockene Person wahrnehmen und sich zu Ihnen hingezogen fühlen. Malen Sie sich aus, wie sich Ihre Mitmenschen entspannen und sich Ihnen anvertrauen. Stellen Sie sich vor, wie inspirierend für sie die Gegenwart von jemandem mit Ihrer Lebensleistung sein muss, der sich traut zu sagen: »Früher war ich darin besser als heute.« Stellen Sie sich Menschen vor, die wegen Ihnen glücklicher und weniger ängstlich sind. Spüren Sie die geistige und körperliche Entspannung, die dann eintritt, wenn Sie wirklich Sie selbst sind, ohne irgendetwas zu verbergen und ohne sich um das Endergebnis zu kümmern. Denken Sie daran, wie die Demut Sie entspannt, wie Sie Sie selbst werden – bereit für den Sprung auf die zweite Kurve.

Aber springen müssen Sie immer noch. Und wie ich immer wieder miterlebe, bedeutet das, alles Bekannte und Bequeme endgültig hinter sich zu lassen und eine neue Richtung im Leben einzuschlagen. Es ist ein großer Umschwung im Leben, und wie wir alle wissen, können große Umschwünge schwierig sein. Darauf müssen wir also als Nächstes unseren Blick richten: den Absprung.

Kapitel 9

Angeln bei Ebbe

Als Kind war ich verrückt nach Angeln. Niemand anderes in meiner Familie angelte, ich habe einfach selbst damit angefangen. Mit dem Geld, das ich mit dem Austragen von Zeitungen verdiente, kaufte ich mir Rute, Rolle, Schnur und Angelbücher. Wir wohnten in Seattle, und ich habe oft im Puget Sound geangelt, im Sommer auch auf Felsen im Meer an der zerklüfteten Küste von Oregon.

Im Meer zu angeln macht Spaß, ist aber ganz anders als in einem See – man wirft nicht einfach die Schnur hinein und wartet, bis etwas anbeißt. Das lernte ich, als ich es im Alter von etwa elf Jahren zum ersten Mal versuchte. Ein paar Stunden lang tauchte ich von verschiedenen Felsen aus meinen Köder ins Wasser, ohne einen einzigen Fang. Nach einer Weile kam ein verhutzelter alter Fischer vorbei und fragte, wie es denn so laufe.

»Mies«, sagte ich ihm. »Es beißt nichts an.«

»Das liegt daran, dass du es falsch machst«, sagte er mir. »Du musst auf die Ebbe warten – wenn das Wasser schnell zurückfließt.« Das komme einem irgendwie komisch vor, erklärte er, weil man das Wasser wegströmen sehe und denke, die Fische müssten auch aufs Meer hinausschwimmen. Aber genau dann würden das Plankton und die Köderfische aufgewühlt, und die Zielfische würden ganz verrückt und bissen nach allem.[1]

Gemeinsam beobachteten und warteten wir ungefähr eine Dreiviertelstunde, bis die Ebbe eintrat. An diesem Punkt sagte der alte Mann: »Lass uns angeln!« Wir warfen aus und holten tatsächlich innerhalb von Sekunden einen Fisch nach dem anderen ein. Das machten wir ungefähr eine halbe Stunde lang – was für ein Spaß!

Danach ruhte sich der alte Mann auf dem Felsen aus, zündete sich eine Zigarette an und wurde philosophisch. »Junge, es gibt nur einen Fehler, den man bei Ebbe machen kann«, sagte er.

»Welchen Fehler?«, fragte ich.

»Keine Schnur im Wasser zu haben.«

Beim Schreiben dieses Buches habe ich mich oft an jenen Tag erinnert. Auch im Leben gibt es eine Ebbe, nämlich den Übergang von fluider zu kristalliner Intelligenz. Dies ist eine äußerst produktive und fruchtbare Zeit. Jetzt springt man von einer Kurve zur anderen, wird mit der eigenen Erfolgssucht konfrontiert, meißelt die unwesentlichen Teile des Lebens weg, jetzt denkt man an den eigenen Tod, baut Beziehungen aus, jetzt beginnt man mit dem *vanaprastha*.

Leider ist die Ebbe des Lebens auch unglaublich beängstigend und schwierig – sie kann sich sogar wie eine Art Midlife-Crisis anfühlen. Sie kann sich anfühlen, als strömte alles hinweg, wofür man gearbeitet hat. Die Tragik darin ist leichter zu erkennen als die Chance.

In dieser letzten Lektion lernen wir, in der Ebbe zu angeln und mit Energie und Zuversicht den Übergang zu wagen. Denn Ihr größter Lebensumschwung muss keine Krise sein, keine Zeit des Verlustes. Er kann ein aufregendes Abenteuer voller neuer Chancen sein, die Sie nicht hätten erahnen können.

Liminalität

Harte, beängstigende Übergänge in der Lebensmitte sind nichts Neues. In seiner *Göttlichen Komödie* aus dem 14. Jahrhundert fasst Dante Alighieri eine Angst, die viele von uns kennen, in schöne Worte:

Auf halbem Weg des Menschenlebens fand
Ich mich in einen finstern Wald verschlagen,
Weil ich vom rechten Weg mich abgewandt.[2]

Psychologen haben ein besonderes Wort für unangenehme Lebensübergänge: *Liminalität.*[3] Damit ist die Übergangszeit zwischen zwei beruflichen Stellungen, Organisationen, Karrierepfaden und Beziehungsphasen gemeint.

Zum Thema Liminalität hat der Autor Bruce Feiler 2020 ein beliebtes Buch mit dem Titel *Life Is in the Transitions: Mastering Change at Any Age* geschrieben.[4] Er sagte mir, dass sein Interesse an dem Thema geweckt wurde, nachdem er in seinen Vierzigern eine Krebsdiagnose erhielt, eine kraftraubende Behandlung durchmachte und die Möglichkeit zu sterben ins Auge fassen musste, während seine Kinder noch klein waren.[5] Er bezeichnet diese Zeit als ein »Lebensbeben«, das seine Sichtweise auf fast alles veränderte, ihm aber letztendlich ein tieferes Verständnis und mehr Wertschätzung für sein Leben und seine Arbeit einbrachte. In seinem Buch befragt er Hunderte von Menschen nach ihren Lebensumschwüngen und stellt fest, dass im Durchschnitt alle achtzehn Monate eine bedeutende Veränderung im Leben eintritt und dass Lebensbeben wie das seine – oder solche, die mit freiwilligen oder unfreiwilligen beruflichen Veränderungen einhergehen – sehr regelmäßig vorkommen. Die meisten sind unfreiwillig – und daher unwillkommen –, aber nichts ist vorhersehbarer als das Eintreten von Veränderung.

Die meisten Weisheitstraditionen lehren dies seit Langem. Der stoische Philosoph Marcus Aurelius sagt: »[D]ie Welt ist Verwandlung, das Leben Einbildung.«[6] Der Buddha spricht sehr häufig über die Vergänglichkeit von allem (Sanskrit: *anitya*). »Wirklich vergänglich sind bedingte Dinge, die die Natur des Entstehens und Vergehens haben«, lehrt er. Es kommt ihm höchst ironisch vor, dass das zentrale Merkmal des Universums – die Veränderung – auch das ist, was uns am meisten Unbehagen bereitet. Er lehrt, dass wir die Vergänglichkeit des Lebens und der Existenz akzeptieren müssen, um Frieden zu finden.

Es gibt viele Meditationen über die Vergänglichkeit, und sie haben fast alle die gleiche Grundform: Man nimmt gelassen die Veränderung, die einen in jeder Sekunde umgibt, wahr und akzeptiert sie. Achten Sie zum Beispiel einmal ohne jedes Urteil auf die ständigen Veränderungen in Ihren Gedanken und Wahrnehmungen, während Ihr Geist von Thema zu Thema wandert. Spüren Sie Ihre Atmung, vielleicht auch Ihren Puls, und visualisieren Sie die Veränderungen, die Sie nicht spüren, beispielsweise die sich teilenden und absterbenden Zellen, das Wachstum von Haaren und Fingernägeln. Denken Sie an die in der Welt vor sich gehenden Veränderungen, die Sie nicht mitbekommen, aber von denen Sie wissen: dass Menschen Dinge tun, geboren werden und sterben; dass sich die Erde um die Sonne bewegt und der Mond um die Erde. Vergänglichkeit ist der Dauerzustand der Natur.

So seltsam es auch scheinen mag, selbst kollektive Übergänge vom Ausmaß der langsam voranschreitenden, lebensverändernden Corona-Pandemie sind normal und regelmäßig und treten etwa einmal pro Jahrzehnt auf. Wenn Sie in meinem Alter sind, erinnern Sie sich an den Zusammenbruch der Sowjetunion, der die Weltpolitik radikal verändert hat. Ein Jahrzehnt später haben Sie die Terroranschläge vom 11. September mitangesehen, die unsere Sicht auf die Welt stark verändert haben. Nach ein paar Jahren kamen die Finanzkrise und eine tiefe Rezession, die unsere Wirtschaft und unser Finanzsystem umgestalteten. Ein Jahrzehnt später war COVID-19 da. Im kommenden Jahrzehnt wird es mit ziemlicher Sicherheit irgendeine unwillkommene Katastrophe geben – wir wissen nur noch nicht, welche (und sie wird uns sicherlich überraschen, weil wir noch die Pandemie und die Finanzkrise im Kopf haben).

So schwierig diese Krisen auch sind, die Übergänge in unserem Privatleben sind schwieriger. Die Liminalität zwischen den Phasen des Erwachsenenlebens ist besonders unangenehm, weil man sich selbst nicht mehr richtig kennt. Wie es ein Managementexperte ausdrückt: »Mitarbeiter, die diese Zeit nicht erfolgreich überstehen, erleben eine anhaltende Instabilität ihrer Identität. Sie werden kognitiv und emotional von ihrem Verlust aufgefressen und stagnieren in ihrer Unfähigkeit, das alte Ich loszulassen und/oder das neue und veränderte Arbeits-Ich anzunehmen.«[7]

Eine College-Professorin im beruflichen Übergang beschreibt die Liminalität so:

> Seit fast drei Jahren durchlebe ich die Geschichten, die ich über das Sein und das Nicht-da-Sein erzähle. […] Geschichten, die bei mir immer ein Gefühl von Unvollständigkeit hinterlassen. […] Ich versuche, die Kluft zwischen den beiden Orten zu überbrücken, die Distanz aufzuheben, stillzustehen. […] Stillstehen, mein Zentrum suchen, als dezentrierter

Mensch, mein Gleichgewicht finden mit einem Fuß auf einem Boot und dem anderen auf dem ersten.[8]

Ich wette, das kommt Ihnen bekannt vor. Ich kenne es jedenfalls. Nach zehn Jahren als Chef einer Denkfabrik, in denen ich ein großes Forscherteam durch den Strudel der politischen Kämpfe in der Hauptstadt führte, trat ich im Sommer 2019 freiwillig zurück – ein fast unerhörter Schritt in meiner Branche. Ich sagte mich los von dem Team und der Arbeit, die ich kannte und liebte, und von dem Nervenkitzel, nah dran am politischen Ringen und Wirken zu sein. Warum? Weil ich zu diesem Buch recherchierte und den Entschluss gefasst hatte, daraus auch Konsequenzen für mich zu ziehen. (Wie soll ich *Ihnen* Ratschläge geben, wenn ich sie selbst nicht befolge?)

Dass das alles meine eigene Entscheidung war, war kaum tröstlich. Zwei Jahre lang waren meine Frau und ich desorientiert und einsam – die Pandemie machte es uns natürlich nicht leichter. Manchmal wachte ich morgens auf und bereitete mich mental auf den Tag im Büro vor, nur um zu merken, dass das Büro Vergangenheit und dass ich in Massachusetts war, nicht in Maryland. Merkwürdigerweise schien sich sogar meine Unterschrift zu verändern, als versuchte ich, mich als jemand anderes auszugeben.

Liminalität ist unangenehm, denn Übergänge sind immer schwierig. Aber das Gute ist: Selbst unwillkommene Übergänge werden im Nachhinein meist anders wahrgenommen als im ersten Moment. Tatsächlich, so Feiler, geben Betroffene in neunzig Prozent aller Fälle an, dass ihr Umschwung erfolgreich war – dass sie ihn also heil und ohne bleibende Nachteile überstanden haben.

Besser noch, Forschungen zufolge neigen wir dazu, wichtige Ereignisse der Vergangenheit – sogar die zu der Zeit unerwünschten – im Nachhinein als insgesamt positiv zu bewerten.[9] Das liegt zum Teil daran, dass unangenehme Gefühle stärker verblassen als angenehme. Das Phänomen nennt sich *fading affect bias*. Das mag nach einem Denkfehler klingen, ist es aber nicht. Fast jeder Übergang – sogar der schwierigste – trägt *auch* positive Früchte. Diese erkennen und wertschätzen wir normalerweise erst im Nachhinein. Einer meiner Söhne ist zum Beispiel beim Militär. Seine Grundausbildung war knallhart. Am Tag, nachdem sie zu Ende war, sagte er mir, dass er so etwas nie wieder freiwillig mitmachen würde. Heute erzählt er voller Amüsement, Wonne und Stolz von dieser Erfahrung – die ihm den Titel eines *U.S. Marine* verschaffte.

Tatsächlich sind es die schwierigen, schmerzhaften Übergänge, die Erkenntnisse über den Sinn unseres Lebens hervorbringen können. Forschungen darüber, wie Menschen Sinn finden, haben ergeben, dass wir tatsächlich Phasen voller Schmerz und Schwierigkeit brauchen, die uns vorübergehend unglücklich machen.[10] Um eine Studie aus dem Jahr 2013 zu zitieren, in der eine US-weite Stichprobe von 397 Erwachsenen befragt wurde: »Sorgen, Stress und Ängste waren mit mehr Bedeutsamkeit, aber weniger Glück verbunden.«

In seinem Buch *Meanings of Life* behauptet der Psychologe Roy Baumeister, dass das Leben stabiler wirkt, wenn man darin einen Sinn findet. Es mag paradox klingen, aber das Leid in Übergangsphasen kann Sinn ins Leben bringen und ein Gefühl von Stabilität für nachfolgende Übergänge vermitteln.[11] Dies ist einer der großen Pluspunkte des Älterwerdens und des Durchlebens vieler Veränderungen.

Mehr noch, Phasen des Schmerzes können eine intensive und expressive Produktivität herauskitzeln. (Erinnern Sie sich an die Ebbe? Dann beißen die Fische.) Es gibt in der Forschungsliteratur viele Belege für die starke Korrelation zwischen kreativer Genialität und seelischem Leiden. Sigmund Freud bezeichnete diesen Zusammenhang als »das Problem des schöpferischen Künstlers«.[12] Aber man muss nicht Sylvia Plath oder Vincent van Gogh heißen, um wie ich im eigenen Leben eine Miniaturversion davon zu bemerken. Mein Antrieb zum Erkunden und Ausformulieren neuer Ideen scheint umgekehrt proportional zu meinem Gefühl von Stabilität zu sein. Dieses Buch ist unter anderem eine Frucht meines Übergangs.

»Der Mensch wurde für den Streit geschaffen, nicht für die Rast«, schreibt Ralph Waldo Emerson.[13] »Im Handeln liegt seine Kraft; nicht in seinen Zielen, sondern in seinen Übergängen ist der Mensch groß.« Ich glaube, das stimmt, aber man vergisst es leicht. An vielen Tagen gelten meine ersten Gedanken nach dem Aufwachen meiner alten Arbeit und meinen Freundschaften in Washington. Ich reibe mir den Schlaf aus den Augen, stehe auf und werfe meine Angelschnur in die Ebbe des neuen Tages.

Muss es gleich eine Krise sein?

Wenn wir von großen Umwälzungen in der Lebensmitte eines Menschen hören, gehen wir oft davon aus, dass es sich um eine Krise handelt. Und tatsächlich hat die »Midlife-Crisis« fast schon den Rang eines Mythos, besonders seit die Autorin Gail Sheehy in den 1970er-Jahren ihren Bestseller *In der Mitte des Lebens* fünf Millionen Mal verkaufte und damit in die Vorstellungswelt einer ganzen Generation eindrang. Anhand von einhundertfünfzehn ausführlichen Interviews mit Männern und Frauen legt Sheehy dar, dass Menschen im Alter von etwa vierzig Jahren von Natur aus in eine Midlife-Crisis geraten und ihre Lebenspläne und -ziele infrage stellen. Tatsächlich hat sie, ohne es zu wissen, die Angst aufgedeckt, die man empfindet, wenn die fluide Intelligenz erstmals nachlässt. Sie dachte jedoch, die Leute hätten einfach Angst davor, alt zu werden. (Falls Sie meinen, vierzig Jahre sei kein Alter, dann sollten Sie bedenken, dass damals die Lebenserwartung bei etwa siebzig lag und die meisten Leute so früh Kinder bekamen, dass diese dann das Haus verließen.)

Sheehys berühmteste Fallstudie war die von John DeLorean, einem begnadeten General-Motors-Manager, der 1969 sein großes Erwachen erlebte. Es begann damit, dass er den ehemaligen Vorstandschef von General Motors besuchte.[14] Statt eines zufriedenen Industrieriesen im Ruhestand fand er die leere Hülle eines Mannes vor, traurig und einsam, sein Leben ohne Sinn und Bedeutung. Er wollte nichts anderes, als sich an seine gute alte Zeit als Konzernleiter zu erinnern. John erblickte in dem Mann seine eigene Zukunft und war schwer erschüttert. »Warum machst du das alles?«, fragte er sich hinterher. »Du bist wie eine der Maschinen. Plötzlich bist du veraltet und abgenutzt und kommst auf den Schrotthaufen. Ist das sinnvoll?«[15] DeLoreans Konsequenz war, dass er sich nach fünfzehn Jahren Ehe von seiner Frau scheiden ließ und eine Zwanzigjährige heiratete, von der er sich drei Jahre später trennte, um eine noch Jüngere zu heiraten. Nebenbei nahm er zwanzig Kilo ab, färbte sich die Haare, ließ sich das Gesicht operieren, schrieb einen Roman über den Atomkrieg und sprach öffentlich über die »neoreligiöse Metamorphose«.

Trotz alledem kommt DeLorean in Sheehys Buch ziemlich gut weg. Aber seine Geschichte nimmt im folgenden Jahrzehnt ein übles Ende. Er gründete unter eigenem Namen die Autofirma DeLorean Motor Company (heute bekannt für das Auto aus dem Filmhit *Zurück in die Zukunft*). Weil seine Autos mies gebaut und sehr langsam waren, geriet er bald an den Rand des Bankrotts. In einem verzweifelten Versuch, das nötige Geld aufzutreiben, um sein Imperium vor dem Zusammenbruch zu bewahren, verfiel er auf den Drogenhandel. 1982 wurde er im Alter von siebenundfünfzig Jahren festgenommen, nachdem er versucht hatte, einem Bundespolizisten siebenundzwanzig Kilo Kokain zu verkaufen. Der gebrochene und gedemütigte alte Mann wurde landesweit zum billigen Witz. (»Woran merkt man, dass ein DeLorean die Straße entlanggefahren ist? Daran, dass die weißen Linien fehlen.« Haha.) Und dann ließ sich auch noch seine junge Frau von ihm scheiden. Glauben Sie immer noch, *Sie* hätten eine schlimme Midlife-Crisis?

All dies nährte die bereits etablierte Annahme, dass Übergänge in der Lebensmitte etwas Schlechtes seien, ja vielleicht sogar etwas physiologisch Festgelegtes. Ein Mann in der Midlife-Crisis, so die *New York Time*s im Jahr 1971, »weiß nicht einmal, dass etwas in seinem Körper vor sich geht, dass eine körperliche Veränderung sein Gefühlsleben beeinflusst«.[16] Sheehy zufolge erleben Frauen die Midlife-Crisis allerdings ebenso wie Männer. Als sie selbst ins mittlere Alter kam, »rüttelte mich jemand ungefragt an der Psyche und rief: Ziehe Bilanz! Die Hälfte deines Lebens ist vergangen.« Sie merkt an, dass dies oft mit den ersten Anzeichen der Menopause zusammenfällt, was die Frage aufgeworfen hat, ob die Krise in der Lebensmitte vielleicht ein biologisches Phänomen sei, auch bei Männern.

Spätere Forschungen haben ergeben, dass Übergänge zwar real und unvermeidlich sind, *Krisen* jedoch nicht. Den Begriff »Midlife-Crisis« hat übrigens der Psychiater Elliott Jaques in den 1960er-Jahren geprägt.[17] Ironischerweise gefiel ihm seine eigene Theorie nicht: Laut einem Interview mit Jaques' Witwe war die Midlife-Crisis »eine klitzekleine Arbeit, die er ganz früh geschrieben hat«, und etwas, worüber Jaques »nach zwanzig oder dreißig Jahren nicht mehr sprechen wollte«.[18] Offenbar war er nicht mehr davon überzeugt, dass die Krise so weit verbreitet war. Spätere Untersuchungen haben seine Skepsis bestätigt. 1995 veröffentlichten Wissenschaftler der University of Wisconsin die Studie *Midlife in the United States: A National Longitudinal Study of Health and Well-Being*. Ihr Fazit? »Die meisten Menschen haben keine Krise«, sagt die Psychologin Margie Lachman, eine der Projektleiterinnen. Die meisten Menschen erleben kein negatives emotionales Großereignis, auch nicht beim Job- oder Berufswechsel.

Die Moral von der Geschichte ist, dass niemand dazu verdammt ist, es John DeLorean nachzutun und in der Lebensmitte einem temporären Wahn anheimzufallen. Gewiss ist jedoch, dass Menschen in der Mitte ihres Erwachsenenlebens von Natur aus dazu neigen, einen großen Übergang zu erleben. Wir spüren den Rückgang der fluiden Intelligenz und die Notwendigkeit einer Veränderung. Wenn wir in dem Wissen, dass uns dahinter die Kurve der kristallinen Intelligenz erwartet, einen Neustart durchführen, treten wir in die Liminalität ein.

Das kann unangenehm und beängstigend sein, aber es heißt nicht, dass Sie einen Zusammenbruch erleiden müssen. Eine große Wendung im Leben bedeutet nicht zwangsläufig, dass Sie Ihre Frau verlassen oder sich einen roten Sportwagen kaufen. Im Gegenteil, ein beruflicher Neustart kann Sie Ihrer Familie und Ihren Freunden näherbringen und andere inspirieren.

Dafür gibt es berühmte Beispiele aus der Geschichte.

Als die Stadt Rom im Jahr 458 vor Christus belagert wurde, war Lucius Quinctius Cincinnatus der regierende Diktator. Er führte Rom zum Sieg, blieb lange genug an der Macht, um die Rückkehr der Stabilität zu erleben, und dankte dann plötzlich ab. Er zog sich auf sein kleines Landgut zurück, arbeitete dort und lebte bescheiden mit seiner Familie. Wäre er nach seinem Sieg römischer Diktator geblieben, wäre er heute wahrscheinlich eine Fußnote der Geschichte: jemand, der einige Jahre regierte, nach und nach an Einfluss und Beliebtheit verlor, so lange wie möglich durchhielt und am Ende ermordet wurde. Nach so einem hätten wir bestimmt keine Stadt in Ohio benannt. Er ist als ein Großer in Erinnerung geblieben, weil er keine Scheu hatte abzutreten.

Mich inspirieren auch noch ein paar weniger berühmte Vorbilder. Mein verstorbener Vater hat mir einmal von einem kleinen Rätsel aus seiner Kindheit erzählt. Sein 1893 in Denver geborener Vater war methodistischer Geistlicher und Rektor einer Schule im Navajo-Reservat in New Mexico, wo mein Vater geboren wurde. Er war beliebt und erfolgreich in seinem Beruf. Es gab keinerlei offensichtliche Probleme. Aber eines Tages im Jahr 1942 verkündete mein Großvater (damals neunundvierzig) plötzlich, dass die Familie umziehen werde. Man packte das Auto und fuhr nach Chicago. Er hatte weder seine Anstellung verloren (kein Push), noch erwartete ihn eine neue (auch kein Pull). Er hatte einfach den überwältigenden Wunsch nach Veränderung. Damals war dies ungewöhnlich, denn der Beruf galt gemeinhin nicht als Weg der Selbstverwirklichung. Der Ernährer einer Familie kündigte seinen Job nicht einfach so. Mitten im Zweiten Weltkrieg, als die amerikanische Wirtschaft sich enormen Belastungen ausgesetzt sah, war dies erst recht ungewöhnlich.

Die Familie landete in einem Chicagoer Vorort, und mein Großvater klopfte bei seiner Alma Mater an, dem Wheaton College. Er bat um Arbeit. Er übernahm verschiedene Verwaltungsaufgaben, erledigte sie gut und stieg im Laufe des nächsten Jahrzehnts zum Studiendekan auf. Daneben lehrte er Theologie. Die Hochschule verlieh ihm die Ehrendoktorwürde, und betagte Alumni haben ihn noch heute in bester Erinnerung.

Es war ein umfassender Neustart, aber kaum eine Midlife-Crisis. Als bravster aller braven Bürger verließ mein Großvater weder meine Großmutter, noch schwankte er in seinem Glauben, noch kaufte er einen Sportwagen. Im Grunde war er ein Anti-DeLorean. Er machte sich einfach auf die Suche nach einem neuen Abenteuer, durch das er sich Anerkennung verdienen und anderen helfen konnte. Und nicht zufällig war es eine Karriere, bei der seine kristalline Intelligenz reichen Nutzen brachte.

Mein Vater hat das Vorbild des tugendhaften Neustarts seines eigenen Vaters nie vergessen. Um das vierzigste Jahr herum begann es auch ihn zu jucken. Nach seinem Master-Abschluss hatte er einen Traumjob als Mathematikdozent an seiner geliebten Alma Mater angenommen. Aber im Laufe der Jahre merkte mein Vater, dass er ins Hintertreffen geriet. Jüngere Kollegen mit Doktortiteln erhielten Beförderungen und Gehaltserhöhungen. Er dagegen hatte das Gefühl, ein Dinosaurier zu werden. Er dachte ungefähr ein Jahr darüber nach und beschloss, über Biostatistik zu promovieren, was für ihn ein ganz neues Gebiet war. Nach vier Jahren harter Arbeit veröffentlichte er seine Dissertation *An Analogue of Multiple R-Square for Uncensored Survival Data with Covariates.* (Sie verkaufte sich nicht so gut wie das Buch von Gail Sheehy.)

Ich war vierzehn, als mein Vater seinen Doktor machte. Er starb ziemlich jung, mit Mitte sechzig, und es war kein Happy End. Wenn ich mich an meinen Vater erinnere, denke ich am liebsten daran, wie er direkt nach seinem beruflichen Neustart war – stolz und fröhlich. Worauf ich hinauswill: Ein beruflicher Neustart muss nicht zu einer Midlife-Crisis führen. Der Trick besteht darin, es meinem Großvater und meinem Vater nachzutun, nicht John DeLorean.

Die neuen Ältesten

Zu Zeiten meines Großvaters und meines Vaters war man mit einem Neuanfang im Grunde auf sich selbst gestellt. Niemand half einem durch die Liminalität. Heute gibt es dagegen Hilfsangebote. Ein gutes Beispiel ist die von Chip Conley gegründete Modern Elder Academy.

Chips eigene Karriere – und sein Lebensneustart – sind absolut hollywoodreif. Weltlicher Erfolg stellte sich früh ein – mit siebenundzwanzig gründete er das in Kalifornien ansässige Hotel- und Gastrounternehmen Joie de Vivre Hospitality, das er mehr als zwei Jahrzehnte lang leitete. Aber trotz des Erfolgs, den ihm die Firma gebracht hatte, war er mit Ende vierzig ausgebrannt und unzufrieden. »Ich wollte das nicht mehr machen«, sagte er mir. »Ich fühlte mich wie in einem Gefängnis.« Hinzu kamen mehrere persönliche Traumata, unter anderem der Selbstmord von fünf engen Freunden und eine eigene Nahtoderfahrung.

Ohne irgendwelche Zukunftspläne verkaufte Chip sein Unternehmen und wurde Berater beim Start-up Airbnb, dem Online-Marktplatz für temporäre Unterkünfte. Er dachte, die Gründer, die in ihren Zwanzigern waren, hätten ihn als Hotellerie-Fachmann engagiert, stellte jedoch fest, dass darin nicht sein wirklicher Wert lag. Er merkte, dass er mehr *Weisheit* als *Wissen* beitrug – Ratschläge zum Leben und zur Führung. »Du bist für uns ein Ältester«, sagten sie ihm. Dieser Titel ging ihm zunächst gegen den Strich. Zwar hatte er ihnen mindestens zwei Jahrzehnte voraus, doch er war noch nicht »alt«. (Allerdings: In Kalifornien ist Jugendlichkeit alles.) Nach und nach gewöhnte er sich jedoch an diese Rolle und fand Gefallen an der Tatsache, dass er nun durch Weitergeben seiner Lebenserfahrung erheblichen Wert schuf.

Es gefiel ihm sogar so sehr, dass er auch anderen solche Chancen eröffnen wollte. Er wusste, dass es unzählige Menschen seines Alters in Übergangsphasen gab, die den Rückgang ihrer fluiden Intelligenz wahrnahmen, die Zunahme ihrer kristallinen Intelligenz dagegen eher nicht. Er wollte die Rolle der Ältesten für die heutige Zeit definieren – und so wurde 2018 seine Modern Elder Academy (MEA) geboren.

Wochenweise holt Conley vierzehn bis achtzehn Menschen in sein kleines Lernzentrum an der Küste in Baja California.[19] Das Durchschnittsalter der bisher achthundert Teilnehmer liegt bei dreiundfünfzig, sie kommen aus den unterschiedlichsten Berufen: Stahlarbeiter, Ärzte, pensionierte Manager. Was sie gemeinsam haben, ist der Wunsch, ihr Leben auf eine produktive, freudvolle Weise neu zu gestalten, sodass sie anderen mit ihren Ideen und Erfahrungen dienen können. Es gibt vier Lernschritte, um ein »moderner Ältester« zu werden: statt eines starren ein wachstumsorientiertes Mindset entwickeln, Offenheit für Neues erlernen, mit Teams zusammenarbeiten und andere beraten.

Eine Kostprobe vom MEA-Programm vermitteln die folgenden Fragen, die jeder Teilnehmer bis zum Ende beantworten können muss. Chip nennt dies »die nächste Charta des Lebens«. Darin finden sich einige Parallelen zu den Lektionen, die wir in den vorangegangenen Kapiteln gelernt haben.[20]

Was Ihre nächste Lebensphase betrifft:

- Welche Tätigkeiten werden Sie beibehalten?
- Welche Tätigkeiten werden Sie weiterentwickeln und anders machen?
- Welche Tätigkeiten werden Sie loslassen?
- Welche neuen Tätigkeiten werden Sie erlernen?

Und ganz konkret:

- Was nehmen Sie sich für die nächste Woche vor, um sich zu Ihrem neuen Ich weiterzuentwickeln?
- Was nehmen Sie sich für den nächsten Monat vor?
- Was nehmen Sie sich für die nächsten sechs Monate vor?
- Was werden in einem Jahr die ersten Früchte der ergriffenen Maßnahmen sein?

Was Chip seinen Teilnehmern als Erstes sagt – und was Sie und ich nicht vergessen dürfen –, ist, dass ein Neuanfang mit, sagen wir, fünfzig Jahren nicht wirklich zu spät im Leben ist. Stellen Sie sich das so vor: Ihr Erwachsenenleben beginnt mit etwa zwanzig Jahren. Wenn Sie einigermaßen gesund sind, haben Sie mit fünfzig wahrscheinlich weniger als die Hälfte Ihres Erwachsenenlebens erreicht. Bei Erscheinen dieses Buches werde ich siebenundfünfzig Jahre alt sein. Laut Versicherungsmathematik habe ich mit meiner Lebensweise und meinem derzeitigen Gesundheitszustand (den frühen Tod meiner Eltern allerdings nicht eingerechnet) eine fünfzigprozentige Chance, noch vierzig Jahre zu leben, und ein Großteil davon wird Arbeitsjahre umfassen. Was folgt daraus? Ich wäre verrückt zu glauben, für einen Neuanfang sei es zu spät.

Vier Lektionen für eine gute Übergangsphase

Gerade als ich dieses Buch beendete, erhielt ich eine E-Mail von jemandem, den ich noch nie getroffen hatte. Darin war der Fluch der Ehrgeizigen so gut auf den Punkt gebracht, wie ich es noch nie gelesen hatte.

> Ich bin jetzt auf der falschen Seite der fünfzig und verspüre ein tiefgreifendes Gefühl des Bedauerns darüber, in den letzten dreißig Jahren meines Lebens nur ein Ziel verfolgt zu haben (beruflichen Erfolg). Auch wenn ich dieses Ziel erreicht habe, war der persönliche Preis außerordentlich hoch: Die vergangenen dreißig Jahre bekomme ich nicht wieder, verpasste Beziehungen und Erlebnisse werde ich nie nachholen.

Er schreibt weiter, er sei bereit für eine große Veränderung in seiner Karriere und seinem Leben. Aber …

> Ich habe nur wenige Fähigkeiten, um [eine große berufliche Veränderung vorzunehmen. Diejenigen,] die nichts mit der Arbeit zu tun haben, sind schon lange verkümmert. An den meisten Tagen habe ich das Gefühl, dass ich meinen noblen, wichtigen Finanzjob sofort kündigen sollte,

> dass ich neu anfangen und mir sinnvollere (und weniger zeitraubende) Aufgaben und Beziehungen suchen sollte, mich ehrenamtlich engagieren, reisen, meine Zeit anderen widmen und den Vögeln zuhören, Blumen pflanzen ... aber das kommt mir so krampfhaft radikal vor, und mir würden dazu sowieso die Kenntnisse fehlen.

Ein solider Tipp für ihn wäre, eine Woche in Baja California mit Chip Conley zu verbringen – oder an irgendeinem der Seminare teilzunehmen, die auf der ganzen Welt aus dem Boden schießen und Menschen bei ihrem beruflichen Neustart helfen. Da dies jedoch für viele nicht machbar ist, habe ich hier einige konkrete Lektionen für den Umstieg, die auf den besten wissenschaftlichen Erkenntnissen und den nach meiner Erfahrung erfolgreichsten Strategien fußen.

Lektion 1: Welches ist Ihr Marshmallow?

Hinter der Frage nach dem Marshmallow vermuten Sie womöglich ein abgefahrenes Hippie-Codewort für LSD oder die Aufnahme in eine Kommune, ahnen aber sicherlich auch, dass ich nichts dergleichen empfehle. Ich spiele damit nur auf ein klassisches sozialwissenschaftliches Experiment an.[21]

1972 unternahm der Sozialpsychologe Walter Mischel von der Stanford University ein psychologisches Experiment mit Kindergartenkindern und einer Tüte Marshmallows. Er setzte sich jedem Kind gegenüber an den Tisch, nahm ein Marshmallow aus der Tüte und fragte: »Möchtest du eins?« Natürlich wollten alle. Er sagte ihnen, sie könnten es haben – aber es gäbe einen Haken. Er würde den Raum für eine Viertelstunde verlassen. Jedes Kind könne, wenn es wollte, das Marshmallow essen, während er weg war. Aber falls das Marshmallow noch da wäre, wenn er wiederkäme, würde das Kind noch einen zweiten bekommen.

Mischel stellte fest, dass die meisten Kinder es nicht abwarten konnten und das Marshmallow verschlangen, sobald er den Raum verließ. Für seine Studie verfolgte er den Lebensweg der Kinder und stellte fest, dass diejenigen, die ihre Befriedigung aufschieben konnten, im späteren Alter größeren Erfolg hatten: Sie waren gesünder, glücklicher, verdienten mehr und schnitten schulisch besser ab als die Kinder, die das Marshmallow sofort gegessen hatten.[22] In den folgenden Jahren haben andere Forscher nachgewiesen, dass bei Mischels Ergebnissen weit mehr im Spiel ist als nur Willenskraft. Ausschlaggebend sind auch der familiäre Hintergrund eines Kindes, sozioökonomische Umstände und andere Faktoren.[23] Aber die Implikation blieb: Wer gewinnen will, muss warten – und arbeiten, Opfer bringen, vielleicht sogar leiden.

Die Frage für Sie lautet nicht, ob Sie Mischels Marshmallow-Test bestanden hätten. Sie würden nicht dieses Buch lesen, wenn Sie nicht das Zeug dazu gehabt hätten. Denn dann hätten Sie auch nicht genug Erfolg gehabt, um jetzt zu leiden. Die Frage im Zusammenhang mit dem anstehenden Neustart lautet: *Welches genau ist das nächste Marshmallow?* Wissen Sie überhaupt, was Sie wollen, bevor Sie neue Opfer bringen?

Wenn Sie sich jetzt am Kopf kratzen, ist das kein Grund zur Verzweiflung – dafür sind die nächsten drei Lektionen da.

Lektion 2: Die Arbeit selbst muss der Lohn sein

Einer der größten beruflichen Fehler, die man machen kann, besteht darin, Arbeit in erster Linie als Mittel zum Zweck zu betrachten. Vielleicht haben Sie genau das während Ihrer gesamten Karriere getan, bis zu diesem Punkt. Wenn dem so ist, dann haben Sie wie so viele andere Menschen auf der fluiden Intelligenzkurve gelernt, dass das ein Fehler ist, und entschieden, dass es an der Zeit ist, damit aufzuhören. Die Instrumentalisierung der Arbeit – egal ob für Geld, Macht oder Prestige – macht unglücklich.

Dies ist nur ein Beispiel für die allgemeinere Weisheit, dass es falsch ist, auf ein glücklich machendes Ziel zu warten. Ralph Waldo Emerson schreibt 1841 in einem Aufsatz: »Zu Hause träume ich, dass ich mich in Neapel oder Rom von Schönheit berauschen lassen und meine Traurigkeit verlieren kann. Ich packe meinen Koffer, umarme meine Freunde, schiffe mich ein, wache schließlich in Neapel auf und finde neben mir die ernste Tatsache, das traurige Ich, das unerbittliche, identische, vor dem ich geflohen bin.«[24]

Sie wissen ganz genau: Wenn Ihre Karriere nur ein Mittel zum Zweck ist, wird die Belohnung, selbst wenn Sie sie bekommen, unbefriedigend sein, weil Sie bereits nach der nächsten Belohnung suchen. Wenn Sie diesen Fehler bereits gemacht haben, lässt er sich nicht mehr nachträglich korrigieren. Aber Sie sollten ihn nicht noch einmal begehen. Ihr Neustart wird Ihnen natürlich nicht jeden Tag Freude und Erfüllung bereiten. An manchen Tagen wird er sich ziemlich unbefriedigend anfühlen, wie alles andere im Leben. Aber mit den richtigen Zielen – Anerkennung verdienen und Dienst an anderen – können Sie den Rest Ihres Arbeitslebens selbst zu Ihrem Lohn machen.

Lektion 3: So interessant wie irgend möglich

Im Laufe der Jahre habe ich viele Abschlusszeremonien erlebt und festgestellt, dass es im Grunde zwei Arten von Abschlussreden gibt. Die erste lässt sich wie folgt zusammenfassen: »Finde deine Bestimmung.« Die zweite lautet: »Such dir Arbeit, die du liebst, dann wirst du keinen Tag in deinem Leben arbeiten müssen.« Welcher ist der bessere Ratschlag – nicht nur für Absolventen, sondern für uns alle?

Eine Gruppe deutscher und amerikanischer Wissenschaftler hat 2017 versucht, diese Frage zu beantworten. Mithilfe eines Fragebogens, des sogenannten »Work Passion Pursuit Questionnaire«, verglichen sie die Arbeitszufriedenheit bei Menschen, deren Hauptziel der Spaß bei der Arbeit war, und bei solchen, die vor allem etwas Sinnvolles tun wollten.[25] Unter den 1357 Befragten stellten die Forscher fest, dass die Freudesuchenden weniger Leidenschaft für ihre Arbeit hatten und häufiger den Arbeitsplatz wechselten als die Sinnsuchenden.

Hier kommt einmal mehr die uralte Debatte über die zwei Arten von Glück hoch, unter Gelehrten als *Hedonia* und *Eudaimonia* bekannt.

Bei Hedonia geht es darum, sich gut zu fühlen; bei Eudaimonia geht es darum, ein sinnerfülltes Leben zu führen. Tatsächlich brauchen wir beides. Hedonia ohne Eudaimonia verwandelt sich in ein leeres Vergnügen; Eudaimonia ohne Hedonia kann in persönlicher Dürre enden. Auf der Suche nach dem beruflichen Marshmallow sollten wir uns meines Erachtens eine Arbeit suchen, die Spaß macht und sinnvoll ist.

Am Schnittpunkt zwischen dem Vergnüglichen und Sinnvollen liegt das *Interessante*. Interesse wird von vielen Neurowissenschaftlern als positive primäre Emotion verstanden, die im limbischen System des Gehirns verarbeitet wird.[26] Was uns wirklich interessiert, ist äußerst vergnüglich, aber es muss auch einen Sinn haben, um unser Interesse zu wecken. Daher ist die Frage »Finde ich diese Arbeit interessant?« ein hilfreicher Lackmustest dafür, ob eine neue Tätigkeit Ihr neues Marshmallow wird.

Lektion 4: Der Weg muss keine gerade Linie sein

Wir leben in einer Kultur, die den Erfolg so sehr vergöttert, dass viele von uns erfolgssüchtig werden. Mittzwanziger haben mit IT-Start-ups unfassbare Vermögen angehäuft, und diese Gründer umrankt eine gewisse Mythologie. Ob es stimmt oder nicht, Unternehmern wird oft eine einzige beständige Leidenschaft zugeschrieben, für die sie bereit sind, jeden persönlichen Preis zu zahlen. Ihre enorme materielle Belohnung wird als das ultimative Marshmallow dargestellt.

Aber dieses Modell beschreibt nicht, wie viele glückliche, erfüllte Menschen – womöglich die meisten – über die Runden kommen und erfolgreich werden. Forscher der University of Southern California haben Karrieremuster untersucht und vier große Kategorien ausgemacht.[27] Die erste umfasst lineare Karrieren, die stetig nach oben klettern, wobei jeder Schritt auf dem vorangegangenen aufbaut. Das Konzept der »Karriereleiter« ist ein sehr lineares. Hier findet sich auch das Modell des milliardenschweren Gründers.

Aber es ist nicht das einzige Karrieremodell: Es gibt drei weitere. Statische Karrieren setzen voraus, dass man an einem Arbeitsplatz bleibt und Fachwissen anhäuft. Bei einer unbeständigen Karriere springt man von Stelle zu Stelle oder sogar von Fach zu Fach, immer auf der Suche nach neuen Herausforderungen. Die letzte Kategorie sind die spiralförmigen Karrieren, die eher einer Reihe von Minikarrieren ähneln. Man verbringt viele Jahre damit, sich in einem Beruf zu entwickeln, und wechselt dann das Feld, um etwas Neues zu erleben, aber auch um etwas zu tun, was auf den in den vorherigen Minikarrieren erworbenen Kenntnissen aufbaut.

Welches Modell ist also das beste? Zu Beginn Ihres Berufslebens hatten Sie vielleicht eine superlineare Karriere, und das war in Ordnung. Aber jetzt, da Sie zur zweiten Kurve übergehen, wird ein Spiralmuster höchstwahrscheinlich besser passen. Das bedeutet, dass Sie mehr darüber nachdenken müssen, was Sie jetzt wirklich wollen, und weniger darüber, was Sie in der Vergangenheit wollten. Es bedeutet, dass Sie Ihre Erwartungen in Bezug auf finanzielle Entlohnung senken. Und es bedeutet, dass Sie sich weniger darum sorgen, ob andere darin einen Prestigeverlust sehen oder ob Sie Ihre bisherigen Erfahrungen und Kenntnisse so nutzen, dass sie auf den ersten Blick gewinnbringend sind. Mit anderen Worten, Sie können durchaus von der Leitung eines Hedgefonds zum Geschichtsunterricht in einer Brennpunktschule wechseln. Und das ist großartig.

Einfach springen!

Vor Jahren haben wir im Familienurlaub die Big Island von Hawaii per Fahrrad umrundet und zwischendurch Sightseeing und verschiedene Abenteuer unternommen. Eines Nachmittags fuhren wir mit einigen anderen Familien im Kajak zu einer zehn Meter hohen Klippe namens »The End of the World«, von der aus eine Gruppe Teenager in die Brandung sprang. Einer der Erwachsenen in meiner Gruppe fragte: »Na, wer traut sich?« Alle anderen schüttelten den Kopf, also meldete ich mich. Als ich vom Rand der vulkanischen Klippe hinunterblickte, schien das Wasser eine Meile weit weg zu sein. Mir schwirrte der Kopf, und ich dachte nur noch: »Das ist verrückt, das ist verrückt, das ist verrückt.«

Zögernd warf ich einem Jungen, der neben mir stand und offensichtlich sprungerfahren war, einen Blick zu. Er sagte grinsend: »Nicht denken, Alter! Einfach springen!« Also sprang ich. Augenblicke später traf ich aufs Wasser auf (ja, es tat weh), und es dauerte einige Sekunden, bis ich wieder an die Oberfläche kam. In dem Moment des Auftauchens hatte ich das Gefühl, wiedergeboren zu werden. Im tibetischen Buddhismus gibt es den Begriff des *bardo*, der einen Daseinszustand zwischen Tod und Wiedergeburt bezeichnet. Im tibetischen *Buch vom Leben und Sterben* beschreibt der buddhistische Mönch Sogyal Rinpoche *bardo* als »dem Moment ähnlich, in dem man an den Rand eines Abgrunds tritt«.[28] Man weiß, dass man springen muss, um frei zu werden, aber es macht Angst. Doch dann springt man, es gibt einen kurzen Übergang, und man wird neu geboren.

Als ich meinen Job als Chef der Denkfabrik aufgab, fühlte es sich ein bisschen an, als blickte ich dem Tod ins Gesicht. Es war das Ende eines bestimmten Lebensstils, eines Erfahrungsraums und – das war mir bewusst – einiger Beziehungen. Vielleicht wissen Sie, was ich damit meine. Vielleicht mögen Sie Ihre Arbeit nicht, besonders wenn Sie Ihre besten Jahre hinter sich haben und sich nur noch abmühen. Vielleicht ist es wie eine angespannte Ehe. Trotzdem fühlt sich das Aufhören an wie ein Tod oder eine Scheidung, und bevor Sie es tun, ist es, als stünden Sie am Rand einer Klippe. Sie lassen los, was Sie haben, was Sie sich aufgebaut haben, ein Berufsleben, das die Frage »Wer bin ich?« beantwortet. Es ist ein beruflicher Tod mit ungewisser Wiedergeburt. Sie blicken über den Rand hinab und sind sich nicht sicher, ob das, was Sie erwartet, alles in allem Gutes oder Schlechtes bringt – höchstwahrscheinlich beides.

Aber Sie wissen, was zu tun ist.

Nicht denken, Alter. Einfach springen.

Schlusswort

Drei Merksätze

Dieses Buch nahm nachts in einem Flugzeug seinen Anfang. Ich habe Sie daran teilhaben lassen, wie ich einen einst sehr erfolgreichen älteren Herrn gestehen hörte, dass er genauso gut tot sein könnte. Seine Kompetenz war dahingeschwunden, das Leben war zu einem Quell von Frustration und Unzufriedenheit geworden, niemand schien sich mehr wie früher um ihn zu kümmern – falls sich überhaupt jemals irgendjemand wirklich um ihn gekümmert hatte.

Dieses Erlebnis erschütterte mich so sehr, dass ich aus eigenem Antrieb eine systematische Recherche begann, um zu herauszufinden, ob das Schicksal dieses Mannes unweigerlich auch meins war – oder besser gesagt, ob ich ihm irgendwie entgehen konnte. Am Ende habe ich große Veränderungen in meinem Leben vorgenommen. Ich habe meine Stelle gekündigt, mich in einen Übergangszustand gestürzt, eine Arbeit aufgenommen, die sich auf meine kristalline Intelligenz stützt, und Anhaftungen weggemeißelt. Ich habe meine Freundschaften und familiären Beziehungen ausgebaut und mein spirituelles Leben vertieft.

Ich habe mir geschworen, mich nicht mehr zu objektifizieren und meine Schwächen ohne Abwehr zu entblößen, damit ich meine neue Berufung wirklich erlernen und mich der Förderung anderer widmen kann.

Nichts davon fiel mir leicht oder kam von selbst. Alles davon ging gegen meine ehrgeizige Natur. Und daher möchte ich erneut betonen, dass die Natur kein Schicksal ist und dass wir manchmal gegen unseren natürlichen Instinkt handeln müssen, wenn wir glücklich sein wollen.

Manche finden das schwer zu glauben, ich weiß. Das materialistische Verlangen nach Geld, Macht, Vergnügen und Prestige kommt aus unserem alten limbischen Gehirn. Unser Instinkt ist es auch, glücklich und zufrieden sein zu wollen. Wir stellen dann eine falsche Verbindung her: »Da ich diese Instinkte habe, muss es mich doch glücklich machen, ihnen zu folgen.«

Aber das ist der skrupellose Betrug von Mutter Natur. Ihr ist es egal, ob jemand unglücklich ist. Dass wir glauben, das Überleben unserer Art hätte irgendetwas mit unserem persönlichen Wohlergehen zu tun, ist unser Problem, nicht ihres. Und es ist nicht gerade hilfreich, dass nützliche Idioten im Sinne von Mutter Natur den beliebten, aber ruinösen Ratschlag verbreiten: »Wenn es sich gut anfühlt, dann tu es.« Solange man nicht die existenziellen Ziele eines Urtierchens hat, ist dies meistens grundfalsch.

Um mit neuer Kraft voranzuschreiten, müssen neue Lebenskompetenzen erlernt werden. Wir müssen eine neue Erfolgsformel anwenden, wie ich sie in diesem Buch Kapitel für Kapitel ausführlich dargelegt habe. Aber es ist unwahrscheinlich, dass Sie sich die letzten sechzigtausend Wörter merken können. Ich möchte daher das ganze Buch in sieben Wörtern zusammenfassen, in einer Formel, die alles umfasst, was ich gelernt habe und wonach ich jetzt zu leben strebe:

Dinge benutzen.
Menschen lieben.
Das Göttliche anbeten.

Bitte missverstehen Sie nicht, was ich hier sage. Ich rufe nicht dazu auf, die Welt zu hassen und abzulehnen und wie ein Einsiedler in einer Höhle im Himalaya zu leben. Am materiellen Überfluss der Welt ist nichts Schlechtes oder Beschämendes, und es ist recht und billig, wenn wir uns daran erfreuen. Materieller Überfluss sichert uns unser tägliches Brot und holt unsere Schwestern und Brüder aus der Armut. Er spiegelt die Segnungen unserer Schöpferkraft und Arbeit wider und kann an öden Tagen Trost und Vergnügen bieten.

Das Problem ist nicht das Substantiv »Dinge«, sondern das Verb »lieben«. Dinge soll man benutzen, nicht lieben. Wenn Sie sich nur an eine Lehre aus diesem Buch erinnern, dann hoffentlich an die, dass die Liebe das Epizentrum unseres Glücks ist. Um das Jahr 400 sah der große heilige Augustinus in dieser Lehre das Geheimnis eines guten Lebens: »Liebe und tue, was du willst.«[1] Aber die Liebe ist den Menschen vorbehalten und darf nicht den Dingen gelten. Wer die Liebe falsch verteilt, erntet Frust und Enttäuschung – und besteigt die hedonistische Tretmühle und stellt sie auf Vollgas.

Wenn wir die Liebe eine Ebene höher heben, sind wir bei der Anbetung. Der Schriftsteller David Foster Wallace hat einmal scharfsinnig festgestellt: »Nicht anbeten kann man gar nicht. Wir alle beten etwas an. Wir können uns nur aussuchen, was wir anbeten.«[2] Wer Dinge liebt, wird danach streben, sich in Bezug auf die Götzen Geld, Macht, Vergnügen und Ehre zu objektifizieren. Damit betet man sich selbst an – oder zumindest einen zweidimensionalen Abklatsch seiner selbst.

Noch einmal: Dies ist, was uns die Welt als Weg zum Glück verheißt. Aber die Welt lügt: Götzen machen nicht glücklich, und deshalb darf man sich nicht selbst anbeten. Beherzigen Sie, wo es um Götzen geht, Moses Gebote im fünften Buch: »So sollt ihr an ihnen tun: Ihre Altäre sollt ihr niederreißen und ihre Gedenksteine zerbrechen und ihre Ascherim umhauen und ihre Götterbilder mit Feuer verbrennen.«[3] Wie das geht, hat Ihnen dieses Buch gezeigt. Aber Sie müssen sich dafür entscheiden.

Und der Mann im Flugzeug?

Bevor ich zum Ende komme, fällt mir noch ein, dass Sie sich vielleicht fragen, was mit dem Mann im Flugzeug passiert ist.

Er ist immer noch ziemlich berühmt und taucht von Zeit zu Zeit in den Nachrichten auf, wenn auch von Jahr zu Jahr weniger. Er ist sehr alt. Immer wenn ich irgendetwas über ihn las oder sah, empfand ich eine Zeit lang einen Anflug von so etwas wie Mitleid. Aber inzwischen merke ich, dass das eigentlich nur die gespiegelte Angst vor meiner eigenen Zukunft war. Mein »Armer Kerl« bedeutete eigentlich »Ich bin am Arsch«.

Aber je besser ich die richtige Formel und die Lektionen dieses Buches begriff, desto mehr schwand meine Angst. Eigentlich müsste ich ihn in den

Danksagungsteil aufnehmen. Ich empfinde ihm gegenüber Dankbarkeit dafür, was er mir beigebracht hat, auch wenn es unbeabsichtigt war. Er hat mich auf einen Weg geleitet, der mein Leben verändert hat. Erstens habe ich seinetwegen erforscht, woher das Unglück so vieler Menschen kommt, die im Leben »gewonnen« haben – ein Unglück, das mir sicherlich bevorstand. Zweitens hat er bei mir eine Reihe von Lebensveränderungen in Gang gesetzt, die ich sonst nie vorgenommen hätte. Und drittens konnte ich die Geheimnisse hinter diesen Veränderungen aufschlüsseln und sie Ihnen verraten.

In Wirklichkeit habe ich es dem Mann im Flugzeug zu verdanken, dass ich für den Rest meines Lebens glücklich und erfüllt sein kann, egal ob es noch zwei oder vierzig Jahre dauert. Ich werde ins Grab gehen, ohne seine Identität preiszugeben. Trotzdem werde ich ihn jeden Tag im Sinn haben. Ich hoffe, dass er noch Frieden und Freude findet, bevor seine Zeit kommt.

Und das Gleiche hoffe ich für Sie.

Mögen Sie mit neuer Kraft voranschreiten.

Danksagung

Falls dieses Buch Fehler oder Auslassungen enthält, gehen sie auf meine Kappe. Die Arbeit daran war jedoch alles andere als ein Alleingang. Meine Rechercheassistentin Reece Brown hat dieses Buch erst möglich gemacht, ebenso die Teamarbeit und Unterstützung von Ceci Gallogly, Candice Gayl, Molly Glaeser und Liz Fields. Sie sind es, die jeden Tag mit mir daran arbeiten, die Kunst und Wissenschaft des Glücklichseins neuen Publikumskreisen zugänglich zu machen.

Inspiration und Ideen verdanke ich meinen Kollegen an der Harvard Kennedy School und der Harvard Business School, besonders Len Schlesinger, der mich seit fast drei Jahren über meine Arbeit an dem Thema sprechen hört und sich nie beschwert hat. Die Leitung dieser großartigen Institutionen – Doug Elmendorf, Nitin Nohria und Srikant Datar – hat meine kreative Arbeit in Harvard stets unterstützt. Und die Studierenden in meinem Kurs »Leadership and Happiness« haben mich auf inspirierende Weise daran erinnert, dass wir unser Glück in jedem Alter verbessern und verbreiten können.

Mein Dank für Ermutigung und Hilfe gebührt Bria Sandford, meiner Lektorin bei Portfolio; Anthony Mattero, meinem Literaturagenten bei der Creative Artists Agency; und Jen Phillips Johnson und ihrem Team bei Red Light PR.

Viele Ideen und manche Passagen dieses Buches standen zunächst in meinen Kolumnen in der *Washington Post* in den Jahren 2019 und 2020 und später in meiner Kolumne »How to Build a Life« in *The Atlantic*. Ich danke meinen Redakteuren bei der *Washington Post*, Mark Lasswell und Fred Hiatt, und bei *The Atlantic* Rachel Gutman, Jeff Goldberg, Julie Beck und Ena Alvarado-Esteller. Viele Ideen und Überlegungen sind von Chip Conley inspiriert. Viele andere, meist anonym bleibende Menschen haben persönliche Geschichten von für mich unschätzbarem Wert zu diesem Buch beigetragen.

Für ihre Freundschaft und ihre Unterstützung meiner Arbeit werde ich Dan D'Aniello, Tully Friedman, Eric Schmidt, Ravenel Curry und Barre Seid immer dankbar sein, ebenso meinen Freunden bei Legatum, darunter Christopher Chandler, Alan McCormick, Philippa Stroud, Mark Stoleson und Philip Vassiliou.

Mehrere spirituelle Lehrer haben dieses Buch direkt und indirekt beeinflusst. Der erste ist Tenzin Gyatso, Seine Heiligkeit der Dalai-Lama. Seine Mentorschaft in den letzten neun Jahren sowie unser gemeinsames Schreiben haben weite Teile meines Denkens geprägt. Ein zweiter ist Bischof Robert Barron, der mir geholfen hat, mein Leben und meine Arbeit als Apostolat zu begreifen. Und schließlich ist da noch, seit dreißig Jahren und mehr, meine Frau Ester Munt-Brooks. Mit ihrer Haltung und ihrem Handeln hat sie mich mehr über Liebe und Mitgefühl für alle Menschen gelehrt als sonst jemand in meinem Leben. Sie ist mein Guru, und ihr ist dieses Buch gewidmet.

Stichwortverzeichnis

C

H

I

J

K

L

T

Anmerkungen

Einführung
Der Mann im Flugzeug, der mein Leben veränderte

1 Bowman, James (2013). »Herb Stein's Law«. *The New Criterion,* 31(5), 1.

Kapitel 1
Der berufliche Abstieg kommt (viel) früher, als man denkt

1 Bowlby, J. (1991). *Charles Darwin: A New Life*. New York: W. W. Norton, 437.

2 Taylor, P.; Morin, R.; Parker, K. et al. (2009). »Growing Old in America: Expectations vs. Reality«. Pew Research Center's Social and Demographic Trends Project, 29. Juni 2009. https://www.pewresearch.org/social-trends/2009/06/29/growing-old-in-america-expectations-vs-reality.

3 Der späteste Leistungsgipfel liegt im Falle von Ultralangstreckenradfahrern bei neununddreißig Jahren. Allen, Sian V.; Hopkins, Will G. (2015). »Age of Peak Competitive Performance of Elite Athletes: A Systematic Review«. *Sports Medicine* (Auckland), 45(10), 14314.

4 Jones, Benjamin F. (2010). »Age and Great Invention«. *The Review of Economics and Statistics*, 92(1), 1–14.

5 Ortiz, M. H. (o. J.). »New York Times Bestsellers: Ages of Authors«. *It's Harder Not To* (Weblog). http://martinhillortiz.blogspot.com/2015/05/new-york-times-bestsellers-ages-of.html.

6 Korniotis, George M.; Kumar, Alok (2011). »Do Older Investors Make Better Investment Decisions?«. *The Review of Economics and Statistics*, 93(1), 244–65.

7 Tessler, M.; Shrier, I.; Steele, R. (2012). »Association Between Anesthesiologist Age and Litigation«. *Anesthesiology*, 116(3), 374–79. Da es den Ärzten gelungen ist, uns länger am Leben zu erhalten, haben sie auch sich selbst ein längeres

Leben und Arbeitsleben verschafft. Das *Journal of the American Medical Association* hat zwischen 1975 und 2013 einen 374-prozentigen Anstieg bei der Zahl der über fünfundsechzig Jahre alten praktizierenden Ärzte festgestellt. Dellinger, E.; Pellegrini, C.; Gallagher, T. (2017). »The Aging Physician and the Medical Profession: A Review«. *JAMA Surgery*, 152(10), 967–71.

8 Azoulay, P.; Jones, Benjamin F. (2019). »Research: The Average Age of a Successful Startup Founder Is 45«. *Harvard Business Review*, 14. März 2019. https://hbr.org/2018/07/research-the-average-age-of-a-successful-startup-founder-is-45.

9 Warr, P. (1995). »Age and Job Performance«. In: J. Snel and R. Cremer (Hrsg.), *Work and Aging: A European Perspective*. London: Taylor & Francis, 309–22.

10 »Civil Service Retirement System (CSRS)« (2017). Federal Aviation Administration, 13. Januar 2017. https://www.faa.gov/jobs/employment_information/benefits/csrs.

11 Nach Simonton, D. (1997). »Creative Productivity: A Predictive and Explanatory Model of Career Trajectories and Landmarks«. *Psychological Review*, 104(1), 66–89. Die Kurve folgt der Gleichung $p(t) = 61(e^{-0,0041} - e^{-0,0051)})$.

12 »World's Longest Serving Orchestra Musician, Collapses and Dies During Performance«. *Chicago Tribune*, 16. Mai 2016. https://www.chicagotribune.com/entertainment/music/ct-jane-little-dead-20160516-story.html.

13 Reynolds, Jeremy (2018). »Fired or Retired? What Happens to the Aging Orchestral Musician«. *Pittsburgh Post-Gazette*, 17. September 2018. https://www.post-gazette.com/ae/music/2018/09/17/Orchestra-musician-retirement-age-discrimination-lawsuit-urbanski-michigan-symphony-audition-pso/stories/201808290133. Eine der wenigen Studien zur Erforschung der Spitzenleistungen klassischer Musiker erschien 2014 in der Zeitschrift *Musicae Scientiae*. 2536 professionelle Musiker im Alter zwischen 20 und 60 Jahren wurden darin befragt. Es zeigte sich, dass die Musiker selbst das Gefühl hatten, dass ihre Höchstleistung in ihren Dreißigern erreicht war und der Niedergang in ihren Vierzigern einsetzte. Dies stimmt offenbar mit anderen wettbewerbsintensiven, konzentrationslastigen Feldern wie Schach überein, wo Spitzenspieler normalerweise in den Dreißigern ihren Höhepunkt erreichen. Gembris, H., Heye, A. (2014). »Growing Older in a Symphony Orchestra: The Development of the Age-Related Self-Concept and the Self-Estimated Performance of Professional Musicians in a Lifespan Perspective«. *Musicae Scientiae*, 18(4), 371–91.

14 Myers, David G.; DeWall, C. Nathan (2009). *Exploring Psychology*. New York: Macmillan Learning, 400–401.

15 Davies, D. Roy; Matthews, Gerald; Stammers, Rob B.; Westerman, Steve J. (2013). *Human Performance: Cognition, Stress and Individual Differences.* Hoboken, NJ: Taylor & Francis, 306.

16 Kramer, A.; Larish, J.; Strayer, D. (1995). ›Training for Attentional Control in Dual Task Settings: A Comparison of Young and Old Adults‹. *Journal of Experimental Psychology: Applied*, 1(1), 30–76.

17 Ramscar, M.; Hendrix, P.; Shaoul, C. et al. (2014). ›The Myth of Cognitive Decline: Non-Linear Dynamics of Lifelong Learning‹. *Topics in Cognitive Science*, 6(1), 5–42.

18 Pais, A.; Goddard, P. (1998). *Paul Dirac: The Man and His Work.* Cambridge und New York: Cambridge University Press.

19 Cave, Stephen (2011). *Immortality: The Quest to Live Forever and How It Drives Civilization* (1. Aufl.). New York: Crown.

20 Man stelle sich ein einfaches Modell vor, bei dem $A = \alpha P^{\beta} E^{\gamma}$, wobei gilt: A = Leid im späteren Leben, P = berufliches Prestige am Gipfel der Karriere, E = emotionale Bindung an dieses Prestige, und α, β und γ sind Parameter. Wenn $E > 0$, bedeutet das, dass mehr Prestige zu mehr Leid führt. Ist dann auch noch $\beta > 1$, wird A konvex in P, also $\alpha^2 A \div \alpha P^2$, sodass jedes zusätzliche bisschen Prestige zu mehr Leid im späteren Leben führt. Weh dir, Unglücklicher. Q. e. d.

21 Vgl. z. B. Gruszczynska, Ewa; Kroemeke, Aleksandra; Knoll, Nina et al. (2019). ›Well-Being Trajectories Following Retirement: A Compensatory Role of Self-Enhancement Values in Disadvantaged Women‹. *Journal of Happiness Studies*, 21(7), 2309.

22 Holahan, Carole K.; Holahan, Charles J. (1999). ›Being Labeled as Gifted, Self-Appraisal, and Psychological Well-Being: A Life Span Developmental Perspective‹. *International Journal of Aging and Human Development*, 48(3), 161–73.

Kapitel 2
Die zweite Kurve

1 Keuleers, Emmanuel; Stevens, Michaël; Mandera, Paweł und Brysbaert, Marc (2015). ›Word Knowledge in the Crowd: Measuring Vocabulary Size and Word Prevalence in a Massive Online Experiment‹. *Quarterly Journal of Experimental Psychology*, 68(8), 1665–92.

2 Hartshorne, Joshua K.; Germine, Laura T. (2015). ›When Does Cognitive Functioning Peak? The Asynchronous Rise and Fall of Different Cognitive Abilities

Across the Life Span«. *Psychological Science*, 26(4), 433–43; Vaci, N.; Cocić, D.; Gula, B.; Bilalić, M. (2019). »Large Data and Bayesian Modeling-Aging Curves of NBA Players«. *Behavior Research Methods*, 51(4), 1544–64.

3 Ein Großteil von Cattells sonstigem Werk ist inzwischen diskreditiert, weil er sich für Eugenik interessierte und sogar eine darauf basierende Quasi-Religion namens »Beyondismus« erschuf. Aber seine Arbeit zu den zwei Arten der Intelligenz hat damit nichts zu tun und ist immer noch relevant.

4 Peng, Peng; Wang, Tengfei; Wang, Cuicui; Lin, Xin (2019). »A Meta-Analysis on the Relation Between Fluid Intelligence and Reading/Mathematics: Effects of Tasks, Age, and Social Economics Status«. *Psychological Bulletin*, 145(2), 189–236.

5 Manche sagen, dass Raymond Cattell die Theorie nicht wirklich erfunden habe und stattdessen Donald Hebb der Urheber sei. Richard Brown meint: »Cattells Theorie der fluiden und kristallinen Intelligenz ist Hebbs Theorie von Intelligenz A und Intelligenz B, nur mit anderem Namen und von Cattell popularisiert. Cattells Theorie war Hebbs Idee.« Die beiden Männer haben einander tatsächlich geschrieben und darüber gestritten, wem die Anerkennung gebührt. Brown, Richard E. (2016). »Hebb and Cattell: The Genesis of the Theory of Fluid and Crystallized Intelligence«. *Frontiers in Human Neuroscience*, 10(2016), 606.

6 Horn, J. L. (2008). »Spearman, G, Expertise, and the Nature of Human Cognitive Capability«. In: P. C. Kyllonen, R. D. Roberts, L. Stankov (Hrsg.), *Extending Intelligence: Enhancement and New Constructs*. New York: Lawrence Erlbaum Associates, 185–230.

7 Kinney, Daniel P.; Smith, Sharon P. (1992). »Age and Teaching Performance«. *The Journal of Higher Education*, 63(3), 282–302.

8 Hicken, Melanie (2013). »Professors Teach into Their Golden Years«. CNN, 17. Juni 2013. http://money.cnn.com/2013/06/17/retirement /professors-retire/index.html.

9 Harrison, Stephen (2008). *A Companion to Latin Literature* (1. Aufl.). Reihe: Blackwell Companions to the Ancient World. Williston, VT: Wiley-Blackwell, 31.

10 Cicero, Marcus Tullius (o. J.). *De officiis* (übers. v. Rainer Lohmann). https://www.romanum.de/latein/uebersetzungen/cicero/de_officiis/liber_1.xml#anchor122.

11 Übersetzt nach: Seneca (1928). *Suasoria* 6:18 (übers. v. W. A. Edward). http://www.attalus.org/translate/suasoria6.html.

12 Dieser Aphorismus wurde im Laufe der Zeit verschiedenen Personen zugeschrieben.

13 Psalm 90,12 (https://www.bibleserver.com/ZB/Psalm90).

14 Bisher sind 1128 Kompositionen im »Bach-Werke-Verzeichnis« (BWV) als Werke von J. S. Bach aufgeführt (1996). 16. Juni 1996. http://www. bachcentral.com/BWV/index.html.

15 Elie, P. (2012). *Reinventing Bach* (1. Aufl.). New York: Farrar, Straus and Giroux, 447.

16 C. P. E. war das fünfte von Bachs Kindern und der dritte seiner elf Söhne. Er wurde geboren, als sein Vater achtundzwanzig Jahre alt war, und nach seinem Patenonkel benannt, dem Komponisten Georg Philipp Telemann.

17 Manche Forscher bezweifeln, ob dies wirklich der Zeitpunkt von Bachs Tod war. Die Fuge wurde von Bach eigenhändig geschrieben, aber am Ende seines Lebens hatte sein Augenlicht nachgelassen, was das Schreiben erschwerte. Aber wie immer ist das alles spekulatives Wasser auf die akademischen Mühlen.

18 Miles, Russell Hancock (1962). *Johann Sebastian Bach: An Introduction to His Life and Works.* Englewood Cliffs, NJ: Prentice-Hall, 19.

Kapitel 3
Jenseits der Erfolgssucht

1 OECD (2015). *Tackling Harmful Alcohol Use.* Paris: Organisation for Economic Cooperation and Development, 64.

2 Oates, Wayne Edward (1971). *Confessions of a Workaholic: The Facts about Work Addiction.* New York: World Publishing.

3 Porter, Michael E.; Nohria, Nitin. (2018). »How CEOs Manage Time«. *Harvard Business Review*, 96(4), 42–51; »A Brief History of the 8-hour Workday, Which Changed How Americans Work«. CNBC, 5. Mai 2017. https://www.cnbc.com/2017/05/03/how-the-8-hour-workday-changed-how-americans-work.html.

4 Killinger, Barbara (2006). »The Workaholic Breakdown Syndrome«. In: *Research Companion to Working Time and Work Addiction.* Reihe: New Horizons in Management. Cheltenham, UK: Edward Elgar, 61–88.

5 Robinson, Bryan E. (2001). »Workaholism and Family Functioning: A Profile of Familial Relationships, Psychological Outcomes, and Research Considerations«.

Contemporary Family Therapy, 23(1), 123–35; Robinson, Bryan E.; Carroll, Jane J.; Flowers, Claudia (2001). »Marital Estrangement, Positive Affect, and Locus of Control Among Spouses of Workaholics and Spouses of Nonworkaholics: A National Study«. *American Journal of Family Therapy*, 29(5), 397–410.

6 Robinson, Carroll, Flowers. »Marital Estrangement, Positive Affect, and Locus of Control Among Spouses of Workaholics and Spouses of Nonworkaholics«, 397–410; Farrell, Maureen (2012). »So You Married a Workaholic«. *Forbes*, 19. Juli 2012. https://www.forbes.com/2007/10/03/work-workaholics-careers-entrepreneurs-cx_mf_1004workspouse.html#63dbibb32060.

7 C. W. (2014). »Proof That You Should Get a Life«. *The Economist*, 9. Dezember 2014. https://www.economist.com/free-exchange/2014/12/og/proof-that-you-should-get-a-life.

8 Sugawara, Sho K.; Tanaka, Satoshi; Okazaki, Shuntaro et al. (2012). »Social Rewards Enhance Offline Improvements in Motor Skill«. *PloS One*, 7(11), e48174.

9 Shenk, J. (2008). *Lincoln's Melancholy: How Depression Challenged a President and Fueled His Greatness*. Boston: Houghton Mifflin.

10 Gartner, J. (2005). *The Hypomanic Edge: The Link Between (a Little) Craziness and (a Lot of) Success in America*. New York: Simon & Schuster.

11 Augustinus von Hippo: *Confessiones* (übers. v. Dr. Alfred Hofmann). Bibliothek der Kirchenväter, 1. Reihe, Band 18; Augustinus Band VII, München 1914.

12 Goldman, B.; Bush, P.; Klatz, R. (1984). *Death in the Locker Room: Steroids and Sports*. South Bend, IN: Icarus Press.

13 Ribeiro, Alex Dias (2014). »Is There Life After Success?«. *Wondering Fair*, 11. August 2014. https://wonderingfair.com/2014/08/11/is-there-life-after-success.

14 Kant, Immanuel (1910). »Vorlesungen zur Moralphilosophie«. In: *Gesammelte Schriften*. https://archive.org/details/kantsgesammeltes271imma/page/384/mode/2up.

15 Anm. d. Ü.: Das vollständige Zitat lautet: »Wie in der Religion die Selbsttätigkeit der menschlichen Phantasie, des menschlichen Hirns und des menschlichen Herzens unabhängig vom Individuum, d. h. als eine fremde, göttliche oder teuflische Tätigkeit, auf es wirkt, so ist die Tätigkeit des Arbeiters nicht seine Selbsttätigkeit. Sie gehört einem andren, sie ist der Verlust seiner selbst.« Marx, Karl (o. J.). »Entfremdete Arbeit«. In: Ökonomisch-philosophische Manuskripte. https://www.marxists.org/deutsch/archiv/marx-engels/1844/oek-phil/1-4_frem.htm.

16 Crone, Lola, Brunel, Lionel, Auzoult, Laurent (2021). »Validation of a Perception of Objectification in the Workplace Short Scale (POWS)«. *Frontiers in Psychology* 12:651071.

17 Auzoult, Laurent; Personnaz, Bernard (2016). »The Role of Organizational Culture and Self-Consciousness in Self-Objectification in the Workplace«. *Testing, Psychometrics, Methodology in Applied Psychology*, 23(3), 271–84, 17.

18 Mercurio, Andrea E.; Landry, Laura J. (2008). »Self-Objectification and Well-Being: The Impact of Self-Objectification on Women's Overall Sense of Self-Worth and Life Satisfaction«. *Sex Roles*, 58(7), 458–66.

19 Bell, Beth T.; Cassarly, Jennifer A.; Dunbar, Lucy (2018). »Selfie-Objectification: Self-Objectification and Positive Feedback (›Likes‹) Are Associated with Frequency of Posting Sexually Objectifying Self-Images on Social Media«. *Body Image*, 26, 83–89.

20 Talmon, Anat; Ginzburg, Karni (2016). »The Nullifying Experience of Self-Objectification: The Development and Psychometric Evaluation of the Self-Objectification Scale«. *Child Abuse and Neglect*, 60, 46–57; Muehlenkamp, Jennifer J.; Saris-Baglama, Renee N. (2002). »Self-Objectification and Its Psychological Outcomes for College Women«. *Psychology of Women Quarterly*, 26(4), 371–79.

21 Quinn, Diane M.; Kallen, Rachel W.; Twenge, Jean M.; Fredrickson, Barbara L. (2006). »The Disruptive Effect of Self-Objectification on Performance«. *Psychology of Women Quarterly*, 30(1), 59–64.

22 »The medium is the message«. In: McLuhan, M. (1964). *Understanding Media: The Extensions of Man* (1. Aufl.). New York: McGraw-Hill.

23 Thomas von Aquin (1920/2008). *Summa theologica*. https://www.newadvent.org/summa/3162.htm.

24 Zitiert nach »The Rule of Saint Augustine« (übers. v. Raymond Canning, 1986). Garden City, NY: Image Books, 56.

25 Dwyer, Karen Kangas; Davidson, Marlina M. (2012). »Is Public Speaking Really More Feared than Death?«. *Communication Research Reports*, 29(2), 99–107; Croston, Glenn (2012). »The Thing We Fear More than Death«. *Psychology Today*, 29. November 2012. https://www.psychologytoday.com/us/blog/the-real-story-risk/201211/the-thing-we-fear-more-death.

26 »2018 Norwest CEO Journey Study« (2018). Norwest-Venture-Partners-Website, 22. August 2018. https://nvp.com/ceojourneystudy/#fear-of-failure.

27 Zitiert nach Rousseau, Jean-Jacques (1904). *The Confessions of Jean Jacques Rousseau: Now for the First Time Completely Translated into English Without Expurgation*. Edinburgh: Oliver and Boyd, 86.

28 Schultheiss, Oliver C.; Brunstein, Joachim C. (2010). *Implicit Motives*. New York and Oxford: Oxford University Press, 30.

29 Schopenhauer, Arthur (1851). *Parerga und Paralipomena*, Band I. Aphorismen zur Lebensweisheit. Kapitel 3: »Von dem, was einer hat«.

30 Dickinson, Emily. *Sämtliche Gedichte* (übers. v. Gunhild Kübler, 2015). Hanser: München.

31 Lyubomirsky, Sonja; Ross, Lee (1997). »Hedonic Consequences of Social Comparison«. *Journal of Personality and Social Psychology*, 73(6), 1141–57.

32 Ich bitte für die Metaphernflut um Verzeihung. Vielleicht sind Metaphern ja meine Muschelkruste.

Kapitel 4
Die Kruste abkratzen

1 Östliche Philosophie stimmt selbstverständlich nicht unbedingt mit der heutigen östlichen Lebensweise überein. In China und Indien gibt es ebenso wie im Westen ein Problem mit Materialismus und Habgier.

2 Laozi: *Daodejing*, Anm. d. Übers.: zitiert nach einer Übersetzung vom Theologen und Sinologen Richard Wilhelm (1873–1930) von 1911, https://www.projekt-gutenberg.org/wilhelm/taotekin/chap038.html.

3 Forbes, R. (2019). »My Father, Malcolm Forbes: A Never-Ending Adventure«. *Forbes*, 19. August 2019. https://www.forbes.com/sites/forbesdigitaleovers/2019/08/19/my-father-malcolm-forbes-a-never-ending-adventure/?sh=4e80c42219fb.

4 Ironischerweise wurde dieser verarmte Niemand posthum als einer der größten philosophischen Köpfe der westlichen Welt angesehen. Seine Schriften prägten die Kirchenlehre und das westliche Denken über Jahrhunderte. Seine umfangreichen Schriften werden noch heute als unvergleichliche Meisterwerke studiert, die fest in der griechischen Antike verwurzelt sind: Thomas war entscheidend daran beteiligt, Aristoteles der Vergessenheit zu entreißen und ihm die Bedeutung zu geben, die er noch heute innehat.

5 Diese Ausprägung der Lehre von Thomas vertritt vor allem der katholische Theologe und Bischof Robert Barron. Barron, Robert E. (2011). *Catholicism: A Journey to the Heart of the Faith*. New York: Random House, 43.

6 Barron. *Catholicism*, 43.

7 Ich sage das mitfühlend und demütig. Meine eigene, von der Menschheit längst vergessene Doktorarbeit behandelt die quantitative Modellierung von

Wirtschaftsstrategien für Sinfonieorchester. Jemanden zur Lektüre zu zwingen wäre ein Verstoß gegen die Genfer Konvention.

8 Cannon, W. (1932). *The Wisdom of the Body*. Human Relations Collection. New York: W. W. Norton & Company.

9 Swallow, S.; Kuiper, N. (1988). »Social Comparison and Negative Self-Evaluations: An Application to Depression«. *Clinical Psychology Review*, 8(1), 55–76.

10 Lyubomirsky, S. (1995). »The Hedonic Consequences of Social Comparison: Implications for Enduring Happiness and Transient Mood«. *Dissertation Abstracts International: Section B, The Sciences and Engineering*, 55(10-B), 4641.

11 Kahneman, D.; Tversky, A. (1979). »Prospect Theory: An Analysis of Decision under Risk«. *Econometrica*, 47, 263–91.

12 Gill, D.; Prowse, V. (2012). »A Structural Analysis of Disappointment Aversion in a Real Effort Competition«. *American Economic Review*, 102(1), 469–503.

13 Shaffer, Howard J. (2017). »What Is Addiction?«. *Harvard Health*, 20. Juni 2017. https://www.health.harvard.edu/blog/what-is-addiction-2-2017061914.490.

14 Tobler, P. (2009). »Behavioral Functions of Dopamine Neurons«. In: *Dopamine Handbook*. New York: Oxford University Press, Kap. 6.4.

15 Gibbon, E. (1906). *The History of the Decline and Fall of the Roman Empire*. London: Oxford University Press.

16 Senior, J. (2020). »Happiness Won't Save You«. *The New York Times*, 24. November 2020. https://www.nytimes.com/2020/11/24/opinion/happiness-depression-suicide-psychology.html.

17 Au-Yeung, Angel; Jeans, David (2020). »Tony Hsieh's American Tragedy: The Self-Destructive Last Months of the Zappos Visionary«. *Forbes*, 7. Dezember 2020. https://www.forbes.com/sites/angelauyeung/2020/12/04/tony-hsiehs-american-tragedy-the-self-destructive-last-months-of-the-zappos-visionary/?sh=64c2gaof4f22; Henry, Larry (2020). »Tony Hsieh Death: Report Says Las Vegas Investor Threatened Self-Harm Months Before—Casino.org Caller Phones 911 Months Before Las Vegas Investor Tony Hsieh's Death in Effort to Help: Report«. Casino.org, 19. Dezember 2020. https://www.casino.org/news/caller-phones-911-months-before-las-vegas-investor-tony-hsiehs-death-in-effort-to-help-report.

18 Cutler, Howard C. (1998). *The Art of Happiness: A Handbook for Living*. New York: Riverhead Books, 27.

19 Escrivá, Josemaría. „The Way, Poverty". Josemaría Escrivá: A Website Dedicated to the Writings of Opus Dei's Founder. http://www.escriva works.org/book/the_way-point-630.htm.

20 Sinek, Simon (2009). *Start with Why*. New York: Portfolio.

21 Sullivan, J.; Thornton Snider, J.; Van Eijndhoven, E. et al. (2018). »The Well-Being of Long-Term Cancer Survivors«. *American Journal of Managed Care*, 24(4), 188–95.

22 Wallis, Glenn (2004). *The Dhammapada: Verses on the Way*. New York: Modern Library, 70.

23 Voltaire, François (2013). *Candide, Or Optimism*. London: Penguin Books Limited.

24 Hanh, Thich Nhat (1987). *The Miracle of Mindfulness: A Manual on Meditation* (Geschenkausg.). Boston: Beacon Press.

25 Bowerman, Mary (2017). »These Are the Top 10 Bucket List Items on Singles' Lists«. *USA Today*, 18. Mai 2017. https://www.usatoday.com/story/life/nation-now/2017/05/15/these-top-10-bucket-list-items-singles-lists/319931001.

Kapitel 5
Den Tod im Sinn

1 Thomas, Dylan. *Geh nicht gelassen in die gute Nacht* (übers. v. Johanna Schall).

2 Becker, Ernest (1973). *The Denial of Death*. New York: Free Press, 17.

3 »America's Top Fears 2016–Chapman University Survey of American Fears« (2016). *The Voice of Wilkinson* (Weblog), Chapman University, 11. Oktober 2016. https://blogs.chapman.edu/wilkinson/2016/10/11/americas-top-fears-2016.

4 Hoelter, Jon W.; Hoelter, Janice A. (1978). »The Relationship Between Fear of Death and Anxiety«. *The Journal of Psychology*, 99(2), 225–26.

5 Cave, Stephen (2011). *Immortality: The Quest to Live Forever and How It Drives Civilization* (1. Ausg.). New York: Crown, 23.

6 Mosley, Leonard (1983). *Disney's World: A Biography*. New York: Stein and Day, 123.

7 Laderman, G. (2000). »The Disney Way of Death«. *Journal of the American Academy of Religion*, 68(1), 27–46.

8 Barroll, J. L. (1958). »Gulliver and the Struldbruggs«. *PMLA*, 73(1), 43–50.

9 Homer. *Ilias*. Zitiert nach https://www.gottwein.de/Grie/hom/il09.php.

10 Marcus Aurelius. *Selbstbetrachtungen*. Zitiert nach https://www.lernhelfer.de/sites/default/files/lexicon/pdf/BWS-DEU2-0119-05.pdf.

11 Brooks, David (2013). *The Road to Character*. New York: Penguin Random House.

12 Kalat, James W. (2021). *Introduction to Psychology*. United States: Cengage Learning.

13 Bohnlein, Joscha; Altegoer, Luisa; Muck, Nina Kristin et al. (2020). »Factors Influencing the Success of Exposure Therapy for Specific Phobia: A Systematic Review«. *Neuroscience and Biobehavioral Reviews*, 108, 796–820.

14 Goranson, Amelia; Ritter, Ryan S.; Waytz, Adam et al. (2017). »Dying Is Unexpectedly Positive«. *Psychological Science*, 28(7), 988–99.

15 Montaigne, Michel (2004). *The Complete Essays*. London: Penguin Books Limited, 89.

16 Forster, E. M. (1999). *Howards End*. New York: Modern Library.

17 García Marquez, Gabriel (2005). *Memories of My Melancholy Whores* (ins Engl. übers. v. Edith Grossman; 1. Ausg.). New York: Knopf.

Kapitel 6
Ein Espenhain

1 Kilmer, Joyce (1914). *Trees and Other Poems*. New York: George H. Doran Company.

2 Psalm 1,3 (Elberfelder Übersetzung).

3 Ricard, Matthieu (2018). »The Illusion of the Self«. Blogeintrag, 9. Oktober 2018. https://www.matthieuricard.org/en/blog/posts/the-illusion-of-the-self--2.

4 Mineo, Liz (2018). »Good Genes Are Nice, but Joy Is Better«. *Harvard Gazette*, 26. November 2018. https://news.harvard.edu/gazette/story/2017/04/over-nearly-80-years-harvard-study-has-been-showing-how-to-live-a-healthy-and-happy-life.

5 Vaillant, George E. (2002). *Aging Well: Surprising Guideposts to a Happier Life from the Landmark Harvard Study of Adult Development* (1. Ausg.). New York: Little, Brown, 202.

6 Vaillant, George E.; Mukamal, Kenneth (2001). »Successful Aging«. *American Journal of Psychiatry*, 158(6), 83947.

7 Vaillant, George E. (2012). *Triumphs of Experience: The Men of the Harvard Grant Study*. Cambridge, MA: Belknap Press of Harvard University Press, 52.

8 Vaillant. *Triumphs of Experience*, 50.

9 Tillich, Paul (1963). *The Eternal Now*. New York: Scribner.

10 Wolfe, Thomas (1962). *The Thomas Wolfe Reader* (Hrsg. C. Hugh Holman). New York: Scribner.

11 Cacioppo, John T.; Hawkley, Louise C.; Norman, Greg J.; Berntson, Gary G. (2011). »Social Isolation«. *Annals of the New York Academy of Sciences*, 1231(1), 17-22; Rokach, Ami (2014). »Leadership and Loneliness«. *International Journal of Leadership and Change*, 2(1).

12 Hertz, Noreena (2021). *The Lonely Century: How to Restore Human Connection in a World That's Pulling Apart*. New York: Currency; Holt-Lunstad, J.; Smith, T.; Baker, M. et al. (2015). »Loneliness and Social Isolation as Risk Factors for Mortality: A Meta-Analytic Review«. *Perspectives on Psychological Science*, 10(2), 227–37.

13 Murthy, Vivek Hallegere (2020). *Together: The Healing Power of Human Connection in a Sometimes Lonely World* (1. Ausg.). New York: Harper Wave.

14 »The ›Loneliness Epidemic‹« (2019). U.S. Health Resources and Services Administration, 10. Januar 2019. https://www.hrsa.gov/enews/past-issues/2019/january-17/loneliness-epidemic.

15 »Loneliness Is at Epidemic Levels in America«. Cigna. https://www.cigna.com/about-us/newsroom/studies-and-reports/combatting-loneliness.

16 Segel-Karpas, Dikla; Ayalon, Liat; Lachman, Margie E. (2016). »Loneliness and Depressive Symptoms: The Moderating Role of the Transition into Retirement«. *Aging and Mental Health*, 22(1), 135–40.

17 Achor, S.; Kellerman, G. R.; Reece, A.; Robichaux, A. (2018). »America's Loneliest Workers, According to Research«. *Harvard Business Review*, 19. März 2018, 2–6.

18 Keefe, Patrick Radden; Ioffe, Julia; Collins, Lauren et al. (2017). »Anthony Bourdain's Moveable Feast«. *The New Yorker*, 5. Februar 2017. https://www.newyorker.com/magazine/2017/02/13/anthony-bourdains-moveable-feast.

19 Almario, Alex (2018). »The Unfathomable Loneliness«. *Medium*, 13. Juni 2018. https://medium.com/@AlexAlmario/the-unfathomable-loneliness-df909556d50d.

20 Cacioppo, John T.; Patrick, William (2008). *Loneliness: Human Nature and the Need for Social Connection* (1. Ausg.). New York: W. W. Norton.

21 Schawbel, Dan (2018). »Why Work Friendships Are Critical for Long-Term Happiness«. CNBC, 13. November 2018. https://www.cnbc.com/2018/11/13/why-work-friendships-are-critical-for-long-term-happiness.html. Dan ist Teilhaber und Forschungsleiter bei FutureWorkplace.

22 Saporito, Thomas J. (2014). »It's Time to Acknowledge CEO Loneliness«. *Harvard Business Review*, 23. Juli 2014. https://hbr.org/2012/02/its-time-to-acknowledge-ceo-lo.

23 Fernet, Claude; Torrés, Olivier; Austin, Stéphanie; St-Pierre, Josée (2016). »The Psychological Costs of Owning and Managing an SME: Linking Job Stressors, Occupational Loneliness, Entrepreneurial Orientation, and Burnout«. *Burnout Research*, 3(2), 45–53.

24 Kahneman, Daniel; Krueger, Alan B.; Schkade, David A. et al. (2004). »A Survey Method for Characterizing Daily Life Experience: The Day Reconstruction Method«. *Science*, 306(5702), 1776–80.

25 Kipnis, David (1972). »Does Power Corrupt?«. *Journal of Personality and Social Psychology*, 24(1), 33–42.

26 Mao, Hsiao-Yen (2006). »The Relationship Between Organizational Level and Workplace Friendship«. *International Journal of Human Resource Management*, 17(10), 1819–33.

27 Cooper, Cary L.; Quick, James Campbell (2003). »The Stress and Loneliness of Success«. *Counselling Psychology Quarterly*, 16(1), 1–7.

28 Riesman, David; Glazer, Nathan; Denney, Reuel; Gitlin, Todd (2001). *The Lonely Crowd*. New Haven: Yale University Press, 234.

29 Rokach. »Leadership and Loneliness«.

30 Payne, K. K. (2018). »Charting Marriage and Divorce in the U.S.: The Adjusted Divorce Rate«. National Center for Family and Marriage Research. https://doi.org/10.25035/nefmr/adr-2008-2017; Amato, Paul R. (2010). »Research on Divorce: Continuing Trends and New Developments«. *Journal of Marriage and Family*, 72(3), 650–66.

31 Waldinger, Robert J.; Schulz, Marc S. (2010). »What's Love Got to Do with It? Social Functioning, Perceived Health, and Daily Happiness in Married Octogenarians«. *Psychology and Aging*, 25(2), 422–31.

32 Finkel, E. J.; Burnette, J. L.; Scissors, L. E. (2007). »Vengefully Ever After: Destiny Beliefs, State Attachment Anxiety, and Forgiveness«. *Journal of Personality and Social Psychology*, 92(5), 871–86.

33 Aron, Arthur; Fisher, Helen; Mashek, Debra J. et al. (2005). »Reward, Motivation, and Emotion Systems Associated with Early-Stage Intense Romantic Love«. *Journal of Neurophysiology*, 94(1). 327–37.

34 Kim, Jungsik; Hatfield, Elaine (2004). »Love Types and Subjective Well-Being: A Cross-Cultural Study«. *Social Behavior and Personality*, 32(2), 173–82.

35 »Companionate Love« (2016). Psychology. IResearchNet, 23. Januar 2016. http://psychology.iresearchnet.com/social-psychology/interpersonal-relationships/companionate-love.

36 Grover, Shawn; Helliwell, John F. (2019). »How's Life at Home? New Evidence on Marriage and the Set Point for Happiness«. *Journal of Happiness Studies*, 20(2), 373–90.

37 »Coolidge Effect« (o. J.). Oxford Reference. https://www.oxfordreference.com/view/10.1093/oi/authority.20110803095637122.

38 Blanchflower, D. G.; Oswald, A. J. (2004). »Money, Sex and Happiness: An Empirical Study«. *Scandinavian Journal of Economics*, 106, 393–415.

39 Birditt, Kira S.; Antonucci, Toni C. (2007). »Profiles and Well-Being Among Married Adults«. *Journal of Family Psychology*, 21(4), 595–604.

40 Adams, Rebecca G. (1988). »Which Gomes First: Poor Psychological Well-Being or Decreased Friendship Activity?« *Activities, Adaptation, and Aging*, 12(1-2), 27–41.

41 Dykstra, P. A.; de Jong Gierveld, J. (2004). »Gender and Marital History Differences in Emotional and Social Loneliness among Dutch Older Adults«. *Canadian Journal on Aging*, 23, 141–55.

42 Pinquart, M.; Sorensen, S. (2000). »Influences of Socioeconomic Status, Social Network, and Competence on Subjective Well-Being in Later Life: A Meta-Analysis«. *Psychology and Aging*, 15, 187–224 43.

43 Fiori, Katherine L.; Denckla, Christy A. (2015). »Friendship and Happiness Among Middle-Aged Adults«. In: Meliksah Demir (Hrsg.), *Friendship and Happiness*. Dordrecht: Springer Netherlands, 137–54.

44 Cigna (2018). 2018 Cigna U.S. Loneliness Index. Cigna. 1. Mai 2018. https://www.multivu.com/players/English/8294451-cigna-us-loneliness-survey/docs/IndexReport_1524069371598-173525450.pdf.

45 Leavy, R. L. (1983). »Social Support and Psychological Disorder: A Review«. *Journal of Community Psychology*, 11(1), 3–21.

46 Leavy. »Social Support and Psychological Disorder: A Review«, 3–21.

47 Cohen, S. (1988). »Psychosocial Models of the Role of Social Support in the Etiology of Physical Disease«. *Health Psychology*, 7, 269–97. House, J. S.; Landis, K. R.; Umberson, D. (1988). »Social Relationships and Health«. *Science*, 241(4865), 540–45.

48 Carstensen, Laura L.; Isaacowitz, Derek M.; Charles, Susan T. (2009). »Taking Time Seriously«. *The American Psychologist*, 54(3), 165–81.

49 Golding, Barry (Hrsg., 2015). *The Men's Shed Movement: The Company of Men. Champaign, IL*: Common Ground Publishing.

50 Fallik, Dawn (2018). »What to Do About Lonely Older Men? Put Them to Work«. *The Washington Post*, 24. Juni 2018. https://www.washingtonpost.com/national/health-science/what-to-do-about-lonely-older-men-put-them-to-work/2018/06/22/0c07efc8-53ab-11e8-a551-5b648abe29ef_story.html.

51 Christensen, Clayton M.; Dillon, Karen; Allworth, James (2012). *How Will You Measure Your Life?*. (1. Ausg.). New York: Harper Business.

52 Niemiec, C.; Ryan, R.; Deci, E. (2009). »The Path Taken: Consequences of Attaining Intrinsic and Extrinsic Aspirations in Post-College Life«. *Journal of Research in Personality*, 43(3), 291–306.

53 Thoreau, H.; Sanborn, F.; Scudder, H.; Blake, H.; Emerson, R. (1894). *The Writings of Henry David Thoreau: With Bibliographical Introductions and Full Indexes*. In zehn Bänden (Riverside Edition, Band VII). Boston and New York: Houghton Mifflin, 42–43. Deutsch von M. L.

Kapitel 7
Auf ins Vanaprastha

1 In Sanskrit: वनप्रस्थ.

2 Fowler, James W. (1981). *Stages of Faith: The Psychology of Human Development and the Quest for Meaning* (1. Aufl.). San Francisco: Harper & Row.

3 Fowler, James W. (2001). »Faith Development Theory and the Postmodern Challenges«. *International Journal for the Psychology of Religion*, 11(3), 159–72; Jones, J. M. (2020). »U.S. Church Membership Down Sharply in Past Two Decades«. Gallup, 23. November 2020. https://news.gallup.com/poll/248837/church-membership-down-sharply-past-two-decades.aspx.

4 Marshall, J. (2020). »Are Religious People Happier, Healthier? Our New Global Study Explores This Question«. Pew Research Center. https://www.pewresearch.org/fact-tank/2019/01/31/are-religious-people-happier-healthier-our-new-global-study-explores-this-question/; McCullough, Michael E.; Larson, David B. (1999). »Religion and Depression: A Review of the Literature«. *Twin Research*, 2(2), 126–36.

5 Miller, W. R.; Thoresen, C. E. (1999). »Spirituality and Health«. In: W. R. Miller (Hrsg.). *Integrating Spirituality into Treatment: Resources for Practitioners*. Washington, D. C.: American Psychological Association, 378.

6 Koenig, Harold G. (2016). »Religion and Medicine II: Religion, Mental Health, and Related Behaviors«. *International Journal of Psychiatry in Medicine*, 31(1), 97–109.

7 Gardiner, J. (2013). *Bach: Music in the Castle of Heaven* (1. Ausg.). New York: Knopf, 126. Anm. d. Red.: Deutsche Übersetzung zitiert nach https://www.deutschlandfunk.de/johann-sebastian-bach-zur-ehre-gottes-und-recreation-des-100.html.

8 Saraswati, Ambikananda (2002). *The Uddhava Gita*. Berkeley, CA: Seastone.

9 Longfellow, Henry Wadsworth (1922). *The Complete Poetical Works of Henry Wadsworth Longfellow*. Boston und New York: Houghton Mifflin, 492.

10 Koch, S. (Hrsg., 1959). *Psychology: A Study of a Science: Vol. 3. Formulations of the Person and the Social Context*. New York: McGraw-Hill.

11 Scriven, Richard (2014). »Geographies of Pilgrimage: Meaningful Movements and Embodied Mobilities«. *Geography Compass*, 8(4), 249–61.

12 Pilgeramt Santiago de Compostela (o. J.). »Statistical Report–2019«. https://oficinadelperegrino.com/estadisticas.

13 Hanh, T. N., Lion's Roar (2019). »Thich Nhat Hanh on Walking Meditation«. *Lion's Roar*. https://www.lionsroar.com/how-to-meditate-thich-nhat-hanh-on-walking-meditation.

14 Koyama, Kosuke (1980). *Three Mile an Hour God*. Maryknoll, NY: Orbis Books.

15 Aksapada (2019). *The Analects of Rumi*. Selbstverlag, 82.

Kapitel 8
Aus Schwächen werden Stärken

1 2. Korinther 12,7–10

2 Der berühmteste Fall von Stigmata ist der von Pater Pio, auch bekannt als heiliger Pius von Pietrelcina, einem katholischen Mystiker des 20. Jahrhunderts, der den größten Teil seines Lebens die Stigmata trug. Dafür, dass Paulus an Stigmata litt, spricht Galater 6,17, wo er schreibt: »Ich trage die Malzeichen Jesu an meinem Leib.«

3 Landsborough, D. (1987). »St. Paul and Temporal Lobe Epilepsy«. *Journal of Neurology*, Neurosurgery and Psychiatry, 50(6), 659–64.

4 2. Timotheus 4,10–16

5 Welborn, L. (2011). »Paul and Pain: Paul's Emotional Therapy in 2 Corinthians 1.1–2.13; 7.5–16 in the Context of Ancient Psychagogic Literature«. *New Testament Studies*, 57(4), 547–70.

6 2. Korinther 2,4

7 Thorup, C. B.; Rundqvist, E.; Roberts, C.; Delmar, C. (2012). »Care as a Matter of Courage: Vulnerability, Suffering and Ethical Formation in Nursing Care«. *Scandinavian Journal of Caring Sciences*, 26(3), 427–35.

8 Lopez, Stephanie O. (2018). »Vulnerability in Leadership: The Power of the Courage to Descend«. *Industrial-Organizational Psychology Dissertations*, 16.

9 Peck, Edward W. D. (1998). »Leadership and Defensive Communication: A Grounded Theory Study of Leadership Reaction to Defensive Communication«. Dissertation, University of British Columbia. http://dx.doi.org/10.14288/1.0053974.

10 Fitzpatrick, Kevin (2019). »Stephen Colbert's Outlook on Grief Moved Anderson Cooper to Tears«. *Vanity Fair*, 16. August 2019. https://www.vanityfair.com/hollywood/2019/08/colbert-anderson-cooper-father-grief-tears.

11 Frankl, V. (1992). *Man's Search for Meaning: An Introduction to Logotherapy* (4. Ausg.). Boston: Beacon Press.

12 Freud, S. (1922). »Mourning and Melancholia«. *The Journal of Nervous and Mental Disease*, 56(5), 543–45.

13 Bonanno, G. (2004). »Loss, Trauma, and Human Resilience«. *American Psychologist*, 59(1), 20–28.

14 Helgeson, V.; Reynolds, K.; Tomich, P. (2006). »A Meta-Analytic Review of Benefit Finding and Growth«. *Journal of Consulting and Clinical Psychology*, 74(5), 797–816.

15 Andrews, Paul W.; Thomson, J. Anderson (2009). »The Bright Side of Being Blue«. *Psychological Review*, 116(3), 620–54. https://doi.org/10.1037/a0016242.

16 University of Alberta (2001). »Sad Workers May Make Better Workers«. *ScienceDaily*, 14. Juni 2001. www.sciencedaily.com/releases/2001/06/010612065304.htm.

17 Baumeister, Roy F.; Vohs, Kathleen D.; Aaker, Jennifer L.; Garbinsky, Emily N. (2013). »Some Key Differences Between a Happy Life and a Meaningful Life«. *The Journal of Positive Psychology*, 8(6), 505–16.

18 Lane, David J.; Mathes, Eugene W. (2018). »The Pros and Cons of Having a Meaningful Life«. *Personality and Individual Differences*, 120, 13–16.

19 Saunders, T.; Driskell, J. E.; Johnston, J. H.; Salas, E. (1996). »The Effect of Stress Inoculation Training on Anxiety and Performance«. *Journal of Occupational Health Psychology*, 1(2), 170–86.

20 McCabe, B. (2004). »Beethoven's Deafness«. *Annals of Otology, Rhinology and Laryngology*, 113(7), 511–25.

21 Saccenti, E.; Smilde, A.; Saris, W. (2011). »Beethoven's Deafness and His Three Styles«. *BMJ*. 343(7837), D7589.

22 Saccenti, Smilde, Saris. »Beethoven's Deafness and His Three Styles«, D7589.

23 Austin, Michael (2003). »Berlioz and Beethoven«. Website Hector Berlioz, 12. Januar 2003. http://www.hberlioz.com/Predecessors/beethoven.htm.

Kapitel 9
Angeln bei Ebbe

1 Blauw, A.; Beninca, E.; Lane, R. et al. (2012). »Dancing with the Tides: Fluctuations of Coastal Phytoplankton Orchestrated by Different Oscillatory Modes of the Tidal Cycle«. *PLoS One*, 7(11), E49319.

2 Dante Alighieri (1995). *Die göttliche Komödie* (übers. v. Karl Streckfuß). https://www.projekt-gutenberg.org/dante/komoedie/chap001.html.

3 Ibarra, H.; Obodaru, 0. (2016). »Betwixt and Between Identities: Liminal Experience in Contemporary Careers«. *Research in Organizational Behavior*, 36, 47–64.

4 Feiler, B. (2020). *Life Is in the Transitions*. New York: Penguin Books.

5 Brooks, Arthur (Interviewer, 2020). »Managing Transitions in Life«. *The Art of Happiness with Arthur Brooks* (Podcast), 4. August 2020. https://podcasts.apple.com/us/podcast/managing-transitions-in-life/id1g05581039?i=1000487081784.

6 Marcus Aurelius (o. J.). *Selbstbetrachtungen*. https://www.projekt-gutenberg.org/antonius/selbstbe/chap004.html.

7 Conroy, S.; O'Leary-Kelly, A. (2014). »Letting Go and Moving On: Work-Related Identity Loss and Recovery«. *The Academy of Management Review*, 39(1), 67–87.

8 Ibarra, Obodaru. »Betwixt and Between Identities«, 47–64.

9 Walker, W. Richard; Skowronski, John J.; Thompson, Charles P. (2003). »Life Is Pleasant–and Memory Helps to Keep It That Way«. *Review of General Psychology*, 7(2), 203–10.

10 Baumeister, Roy F.; Vohs, Kathleen D.; Aaker, Jennifer L.; Garbinsky, Emily N. (2013). »Some Key Differences Between a Happy Life and a Meaningful Life«. *The Journal of Positive Psychology*, 8(6), 505–16.

11 Baumeister, R. (1991). *Meanings of Life*. New York: Guilford Press.

12 Andreasen, N. C. (2008). »The Relationship Between Creativity and Mood Disorders«. Dialogues in Clinical Neuroscience, 10(2), 251–55; Garcia, E. E. (2004). »Rachmaninoff and Scriabin: Creativity and Suffering in Talent and Genius«. *The Psychoanalytic Review*, 91(3), 423–42.

13 Emerson, R. W. (2001). *The Later Lectures of Ralph Waldo Emerson, 1843-1871: Vol. 1. 1843-1854* (Hrsg. R.A. Bosco, J. Myerson). Athens: University of Georgia Press; Oxford Scholarly Editions Online (2018). doi:10.1093/actrade/9780820334622.book.1.

14 Sheehy, G. (1976). *Passages: Predictable Crises of Adult Life* (1. Ausg.). New York: Dutton.

15 Sheehy. *Passages*, 400.

16 Cook, Joan (1971). »The Male Menopause: For Some, There's a Sense of Panic«, *The New York Times*, 5. April 1971. https://www.nytimes.com/1971/04/05/archives/the-male-menopause-for-some-theres-a-sense-of-panic.html.

17 Jaques, E. (1965). »Death and the Mid-Life Crisis«. *The International Journal of Psychoanalysis*, 46(4), 502–14.

18 Druckerman, Pamela (2018). »How the Midlife Crisis Came to Be«. *The Atlantic*, 29. Mai 2018. https://www.theatlantic.com/family/archive/2018/05/the-invention-of-the-midlife-crisis/561203.

19 Modern Elder Academy. https://www.modernelderacademy.com.

20 Mit freundlicher Genehmigung der Modern Elder Academy.

21 Mischel, W.; Ebbesen, E.; Raskoff Zeiss, A. (1972). »Cognitive and Attentional Mechanisms in Delay of Gratification«. *Journal of Personality and Social Psychology*, 21(2), 204–18.

22 Mischel, Ebbesen, Raskoff Zeiss. »Cognitive and Attentional Mechanisms in Delay of Gratification«, 204–18.

23 Urist, Jacoba (2014). »What the Marshmallow Test Really Teaches About Self-Control«. *The Atlantic*, 24. September 2014. https://www.theatlantic.com/health/archive/2014/09/what-the-marshmallow-test-really-teaches-about-self-control/380673.

24 Emerson, R. (1979). *The Collected Works of Ralph Waldo Emerson: Vol. 2. Essays: First Series* (Hrsg. J. Carr, A. Ferguson, J. Slater). Cambridge, MA: Belknap Press of Harvard University Press.

25 Jachimowicz, Jon; To, Christopher; Menges, Jochen; Akinola, Modupe (2017). »Igniting Passion from Within: How Lay Beliefs Guide the Pursuit of Work Passion and Influence Turnover«. PsyArXiv, 7. Dezember 2017. doi:10.31234/osf.io/qj6y9.

26 Izard, C. (o. J.). »Emotion Theory and Research: Highlights, Unanswered Questions, and Emerging Issues«. *Annual Review of Psychology*, 60(1), 1–25.

27 Patz, Alan L.; Milliman, John; Driver, Michael John (1991). »Career Concepts and Total Enterprise Simulation Performance«. *Developments in Business Simulation & Experiential Exercises*, 18.

28 Gaffney, P., Harvey, A. (1992). *The Tibetan Book of Living and Dying* (1. Ausg.). San Francisco: HarperSanFrancisco.

Schlusswort
Drei Merksätze

1 Graves, Dan (o. J.). »Augustine's Love Sermon.« Website Christian History Institute. https://christianhistoryinstitute.org/study/module/augustine.

2 Wallace, David Foster (2009). *This Is Water: Some Thoughts, Delivered on a Significant Occasion, About Living a Compassionate Life* (1. Ausg.). New York: Little, Brown.

3 5. Mose 7,5. https://www.bibleserver.com/ELB/5.Mose7%2C5.